U0873514

职业教育一体化课程改革系列教材——现代物流

国际贸易实务

主　编　唐艳梅　郭伟

副主编　陈中蕾　黄丽　龙俊　张燕娴

西南交通大学出版社

·成　都·

图书在版编目（CIP）数据

国际贸易实务 / 唐艳梅，郭伟主编. —成都：西南交通大学出版社，2022.8

ISBN 978-7-5643-8847-8

Ⅰ. ①国… Ⅱ. ①唐… ②郭… Ⅲ. ①国际贸易－贸易实务－高等职业教育－教材 Ⅳ. ①F740.4

中国版本图书馆 CIP 数据核字（2022）第 144807 号

Guoji Maoyi Shiwu

国际贸易实务

主　编 / 唐艳梅　郭　伟

责任编辑 / 孟秀芝

封面设计 / 原谋书装

西南交通大学出版社出版发行

（四川省成都市金牛区二环路北一段 111 号西南交通大学创新大厦 21 楼　610031）

发行部电话：028-87600564　028-87600533

网址：http://www.xnjdcbs.com

印刷：四川煤田地质制图印刷厂

成品尺寸　210 mm × 285 mm

印张　17　　字数　443 千

版次　2022 年 8 月第 1 版　　印次　2022 年 8 月第 1 次

书号　ISBN 978-7-5643-8847-8

定价　49.00 元

课件咨询电话：028-81435775

图书如有印装质量问题　本社负责退换

版权所有　盗版必究　举报电话：028-87600562

深圳鹏城技师学院工学一体化系列教材编委会

主　任：刘　颖

副主任：孙从争　仵　博　梁庆保　王新洲

委　员：张雅婷　陈宇红　周　烨　尚　丽

　　　　郭　伟　郭黎勇　王朝武　马　跃

前言

PREFACE

随着经济的发展，经济全球化成为一种不可逆的趋势，任何一个国家的发展都离不开国际贸易。2005 年，我国外贸进出口总额首次超过 10 万亿元人民币；2010 年，进出口总额超过 20 万亿元；2018 年，进出口总额再创新高，达 305 050 亿元，超过 30 万亿元。未来国际贸易的发展将会涉及更多领域，所需要的知识也日益多样化，掌握国际贸易的基本知识点和国际贸易的业务流程是当代年轻人必备的基本技能。

国际贸易实务是高职高专国际贸易、国际物流相关专业的核心课程。本教材的编写旨在培养学生的国际贸易操作思维，帮助学生完成实际外贸业务流程，提高学生分析问题和解决问题的能力，并适应社会对外贸类应用型和技能型人才的需求，进而使学生能够顺利走向工作岗位。

国际贸易实务是一门主要研究国际商品交换具体过程的学科，是实践性很强的综合性应用学科。本教材以实际国际贸易合同签订与执行的实践工作过程为依据，用项目、任务、学习活动的形式重构国际贸易流程的内容体系，坚持以“教学内容项目化、项目内容任务化、任务内容过程化、理论实践一体化”的教学改革为方向。每个学习项目都设计并引入了相关情境来构建模拟的贸易流程背景，要求学生边思考、边学习、边实践，重点培养学生分析问题和解决问题的能力；另外，对应每个学习项目，强调相应的思政目标，将思政要求与专业紧密结合，将思政目标项目化、落实化。本书重点突出独立思考和实训，练习和实训既突出主要知识点，又强调技能训练；进而，传递知识以实现价值引领。

本教材分为 12 个学习项目、29 个学习任务。每个学习任务都配有学习目标（知识目标、能力目标及素养目标）、相关知识点、任务实施、强化实操训练、课后自测。

本教材由深圳鹏城技师学院教师编写而成，所有参编人员均来自教学第一线，有着多年的国际贸易、国际物流经验和技工院校实际教学经验。参加本书编写的人员及分工如下：唐艳梅（学习项目三、八、九、十），郭伟（学习项目一、二、七），陈中蕾（学习项目四、十一），黄丽（学习项目六），龙俊（学习项目五），张燕娴（学习项目十二）。黄丽、龙俊、张燕娴参与了全书的校对及修改增补工作。全书由唐艳梅设计总体框架，并负责总纂和统稿。

在本书的编写过程中，参阅了大量的国内外有关著述和经典教材，在此对有关文献资料的作者表示衷心感谢。由于时间紧，任务重，且编著的理论水平和时间经验有限，书中疏漏之处在所难免，竭诚希望读者批评指正。

编者

2021 年 7 月

目　录

CONTENTS

学习项目一 认知国际贸易

学习目标

知识目标

1. 熟悉国际贸易的基本概念、特点和分类。
2. 了解国际贸易进出口业务岗位。
3. 掌握进出口贸易的基本流程。

能力目标

1. 能够对比国内贸易，分析国际贸易特点。
2. 能绘制进出口业务流程图。

素养目标

在充分理解国际贸易进出口业务岗位工作内容的基础上，锻炼进出口业务岗位的职业能力，培养专业操作进出口业务的职业素养。

建议学时

学习项目一建议 3 学时。

工作情景描述

李林是一名刚走出大学校园的外贸专业优秀毕业生，入职深圳 HL 股份有限公司（简称深圳 HL 公司）。深圳 HL 公司是一家集手袋设计、开发、生产、销售为一体的大型手袋皮具企业，专业化水平较高。入职时，公司给李林安排了“师傅”和“师兄”，帮助他尽快上岗。李林发现，公司业务在上学时都是听到过的，但是做起来却感到吃力，上学时学到的知识在工作的时候有时想不起来，他感到自己在上学的时候再用心些就好了。“师傅”和“师兄”都告诉他，想工作好必须将知识和经验结合起来，两者缺一不可。经验主要从实践中获得，知识却是靠学习来获取的。于是李林找出上学时的教材和资料，决心重新再认真地学习一遍国际贸易相关知识，以便用到的时候能马上想起来，正确应对，做好岗位工作。作为在校生的你，应该为自己未来的工作与生活，做哪些准备呢？

学习任务与活动

学习任务一　国际贸易基本概念认知
学习任务二　国际贸易进出口业务岗位认知
学习任务三　国际贸易的基本流程设计

项目一思维导图

学习任务一　国际贸易基本概念认知

学习目标

知识目标

1. 掌握国际贸易的含义和分类。
2. 掌握国际贸易的方式。
3. 了解对外贸易政策与壁垒。

能力目标

能够对比国内贸易，分析国际贸易特点。

素养目标

养成关注世界经济与中国经济发展的职业素养习惯，了解中国积极参与及推进的区域经济一体化组织的最新动态与发展前景。

建议学时

学习任务一建议 1 学时。

相关知识点

一、国际贸易基本概念

国际贸易（International Trade）是指跨越国境的货品和服务交易，一般由进口（import）贸易和出口（export）贸易组成，因此也可称之为进出口贸易。这种交换活动因为发生在世界范围内，也称世界贸易（world trade）或全球贸易（global trade）。

对外贸易（foreign trade）是指一个特定的国家（或地区）同其他国家（或地区）进行的商品和服务的交换活动。

可见，国际贸易是从全球角度来说的，对外贸易是从一个国家的角度来说的。而海岛国家，如英国、日本等，常用海外贸易（oversea trade）来表示对外贸易。

二、国际贸易分类

（一）货物移动方向

出口贸易（export trade）：将本国生产和加工的货物输往国外市场进行销售。

进口贸易（import trade）：将外国生产和加工的货物输入本国市场进行销售。

过境贸易（transit trade）：一国经过第三国国境向另一国出口或进口商品。对第三国而言，就是过境贸易。

（二）贸易涉及标的物的形态

有形贸易（visible trade）：一般指货物贸易。

无形贸易（invisible trade）：一般指服务贸易，即国家之间出售或购买服务和技术的交易，它以提供活劳动和技术的形式满足他人需求并获取外汇报酬。

（三）是否有第三方参与

直接贸易（direct trade）：商品由生产国直接卖给消费国，或由消费国直接向生产国购买（见图 1-1）。

图 1-1　直接贸易图示

间接贸易（indirect trade）：借助第三方进行的贸易活动。生产国（消费国）不是把货物直接卖给消费国（从生产国购买），而是先卖（买）给第三国，再转卖（买）给消费国（见图 1-2）。

图 1-2　间接贸易图示

转口贸易（entrepot trade）：对第三国而言，生产国与消费国之间通过第三国进行的贸易。

转口贸易又分为直接接口和间接接口。直接转口指转口商仅参与商品的交易过程，商品还是从生产地向消费国转移（见图 1-3）。间接转口指商品从生产国输入进来，然后由该国商人销往商品的消费国（见图 1-4）。

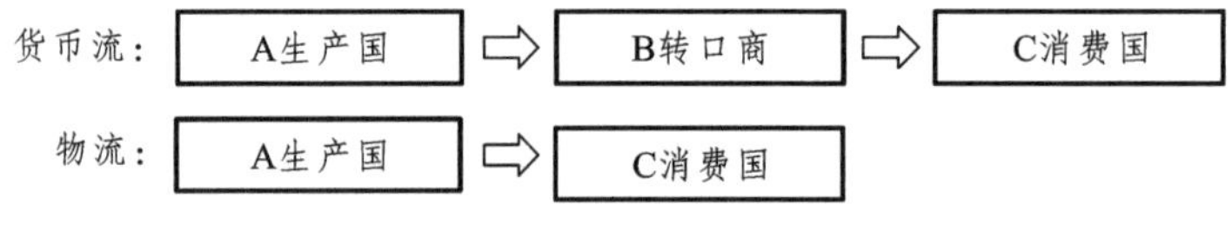

图 1-3　直接转口贸易图示

图 1-4　间接转口贸易图示

过境贸易（transit trade）：甲国通过乙国向丙国转运商品，对乙国来说就是过境贸易；这里并没有商品买卖行为，只不过是运输上的过境或转口，又被称为转口运输（transshipment）。转口贸易不一定就是转口运输，也可以直接运输；而直接贸易也可以转口运输。

（四）清偿工具

自由结汇方式贸易：以货币作为清偿工具，如美元、英镑等。

易货方式贸易：将货物经过计价作为清偿工具。

（五）运输方式

根据运输方式不同，国际贸易分为海运贸易（trade by seaway）、陆运贸易（trade by road）、空运贸易（trade by airway）、邮政贸易（trade by mail order）、管道贸易（trade by pipeline）、多式联运贸易（trade by inter-model transport）。

任务实施

1. 以小组为单位，根据国际贸易概念，对比国内贸易，归纳总结国际贸易特点。
2. 开展进出口贸易的方式有多种，以小组为单位，查阅资料，介绍贸易方式的分类。

知识拓展—对外贸易政策与贸易壁垒

学习任务二　国际贸易进出口业务岗位认知

学习目标

知识目标

了解国际贸易进出口业务岗位，以及岗位的职业能力和工作内容。

能力目标

能够将国际贸易进出口业务岗位的岗位要求转化为技能要求，并能够利用校园学习、生活锻炼技能。

素养目标

在充分理解国际贸易进出口业务岗位工作内容的基础上，锻炼进出口业务岗位的职业能力，培养专业操作进出口业务的职业素养。

建议学时

学习任务二建议 1 学时。

相关知识点

一、国际贸易进出口业务岗位及岗位内容

外销员：外贸企业中的业务员，他们从事进出口贸易的磋商谈判、签约等工作，有时候还牵涉运输、保险、报检、报关等业务。

外贸跟单员：在进出口贸易中，在贸易合同签订后，依据合同和相关单证，对货物加工、装运、保险、报检、报关、结汇等部分或者全部环节进行跟踪和监控，协助履行贸易合同的外贸业务人员。

单证员：在对外贸易结算业务中，买卖双方凭借在进出口业务中的单据、证书来处理货物的交付、运输、保险、商检、结汇等工作的人员。其主要工作涉及审证、制单、审单、交单与归档等一系列业务活动。

报检员：在外贸企业、代理报检企业等企业和机构中专业从事出入境检验检疫报检业务的人员。出入境检验检疫机构对出入境检验检疫报检实行报检员凭证报检制度。

报关员：代表所属企业（单位）向海关办理进出口货物报关纳税等通关手续，并以此为职业的人员。企业（单位）报关员需要在海关备案登记。

任务实施

查阅相关资料，结合国际贸易进出口业务岗位的工作内容，归纳国际贸易专业应用型人才应具备的技能，作为在校生的你，应做哪些准备呢？

学习任务三　国际贸易的基本流程设计

学习目标

知识目标

1. 理解进出口贸易的基本流程。
2. 掌握进出口贸易流程各阶段的主要工作内容。

能力目标

能绘制进出口业务流程图。

素养目标

培养创新意识、创新精神，能够融入模拟角色，并在业务流程方面提出新的观点，养成规范进出口业务操作流程的职业习惯。

建议学时

学习任务三建议1学时。

相关知识点

一、实际进出口业务及基本业务程序

1. 准备阶段 ⟹ 2. 磋商和订立合同阶段 ⟹ 3. 履行合同阶段

二、出口贸易不同阶段的主要工作内容

（一）进、出口交易前的准备

1. 出口交易前的准备

（1）加强对国外市场与客户的调查研究，选择适销的目标市场和资信良好的客户。
（2）拟订出口商品经营方案或价格方案，在对外洽商交易时心中有数。
（3）组织货源、备货或制订出口商品的生产计划。
（4）开展多种形式的广告宣传和促销活动，必要时及时在目标市场进行商标注册。

2. 进口交易前的准备

（1）在对国外市场和外商资信情况调查研究的基础上，选择适当的采购市场和供货对象。

（2）制定进口商品经营方案或价格方案，在对外洽商交易和采购商品时做好充分的准备，避免盲目行事。

（二）出口交易磋商和合同订立

磋商的内容主要是买卖货物的各项交易条件。交易磋商既可通过交换书信、数据电文（包括电报、电传、传真、电子数据和电子邮件）等书面形式进行，也可通过电话、当面谈判的口头形式进行。

（三）进、出口合同的履行

1. 出口合同的履行

（1）准备货物，保证按时、按质、按量交付合同约定的货物。

（2）落实信用证，做好催证、审证和改证工作。

（3）及时租船订舱，安排装运，办理保险，及时办理出口报关手续。

（4）缮制、备妥有关单据，及时向银行交单结汇，收取货款。

（5）办理出口收汇核销和出口退税。

2. 进口合同的履行

（1）按合同规定的时间和内容向银行申请开立信用证。

（2）及时租船订舱或订立运输合同，通知国外卖方装货日期，催促卖方备货装船。

（3）派船到对方口岸接运货物。

（4）办理货运保险。

（5）审核有关单据，在单证相符的情况下付款赎单。

（6）办理进口货物报关手续，接卸货物并验收货物。

任务实施

查阅相关资料，结合国际贸易进出口流程，总结外贸电商与跨境电商的区别。

强化训练

深圳 HL 公司与潜在客户美国的 Fashion Century Limited（以下简称美国 Fashion 公司）有意就一批女士手提包达成出口交易。请代表外贸部门李林绘制出口业务流程图。

☆ 卖方——深圳 HL 公司

地址：中国广东省深圳市龙华区××街道××社区

邮编：518173　电话：86-755-2863568×　传真：86-755-2861668×

网址：http：//www.××××.com　　E-mail：sales@××××.com

公司介绍：

深圳 HL 公司是一家集手袋设计、开发、生产、销售为一体的大型手袋皮具企业。公司秉承“持续改进、永续经营，客户至上，质量为先”的企业宗旨，经过多年的开拓与进取，成就了今天的辉煌业绩，产品质量和市场占有率在同行业中均名列前茅，受到消费者的一致好评。

公司现拥有 3 条先进生产线，建筑面积 3 000 平方米，有生产员工 200 人，年产量可达到 35 万个。公司产品有休闲女包、公文包、专用袋、软包和真皮包。公司依托“珠三角”这一全国最大的皮具原辅料市场，以得天独厚的地理优势和自身雄厚的技术力量，进军高端手袋市场，产品在国内外市场备受青睐，畅销 40 多个国家和地区。

☆ 买方——Fashion Century Limited（America）

地址：1410 Broadway，Room 300 New York，NY10018 U.S.A

电话：599-525-7000　传真：599-525-7002

网址：http：//www.Fashion.com

公司介绍：

Fashion Century Limited supplies all kinds of leather bags， computer bags， backpacks，briefcase，ice bag，cosmetic bag，camera bags and gift bags category.

（时尚世纪有限公司供应各类皮包、电脑包、双肩包、公文包、冰袋、化妆包、相机包和礼品包。）

☆ 业务要求：

产品：女士手提包（Style No.：WHD-090138）

货号：WHD-090138

产品尺寸：50cm × 40cm × 10cm

颜色：灰色，米白色，黑色

包装：混装

出口数量：共 5 400 个

包装：每个入聚丙烯（OPP）塑料袋，12 个入纸箱装（每箱 0.125 立方米），共计 1 个 40 英尺集装箱

出口地：深圳港口　装运港：深圳盐田港

进口地：美国（AMERICA）　目的港：纽约（NEWYORK）

贸易术语：FOB /CFR /CIF
支付方式：L/C AT SIGHT
保险：一切险加战争险
装运期：2019 年 12 月
☆ 相关费用：
报检费：每笔 120 元人民币
报关费：每笔 150 元人民币
核销费：每笔 100 元人民币
银行费用：FOB 价的 1%
其他费用（提单、拖柜等）：1000 元人民币
海运费：深圳盐田到纽约，1×40 英尺集装箱 2600 美元
保险费率：一切险 0.8%，战争险 0.08%
保险加成：110%
采购成本：每个 50 元人民币
出口利润率：8 %

项目一课后自测

学习项目二
制作进出口经营方案

学习目标

知识目标

1. 熟悉进出口交易前的准备工作。
2. 了解国际市场调研的内容。

能力目标

1. 掌握与国外客户建立关系、寻找业务伙伴的方法与途径。
2. 制作进出口经营方案。

素养目标

1. 具备团队协助、团队互助意识，小组能够共同完成商品的进出口经营方案策划。
2. 具备较强的理解能力和实践能力，以专业的态度和职业能力，查阅、分析和整理材料，养成合理利用、正确使用网络的职业习惯。
3. 能专业化展示并分享本小组的商品进出口经营策划方案。

建议学时

学习项目二建议 6 学时。

工作情景描述

李林的师傅希望李林能系统地学习并掌握国际贸易业务，深圳 HL 公司的客户遍布十几个国家，公司还需要进一步扩大国际市场，深挖美日欧等国际市场。现在，师傅布置了一个工作任务，交代李林通过市场调查，完成一份出口经营方案，报送公司领导。李林想抓住这个机会，既好好学习，又能在新人中脱颖而出。

学习任务与活动

学习任务　进出口经营方案制作

项目二思维导图

学习任务　进出口经营方案制作

学习目标

知识目标

1. 熟悉进出口交易前的准备工作。
2. 了解国际市场调研的内容。
3. 理解进出口经营方案的主要内容。

能力目标

1. 掌握与国外客户建立关系、寻找业务伙伴的方法与途径。
2. 制作进出口经营方案。
3. 分享、讲解本组商品进出口经营方案，并解答提问。

素养目标

1. 具备团队协助、团队互助意识，小组能够共同完成商品的进出口经营方案策划。
2. 具备较强的理解能力和实践能力，以专业的态度和职业能力，查阅、分析和整理材料，养成合理利用、正确使用网络的职业习惯。
3. 具备倾听能力，养成尊重同学并倾听同学分享观点、活动成果的职业习惯。
4. 具备敏锐的洞察能力，能客观点评同学活动成果，并公正评分。

建议学时

学习任务建议 6 学时。

相关知识点

一、进出口交易前的准备工作

国际贸易的情况比较复杂，进出口交易前必须做好充分的准备工作，有备无患。需要准备的事项有很多，主要包括调查研究国际市场、制订进出口经营方案、落实货源或制订出口商品生产计划、制订国际采购计划、选定客户和建立业务关系以及开展广告宣传等。

（一）行情调研

1. 经济调研

经济调研的目的在于了解一个国家或地区的总体经济状况、生产力发展水平、产业结构特点、国家的宏观经济政策、货币制度、经济法律和条约、消费水平和基本特点等。总之，经济调研是对经济大环境有一个总体的了解，预估可能的风险和效益情况。对外贸易总是尽量寻找总体环境好的国家和地区予以开展。

2. 市场调研

市场调研主要是针对某一具体选定的商品，调查其市场供需状况、国内生产能力、生产的技术水平和成本、产品性能和特点、消费阶层和高潮消费期、产品在生命周期中所处的阶段、该产品市场的竞争和垄断程度等内容。其目的在于确定该商品贸易是否具有可行性、获益性。

3. 客户调研

客户调研在于了解欲与之建立贸易关系的国外厂商、客户的基本情况。客户调研的内容包括客户的历史、资金规模、经营范围、组织情况、信誉等级等自身总体状况，还包括客户与世界各地其他客户和与本国客户开展对外经济贸易关系的历史和现状。只有对国外厂商、客户有了一定的了解，才可以与之建立对外贸易联系。对外贸易实际工作中，常有因对对方情况不清，匆忙与之进行外贸交易活动而造成重大损失的事件发生。因此，在交易磋商之前，务必要对国外客户的资金和信誉状况有十足的把握，不可急于求成。

（二）制定方案

进出口商品经营方案是对其所经营的进出口商品关于企业国内外市场、企业经营决策及目标所做的一种业务计划安排。它可使企业交易有计划、有目的地顺利进行，是企业同客户洽商交易的依据。进出口商品经营方案内容一般包括：

（1）商品和货源情况，包括商品的特点、品质、规格、包装，国内生产数量、可供出口数量、当前库存及国内需要量等。

（2）国外市场情况，包括国外商品生产、消费、贸易情况，主要进出口国家的交易情况，今后发展变化的趋势，国外主要市场经营该商品的基本做法、销售渠道等。

（3）经营历史情况，包括进出口商品在国际市场上所占的地位，主要进出口地区及销售情况，国内外客户的具体反映，经营该商品的经验、教训等。

（4）经营计划安排，主要包括进出口商品的数量、金额，对某国或某地区出口或进口的数量、进度等。

（5）营销策略，包括客户利用措施、采取的贸易方式、价格的掌握、收汇方法、进出口销售的原则策略等。

进出口企业一般只在经营大宗或重点进出口商品时才逐个制订商品进出口方案；对其他商品可只按商品大类制订；对中小商品可制订内容简单的价格方案，仅对市场和价格提出分析意见，规定对各个地区的进出口价格以及掌握进出口价格的原则和幅度。

二、国际调研信息的主要来源

（1）一般性资料：如一国官方公布的国民经济总括性数据和资料，内容包括国民生产总值、国际收支状况、对外贸易总量、通货膨胀率和失业率等。

（2）国内外综合刊物。

（3）委托国外咨询公司进行行情调查。

（4）通过我国外贸公司驻外分支公司和商务参赞处，在国外进行资料收集。

（5）利用交易会、各种洽谈会和客户来华做生意的机会了解有关信息。

（6）派遣专门的出口代表团、推销小组等进行直接的国际市场调研，获得第一手资料。

三、与国外客户建立关系的途径

要从事进出口贸易，就要建立国际贸易业务关系，在国际市场上寻找业务伙伴。建立国外客户关系，一般可通过以下渠道：

（1）自我介绍：通过查阅国外出版的企业名录、黄页、报纸杂志的广告，以函电或发送资料的方式，自我介绍建立关系。

（2）网络推广包括两种模式：一是在网上发布信息，等着买家找上门；二是通过搜索关键词或分类目录查找买家资料，主动联系买家。网络推广有六种途径：商业网站、行业协会网站、商会网站、专业网站、区域网站和展会网站。

（3）请国外银行和老客户介绍客户。

（4）请国内外的贸易促进机构或友好协会介绍关系，如中国国际贸易促进委员会也办理介绍客户的业务。

（5）请我驻外使馆商务处或外国驻华使馆介绍合作对象。

一国驻外使馆对当地主要厂商的经营范围、能力和资信较为熟悉，且本就有为本国和外国经济合作牵线搭桥的职能。

（6）通过参加国内外展览会、交易会建立关系。

这类活动的优点是能和客户直接见面，联系范围广，能直接展示商品，了解国际市场新动向。

（7）利用国内外的专业咨询公司介绍客户。

国内外有许多专业咨询公司接受委托代办介绍客户，专业咨询公司业务关系广泛，其中有许多具有一定影响、专业经验和能力的各种类型的客户。

任务实施

美国一家大型的饮料公司决定开拓东南亚地区市场，并选择印度尼西亚作为公司最畅销饮料的目标销售市场。印度尼西亚是世界第四大人口大国，人口数约 2.7 亿人。美国饮料公司的管理阶层认为无法拒绝这一巨大潜在市场的诱惑，因此决定达成瓶装与分销协议来服务于这一市场。公司决定把软饮料只卖给一家瓶装商，由后者负责饮料的瓶装与分销。但不幸的是，销售状况非常糟糕，饮料根本不畅销。虽然公司初期调研，包括对当地同行竞争者、竞争状况和政府态度的调研结果都非常乐观，但营销活动仍一蹶不振。后经了解，这是因为公司董事会主席及其项目经理忽视了两个重要因素：其一，印度尼西亚虽拥有 2.7 亿人口，但绝大多数仍在农村，处于前工业化阶段；其二，大多数印度尼西亚人喜欢甜饮料和以椰子汁为主要原料的软饮料，他们对美国风味的碳酸化合饮料甚感不习惯。在印度尼西亚，虽存在着美国饮料市场，但这几乎全部限于主要城市。欣赏美国风味并有足够可自由支配收入购买美国风味饮料的市场上仅 800 万人。

请分析：美国饮料公司在此次国际市场开拓中存在哪些方面的问题？

强化训练

1. 请每个小组在以下产品中抽取一个产品，代表中方，完成商品进口或出口经营方案。

要求：PPT 形式展示，小组分工明确。

产品：出口华为智能手机、进口美素佳儿婴幼儿奶粉、出口服装、进口宝马汽车、进口爱马仕（奢侈品）、出口竹制小工艺品、出口塑料玩具、进口保健品。

小组分工情况表

评分要求：

（1）小组合作，合理分工：10 分

（2）PPT 制作：45 分

内容围绕主题，中心明确（20 分）；PPT 制作精美，符合内容要求（25 分）。

（3）讲解：45 分

思路清晰、逻辑性强；脱稿讲解，熟练调控（15 分）。语气、语调生动形象，对课件进行充分讲解（15 分）。时间控制 5 分钟以内（15 分）。

小组活动评价表

2. 以小组为单位，代表中方，展示、分享商品进口或出口经营方案，并答疑解惑。完成下列评分表（本组不自评分）。

评分表

总指标	分指标	评分要素	分值	得分（1 组）	得分（2 组）	得分（3 组）	得分（4 组）	得分（5 组）	得分（6 组）
小组分工（10 分）	分工合理	全员参加，分工合理，团结合作	10 分						
PPT 内容（20 分）	内容符合要求	内容围绕主题，中心明确	20 分						
PPT 制作精美（25 分）	丰富多彩	内容包括图片、动画等表现形式，素材选用恰当	10 分						
	整体风格	风格统一，色彩搭配协调	5 分						
	页面布局	布局合理，简洁美观	5 分						
	可靠性	课件运行稳定，无中断，操作熟练	5 分						
展示讲解过程（45 分）	熟练性	脱稿讲解，熟练调控	15 分						
	条理性	思路清晰、逻辑性强							
	生动性	语气语调对课件进行了充分的讲解	15 分						
	时间控制	时间掌控合理，在规定时间内完成演示讲解	15 分						
综合评分									

学习项目三
核算商品价格及报价

学习目标

知识目标

1. 了解国际贸易的主要惯例及贸易术语的种类、区别和要点。
2. 重点掌握 FOB、CFR、CIF 三种贸易术语及买卖双方的权利和义务。
3. 了解出口货物价格构成、作价原则与方法、计价货币的选用。

能力目标

1. 能够换算国际贸易中的不同价格，按照客户要求报价。
2. 能够根据客户需求，正确核算佣金与折扣。
3. 能够应用贸易术语进行出口报价和还价核算，并能够订立价格条款。

素养目标

1. 具有较强的理解能力及实践能力，能够结合实际案例，分析不同贸易术语中买卖双方的责任和权利。
2. 具备社会实践的能力，能代表企业实际对外报价。

建议学时

学习项目三建议 27 学时。

工作情景描述

李林的出口经营方案经师兄和师傅的指点、修改，得到了公司领导的认可，现已按照方案，开拓市场寻找客户。通过网络、展会以及客户和银行介绍等方式，李林发出很多询盘，也收到很多询盘，外商希望李林报价发盘，有的客户要求报 FOB 价，有的要报 CFR 价，还有的要报 CIF 价。李林从财务部门获得相关信息后，开始核算价格并报价。

学习任务与活动

学习任务一　国际贸易术语认知
学习任务二　商品价格核算
学习任务三　国际贸易销售合同价格条款制定

项目三思维导图

学习任务一　国际贸易术语认知

学习目标

知识目标

1. 了解有关贸易术语的国际贸易惯例。
2. 掌握贸易术语的含义、作用。
3. 掌握《2010 年国际贸易术语解释通则》中 11 则贸易术语的解释。
4. 掌握《国际贸易术语解释通则》2010 版本与 2020 版本的区别与联系。

能力目标

1. 能够综合考虑各项因素，选择合适的贸易术语。
2. 能够运用贸易术语的相关知识点分析实际业务中发生的争端，为买卖双方划分责任归属，并客观公正解决争端。

素养目标

1. 具备创新意识，能够在实际案例分析中有全面的思考、独特的见解。
2. 养成严格遵循国际惯例、规则操作国际贸易交易事宜及解决争端的职业习惯。

建议学时

学习任务一建议 12 学时。

相关知识点

一、贸易术语基本概念

贸易术语（trade terms）也称价格术语或贸易条件，说明买卖双方在交易中交货的地点、责任、费用及风险的划分，同时也表明价格的构成；贸易术语也可表示成交商品的价格构成因素，特别是货价中所包含的从属费用，如运费、保险费。其内涵包括：

1. 承担的责任

承担的责任主要有：办理出口、进口许可证；办理出口、进口报关手续；装卸运输出口、进口货物；办理货运运输保险手续等。

2. 承担的费用

办理进出口许可证须支付手续费，办理进出口报关须缴纳关税，装卸运输货物须支付装卸费和运输费，办理保险须支付保险费等。

3. 承担的风险

进出口贸易货物在装、运、卸、贮的整个流转过程中都存在着风险，一般情况下卖方或者买方都已向保险公司办理了投保手续，但是对有些风险任何保险公司都不予承保。即使投了保，也存在着保险责任范围外的风险；即使在保险责任范围内，仍然存在着来不及投保或者保险公司破产倒闭不能赔偿的风险。

贸易术语作用体现在三个方面：

（1）明确责任，简化贸易手续。

（2）有利于买卖双方核算成本。

（3）有利于解决买卖双方在履行合同中所产生的各种纠纷。

二、有关贸易术语的国际贸易惯例

由于各国历史文化的不同和法律法规的差异，往往对同一个贸易术语有不同的解释习惯，非常容易产生纠纷。为了避免这些问题，一些国家的工商团体和某些国际性组织试图统一贸易术语的不同解释，陆续制定了一些统一的解释或者规则，这就形成了国际贸易惯例。主要有《2020年国际贸易术语解释通则》《1941年美国对外贸易定义修订本》《1932年华沙-牛津规则》。

《国际贸易术语解释通则》（*The Incoterms Rules or International Commercial Terms*，INCOTERMS），其中2010版本于2010年9月27日公布，2011年1月1日开始在全球范围内实施；2020版本于2019年9月公布，2020年1月1日开始在全球范围内实施。因为国际贸易惯例本身不是法律，对国际贸易当事人不产生必然的强制性约束力。国际贸易惯例在时间效力上并不存在“新法取代旧法”的说法，当事人在订立贸易合同时可以选择适用版本。《国际贸易术语解释通则》将贸易术语划分为13个。《2010年国际贸易术语解释通则》详细规则如下。

三、FOB、CFR、CIF贸易术语

（一）FOB

FOB：Free on Board（named port of shipment），即船上交货（指定装运港），卖方在约定的装运港将货物装上买方指派的船，即完成了交货义务，买方必须承担货物装上船后的一切风险和费用。

1. 适用范围

适用于水运（包括海运和内河运输）。

2. 买卖双方的责任和义务（见表3-1）

表3-1　FOB买卖双方的责任和义务

	卖　方	买　方
主要责任	1. 负责办理出口清关手续。 2. 负责在约定日期内，按港口的习惯方式，在指定装运港将货物置于买方指定船只上或以取得已在船上交付的货物的方式交货。	1. 负责办理进口清关手续及从他国过境的海关手续。 2. 负责签订自指定装运港起运货物的运输合同。

续表

	卖　方	买　方
主要责任	3. 负责充分通知买方已按规定交货或者船舶未在约定时间收取货物。 4. 负责向买方提供已按规定交货的通常证据	3. 负责充分通知卖方船舶名称、装船点、交货时间（需要买方选择时）。 4. 负责收取按规定交付的货物和交货凭证，并支付价款
费用	1. 承担货物在指定装运港装上买方指定船只前与货物相关的一切费用。 2. 承担出口清关所需费用和一切税款	1. 承担货物在指定装运港装上买方指定船只后与货物相关的一切费用。 2. 承担进口清关费用、进口关税及需经他国过境时所应缴纳的一切税款
风险	承担按规定将货物装上船前的一切风险	承担按规定将货物装上船只时起的一切风险

3. 使用 FOB 注意事项

（1）风险转移问题：卖方在装运港将货物交到买方所派船只上时，货物损坏或者灭失的风险由卖方转移给买方。

（2）主要费用的划分：卖方承担交货前所涉及的各项费用，包括办理货物出口所应该缴纳的关税和其他费用。买方承担交货后所涉及的各项费用，包括从装运港到目的港的运费，以及办理进口手续时所应缴纳的关税和进口费用。

（3）船货衔接问题一：卖方在交货后应及时给予买方充分装船通知，以便买方安排投保、通关、接货。若卖方怠于此项通知，致使买方无法投保，即使货物已在装运港装上船舶，但有关货物在此情况下的风险并不认为已由卖方转移给买方。

（4）船货衔接问题二：买方有义务安排运输事宜，并将相关的船名、装货地、交货地及交货时间等信息及时通知卖方。若买方怠于此项通知，或所指定船舶未按时抵达，或不能装运货物，或提前截止装货，则货物的风险和费用可提前转移，只要货物已经特定化。

（5）为防止货物因意外事故致损，而买方又拒绝付款，卖方最好投保“出口信用保险”或“卖方利益险”；为防止货物在装运前的内陆运输风险，卖方应投保“陆运险”。

【例 3-1】某公司以 FOB 术语出口一批冻鸭。合同签订后接到买方来电，称租船较为困难，委托我方代为办理租船，有关费用由买方负担。为了方便合同履行，我方接受了对方的要求。但时至装运期我方在规定装运港无法租到合适的船，且买方又不同意改变装运港。因此，到装运期满时货仍未装船，买方因销售季节即将结束便来函以我方未按期履行交货义务为由撤销合同。试问：我方应如何处理？

提示：拒绝买方此要求。根据 FOB 术语我们可知，租船是买方的责任，既然买方是以委托方式要求我方代为办理租船，并且费用由买方负担，所以能否租到合适的船，我方都不负任何责任。买方没有权利因此而撤销合同。

【例 3-2】我方从美商处购进某种商品一批，合同价格规定为每公吨 1500 美元 FOB Newyork，我方受载货轮驶抵纽约港后，通知对方收货，但对方要求我方负担从纽约城内仓库至装上船的一切费用。试问，我方应如何处理？为什么？

提示：我方无理由支付。我方为买方，美方为卖方。FOB 术语下，风险转移点为装运港装上轮船后，费用转移点在装运港码头，从纽约城内仓库至装上船这一行为发生在费用转移点之前，理应由卖方支付。故我方无理由付款。

（二）CFR

CFR：Cost and Freight（named port of destination），即成本加运费（指定目的港），指卖方必须在合同规定的装运期内，在装运港将货物交至运往指定目的港的船上，承担货物装上船为止的一切费用和货物灭失或损坏的风险，并负责租船或订舱，支付抵达目的港的正常运费。

1. 适用范围

适用于水运（包括海运和内河运输）。

2. 买卖双方的责任和义务（见表 3-2）

表 3-2　CFR 买卖双方的责任和义务

	卖　方	买　方
主要责任	1. 负责办理出口清关手续。 2. 负责签订运输合同，将货物自预定交货点（如有）由通常航线和通常船舶运送至指定目的港交付点（如有）。 3. 负责在约定日期内，按港口习惯方式，将货物装上船或以取得已装船货物的方式交货。 4. 负责向买方发出所需通知。 5. 不得延迟向买方提供到约定目的港的通常运输凭证	1. 负责办理进口清关手续及从他国过境的海关手续。 2. 当买方有权决定货物装船时间，或制订目的港内收取货物点时，买方必须充分通知卖方。 3. 负责收取按规定交付的货物和运输凭证，并支付价款
费用	1. 承担按规定将货物装上船只前与货物有关的一切费用。 2. 承担将货物运至约定目的港卸货的包括装货费、运费和运输合同规定由卖方支付的卸货费在内的一切费用	1. 承担货物按规定装上船时起与货物有关的一切费用，按运输合同由卖方支付的除外。 2. 承担进口清关费用、进口关税及需经他国过境时所应缴纳的一切税款
风险	承担按规定将货物装上船前的一切风险	承担按规定将货物装上船只时起的一切风险

3. 使用 CFR 注意事项

（1）租船或者订舱的责任：根据《2010 年国际贸易术语解释通则》的规定，CFR 合同的卖方只负责按照通常条件租船或订舱，经过惯常航线运至目的地。因此，卖方有权拒绝买方提出的关于限制船舶的国籍、船型、船龄或指定某班轮公司的船只等要求。但在实际业务中，若国外买方所提出的上述要求，卖方能够办到，也不增加费用，则卖方可以考虑予以通融。

（2）有关费用的划分：按照 CFR 条件成交，卖方负责将合同规定货物运往合同规定的目的港，并支付正常运费，途中发生意外事故而产生的额外费用由买方负担。除运输合同规定外，包括驳船费和码头费在内的卸货费由买方负担。

（3）关于装船通知：按 CFR 订立合同，需要特别注意装船通知的问题。因为按照 CFR 贸易术语成交，卖方安排运输，但由买方办理货运保险，如卖方装船后不及时通知买方，买方就无法及时办理保险，甚至有可能出现漏办货运保险的情况。如因卖方疏忽致使买方未能投保，那么卖方不能以风险在装运港货物装上船后转移为由免除责任，要承担货物在运输途中的风险。

【例 3-3】我方某公司以 CFR 术语出口一批瓷器，我方按期在装运港装船后，即将有关交易单证寄交买方，要求买方支付货款。过后，业务人员才发现忘记向买方发出装船通知。此时，买方已来函向我方提出索赔，因为货物在运输途中因海上风险而损毁。

请问：我方能否以货物运输风险由买方承担为由拒绝买方的索赔？

提示：（1）我方不能以风险界点在装运港货物装上轮船为由而拒绝买方的索赔要求。

（2）这个案例涉及 CFR 术语，根据 CFR 术语，买卖双方的风险界点在装运港装上轮船，货物在装运港装上轮船以前的风险由卖方承担，货物装上轮船以后的风险由买方承担。鉴于此，卖方为了保证自己在遭到风险时能够将损失减低，可以通过向保险公司办理货运保险手续将风险转嫁给保险公司，但是买方能否及时办理保险取决于卖方在装运港装船后是否即时向买方发出装船通知，根据 CFR 术语，卖方在货物装船后及时向买方发出装船通知是其重要义务，如果卖方未及时向买方发出装船通知导致买方未能及时办理保险手续，由此引起的损失由卖方负担。

（3）就本案例而言，很显然卖方没有及时向买方发出装船通知，结果买方未办理货物保险，而货物却因海上风险而损毁，故此我方理应对该项货物损失负责，而不能以风险已转移给买方为由而拒绝卖方的索赔。

（三）CIF

CIF：Cost Insurance and Freight（named port of destination），即成本、保险加运费（指定目的港），指卖方需要在约定的时间和装运港将货物装上船，这样就完成了交货义务，卖方需要承担到目的港的正常运费和保险费。

1. 适用范围

适用于水运（包括海运和内河运输）。

2. 买卖双方的责任和义务（见表 3-3）

表 3-3　CIF 买卖双方的责任和义务

	卖　方	买　方
主要责任	1. 负责办理出口清关手续。 2. 负责签订运输合同，将货物自预定交货点（如有）由通常航线和通常船舶运送至指定目的港交付点（如有）。 3. 负责与信誉良好的承保人或保险公司订立保险合同。 4. 负责在约定日期内，按港口习惯方式，将货物装上船或以取得已装船货物的方式交货。 5. 负责向买方发出所需通知。 6. 不得延迟向买方提供到约定目的港的通常运输凭证	1. 负责办理进口清关手续及从他国过境的海关手续。 2. 当买方有权决定货物装船时间，或制订目的港内收取货物点时，买方必须充分通知卖方。 3. 负责收取按规定交付的货物和运输凭证，并支付价款
费用	1. 承担按规定将货物装上船只前与货物有关的一切费用。 2. 承担将货物运至约定目的港卸货的包括装货费、运费和运输合同规定由卖方支付的卸货费在内的一切费用。 3. 承担出口清关所需费用和一切税款	1. 承担货物按规定装上船时起与货物有关的一切费用，按运输合同由卖方支付的除外。 2. 承担进口清关费用、进口关税及需经他国过境时所应缴纳的一切税款
风险	承担按规定将货物装上船前的一切风险	承担按规定将货物装上船只时起的一切风险

3. 使用 CIF 注意事项

（1）交货的性质问题：从交货方式看，CIF 是一种典型的象征性交货（symbolic delivery）。所谓象征性交货是针对实际交货（physical delivery）而言的，前者指卖方只要按期在约定地点完成装运，并向买方提交合同规定的、包括物权凭证在内的有关单据，就算完成了交货义务，而无须保证到货。后者则是指卖方要在规定的时间和地点将符合合同规定的货物提交给买方或其指定的人，不能以交单代替交货。

可见，在象征性交货方式下，卖方是凭单交货，买方是凭单付款。只要卖方如期向买方提交了合同规定的全套合格单据（名称、内容和份数相符的单据），即使货物在运输中损坏或灭失，买方也必须履行付款义务。反之，如果卖方提交的单据不符合要求，即使货物完好无损地运抵目的地，买方仍有权拒付货款。所以 CIF 实际上是一种单据买卖。

但是，必须提出按 CIF 术语成交，卖方履行其交单义务只是得到买方付款的前提条件，除此之外，他必须履行交货义务。如果卖方提交的货物不符合要求，即使买方已经付款，仍然可以根据合同的规定向卖方提出索赔。

（2）保险性质及保险险别问题：按 CIF 术语成交，卖方应负责订立保险合同，按约定的险别和金额投保货物运输险，支付保险费，提交保险单。卖方是为买方的利益办理保险，属于代办性质。货物在运输途中灭失或损坏的风险由买方负担。如发生意外，买方凭保险单直接向保险公司索赔，能否得到赔偿卖方概不负责。卖方应投什么险别，投保金额是多少，一般在签订买卖合同时应该有明确的规定。《2010 年国际贸易术语解释通则》规定，该保险需至少符合《协会货物条款》条款（C）。当买方要求且能够提供给卖方所需要的信息时，卖方应办理任何附件险别，由买方承担费用。

（3）卸货费用负担问题：CIF 与 CFR 术语除保险由卖方自费办理外，在其他方面买卖双方的基本责任相同，在前面所阐述的 CFR 术语中所提到的目的港卸货费的负担问题同样适用于 CIF 术语。

【例 3-4】某出口公司按 CIF London 向英商出售一批核桃仁，由于该商品季节性较强，双方在合同中规定：买方须于 9 月底前将信用证开到，卖方保证运货船只不迟于 12 月 2 日驶抵目的港。如货轮迟于 12 月 2 日抵达目的港. 买方有权取消合同，如货款已收，卖方必须将货款退还买方。请问这一份合同的性质是否属于 CIF 合同？

提示：这一合同的性质不再属于 CIF 合同。因为合同条款内容与 CIF 本身的解释相抵触。抵触有二：其一，合同在 C1F 术语下规定了“到货日期”。这与 CIF 价格术语所赋予的风险界限划分的本意不相符，CIF 是装运港交货，货物装上轮船后的一切风险均由买方负责。如果限定到货日期，岂不是要卖方承担货物装上轮船后的一切风险。其二，CIF 是“象征性交货”，只要卖方提供齐全、正确的货运单据，买方不能拒收单据，拒付货款。而该合同竟规定“如货运船只不能如期到达，买方将收回货款”，实际上成了货到付款。由此看来，该合同的一些主要条款已与 CIF 术语的本意相抵触。尽管名义上是按 CIF 成交，但实质上并不是 CIF 合同性质。

四、FCA、CPT、CIP 贸易术语

（一）FCA

FCA：Free Carrier（named place of delivery），即货交承运人（指定交货地点），指卖方在其所在地或其他指定地点，将已出口清关的货物，交付给买方指定的承运人，即完成交货义务。

1. 适用范围

适用于任何运输方式，也可适用于多式联运，其适用范围最广。

2. 买卖双方的责任和义务（见表 3-4）

表 3-4　FCA 买卖双方的责任和义务

	卖　方	买　方
主要责任	1. 负责办理出口清关手续。 2. 负责在约定日期内，在指定地点或指定地点的约定点（如有），将货物交给买方指定的承运人或其他人。 3. 负责充分通知买方已按规定交货或买方指定承运人或其他人未在约定时间收取货物。 4. 负责向买方提供已按规定交货的通常证据	1. 负责办理进口清关手续及从他国过境的海关手续。 2. 负责签订自指定交货地点起运货物的运输合同。 3. 负责充分通知卖方指定承运人或其他人的姓名，运输方式、指定地点内的交货点、收取货物时间。 4. 负责收取按规定交付的货物和运输凭证，并支付价款
费用	1. 承担货物按规定交付前与货物相关的一切费用。 2. 承担出口清关所需费用	1. 承担货物按规定交付后与货物相关的一切费用。 2. 承担进口清关费用、进口关税及需经他国过境时所应缴纳的一切税款
风险	承担按规定交付货物前的一切风险	承担按规定交付货物时起的一切风险

3. 使用 FCA 注意事项

（1）有关交货地点的问题：交货地点的选择直接影响到装卸货物的责任划分。如果双方约定的交货地点是在卖方所在地，卖方负责把货物装上买方安排的承运人所提供的运输工具即可；如果交货地点是在其他地方，卖方就要将货物运交给承运人，在自己所提供的运输工具上完成交货义务，而无须负责卸货。如果未明确指定交货地点，且有数个交付地点可供使用时，卖方则有权选择最适合其目的地的交货点。

（2）承运人是指在运输合同中，承担履行或办理履行铁路、公路、航空、海洋、内河运输或多式联运的义务人。

【例 3-5】我方某公司按 FCA 术语进口一批化工原料，合同中规定由卖方代办运输事项。结果在装运期满时，国外卖方来函通知，无法租到船，不能按期交货。因此我公司向国内生产厂家支付了 10 万元违约金，问：对我公司的这 10 万元损失，可否向国外的卖方索赔？

提示：（1）我方的 10 万元延期交货违约金，不能向国外公司索赔，应由自己承担。

（2）这个案例涉及 FCA 术语，买方负责订立运输契约，指定承运人到装运地点接货，买方可以委托卖方代办运输事项，但此项活动的风险和费用均由买方承担。

（3）结合本案例 FCA 术语，应由我公司负责租船订舱，但我公司在自己承担风险的责任下由卖方代办运输，所以卖方租不到船、订不到舱的风险应由我公司承担，由此导致的国内企业的违约金损失也应由我公司承担。

（二）CPT

CPT：Carriage Paid to（named place of destination），即运费付至（指定目的地），指卖方在出口国将货物在双方约定地点（若双方已约定了地点）交给卖方指定的承运人或其他人，卖方必须签订运输合同并支付将货物运至指定目的地所需费用（运费）。

1. 适用范围

适用于任何运输方式，包括多式联运。

2. 买卖双方的责任和义务（见表 3-5）

表 3-5 CPT 买卖双方的责任和义务

	卖方	买方
主要责任	1. 负责办理出口清关手续。 2. 负责签订运输合同，将货物自约定交货点（如有）由通常航线和习惯方式运送至指定目的地交付点（如有）。 3. 负责在约定日期内，将货物交给已签订运输合同的承运人。 4. 负责向买方发出已交货和买方所需的任何通知。 5. 不得延迟向买方提供通常的运输凭证	1. 负责办理进口清关手续及从他国过境的海关手续。 2. 当买方有权决定发货时间，或指定目的地或目的地交付点时，买方必须充分通知卖方。 3. 负责收取按规定交付的货物和运输凭证，并支付价款
费用	1. 承担货物按规定交货前与货物相关的一切费用。 2. 承担将货物运至约定目的地卸货的包括卸货费、运费和运输合同规定由卖方支付的费用在内的一切费用。 3. 承担出口清关所需费用	1. 承担货物按规定交货时起与货物有关的一切费用，按运输合同由卖方支付的除外。 2. 承担进口清关费用、进口关税及需经他国过境时所应缴纳的一切税款
风险	承担按规定货交承运人前的一切风险	承担按规定货交承运人时起的一切风险

3. 使用 CPT 注意事项

（1）风险划分的界限问题：CPT 的风险转移和费用转移的地点不同。卖方需将运费付至指定目的地，然而卖方承担的风险并没有延伸到指定目的地。货物自交货地点运至目的地的运输途中的风险由买方承担，而不是卖方，卖方只承担货物交给承运人控制之前的风险；在多式联运情况下，涉及两个以上的承运人，卖方承担的风险自货物交给第一承运人控制时即转移给买方。

（2）若卖方按照运输合同在目的地卸货产生了费用，卖方无权向买方要求偿付，除非双方另有约定。

【例 3-6】我方某出口公司与法国外商签订 CPT 出口谷物 30 万公吨的合同。合同中约定货到巴黎。不久，对方开来了目的地为巴黎的信用证，卖方遂将已备好的货物包装完毕，与船公司、铁运公司签订了运输契约，并及时通知了卖方。鉴于海上风险相对较大，卖方办理了海运保险，货到目的港时依然完好，但在铁路运输途中，由于这家铁运公司所派的集装箱年久失修，箱顶因锈蚀而不防雨，恰值连雨天气，致使大部分谷物被泡已无利用价值。买方提出，铁路公司是卖方联系的，合同中又约定是货到巴黎，现今，卖方所交货物已无价值，全部责任应由卖方承担，向卖方提出索赔。卖方以“出现此种情况皆是由铁运公司的过失所导致，理应铁路公司赔偿”为由拒绝向买方赔偿。请问损失应由谁来承担？

提示：因为是 CPT 合同，是货交承运人，买方应办理保险，此案中卖方虽然办理了海运保险，但在目的港到目的地的这段距离买方还应该投保。因为 CPT 卖方只负责成本和运费并把货物交给承运人，保险不在卖方的义务范围内。铁路公司的集装箱年久失修显然存在重大过失。此案的损失应该由买方承担，因为买方没有买保险；还因为 CPT 合同是卖方承担货交承运人为止的一切风险和费用，之后的风险由买方承担。铁路公司需负责，因为他们未提交适合运输的集装箱，买方须自行向铁运公司索赔。

（三）CIP

CIP：Carriage and Insurance Paid to（named place of destination），即运费保险费付至（指定目的地），指卖方将货物在双方约定地点，交给其指定的承运人或者其他人。卖方必须签订运输合同并支付将货物运至指定目的地的所需费用。卖方还必须为买方在运输途中货物的灭失或者损坏风险签订保险合同。

1. 适用范围

适用于任何运输方式，包括多式联运。

2. 买卖双方的责任和义务（见表 3-6）

表 3-6 CIP 买卖双方的责任和义务

	卖 方	买 方
主要责任	1. 负责办理出口清关手续。 2. 负责签订运输合同，将货物自约定交货点（如有）由通常航线和习惯方式运送至指定目的地交付点（如有）。 3. 负责与信誉良好的承保人或保险公司订立保险合同 4. 负责在约定日期内，将货物交给已签订运输合同的承运人。 5. 负责向买方发出已交货和买方所需的任何通知。 6. 不得延迟向买方提供通常的运输凭证	1. 负责办理进口清关手续及从他国过境的海关手续。 2. 当买方有权决定发货时间，或指定目的地或目的地交付点时，买方必须充分通知卖方。 3. 负责收取按规定交付的货物和运输凭证，并支付价款
费用	1. 承担货物按规定交货前与货物相关的一切费用。 2. 承担将货物运至约定目的地卸货的包括卸货费、运费和运输合同规定由卖方支付的费用在内的一切费用。 3. 承担出口清关所需费用	1. 承担货物按规定交货时起与货物有关的一切费用，按运输合同由卖方支付的除外。 2. 承担进口清关费用、进口关税及需经他国过境时所应缴纳的一切税款
风险	承担按规定货交承运人前的一切风险	承担按规定货交承运人时起的一切风险

3. 使用 CIP 注意事项

关于风险和保险问题：按照 CIP 术语成交的合同，卖方要负责办理货运保险，并支付保险费，但是货物在从交货地运往目的地的运输途中的风险由买方承担。所以，卖方的投保仍属于代办性质。根据《2010 年国际贸易术语解释通则》的解释，由卖方按惯例投保最低的险别。

【例 3-7】我方按 CIP 术语进口 10 吨化肥，先经海上运输，抵达目的港后转为铁路运输，我方受领货物后，卖方要求我方支付货款和铁路运输费，请问卖方行为是否合理？

提示：按照 CIP 术语成交，卖方要承担保险费和运费。因为 CIP 术语适合各种运输方式，风险是在承运人控制货物时转移，所以卖方要负责从交货地点到指定目的地的全程运输，而不仅仅是水上运输，因此卖方应支付全程运费。就本案例而言，卖方支付了海上运输的费用，但并未将货物送往指定目的地，因此还需支付铁路运输的费用。由此，我方应支付货款，但不需支付铁路运费，卖方行为不尽合理。

五、FAS 贸易术语

FAS：Free Alongside Ship（named port of shipment），即船边交货（指定装运港），指卖方需在合同约定的日期或限期内，将货物运到合同规定的装运港口，并交到买方指派的船只旁边，即完成了交货义务。另外，卖方要提交商业发票以及合同要求的其他单证。

1. 适用范围

适用于水运（包括海运和内河运输）。

2. 买卖双方的责任和义务（见表 3-7）

表 3-7　FAS 买卖双方的责任和义务

	卖　方	买　方
主要责任	1. 在买方指定的装运港，在买方指定的装货地点，在约定的日期或期限内，按照该港习惯方式将货物交至买方指定的船边。 2. 自担风险和费用，取得任何出口许可证或其他官方许可，并在需要办理海关手续时，办理货物出口所需的一切海关手续。 3. 承担货物灭失或损坏的一切风险，直到在指定地点交由买方船边为止。 4. 提供符合销售合同规定的货物和商业发票或有同等作用的电子信息，以及合同可能要求的、证明货物符合合同规定的其他任何凭证。 5. 给予买方说明货物已交至指定的船边的充分通知	1. 接收卖方提供的有关单据，受领货物，并按合同规定支付货款。 2. 承担货物在指定地点交由船边时起的风险和费用。 3. 自负风险和费用，取得进口许可证或其他官方批准的证件，并且办理货物进口所需海关手续，支付关税及其他有关费用
费用	在按规定交付买方之前支付与货物有关的一切费用。在需要办理海关手续时，办理货物出口的海关手续费用及应缴纳的关税、税款和其他费用	1. 自付费用订立自指定的装运港运输货物的运输合同。 2. 承担进口清关费用、进口关税及需经他国过境时所应缴纳的一切税款
风险	承担按规定货交指定地点船边前的一切风险	承担按规定货交指定地点船边时起的一切风险

3. 使用 FAS 注意事项

（1）在实际业务中，当买方指定的载货船舶能够直接靠岸时，“船边”指码头上装卸工具所及的范围，如果买方所派的船只不能靠岸，卖方则要负责用驳船把货物运至船边，完成船边交货。

（2）当使用集装箱运输货物时，卖方通常将货物在集装箱码头移交给承运人，而非交到船边，这时不宜使用 FAS 术语，而应使用 FCA 术语。

（3）由于卖方承担在特定地点交货前的风险和费用，而且这些费用和相关作业费可能因各港口惯例的不同而发生变化，所以买卖双方应尽可能清楚地订明指定装运港内的交货点。如果没有约定特定的交货点或该交货点不能确定，卖方可以在指定装运港选择最适合其目的的交货点。

【例 3-8】我方某公司按照 FAS 术语进口一批木材，在装运完成后，收到卖方来电要求我方支付货款，并要求支付装船时的驳船费，对卖方的要求我方应如何处理？

提示：（1）我方对于卖方支付装船时的驳船费的要求可以拒绝。

（2）按照《2010 年国际贸易术语解释通则》的解释，采用 FAS 术语成交时，买卖双方承担的风险和费用均以船边为界，即买方所指派的船的船边，在买方所派船只不能靠岸的情况下，卖方应负责用驳船把货物运至船边，驳船费用是在风险费用转移以前发生的，理应由卖方承担。

（3）因此，在本案例中，国外卖方要求我方承担驳船费用是不合理的，我方有权拒绝。

六、EXW 贸易术语

EXW：EX Works（named place of delivery），即卖方工厂交货（指定交货地点），指卖方在其所在地或合同中所指定的其他地点（如工厂、车间、仓库等）将未经出口清关且未装载于任何运输工具上的货物置于买方处置之下时，即完成了交货义务。EXW 是卖方承担责任最小的术语。

1. 适用范围

适用于任何运输方式，也可适用于多式联运。EXW 适合国内贸易。

2. 买卖双方的责任和义务（见表 3-8）

表 3-8　EXW 买卖双方的责任和义务

	卖　方	买　方
主要责任	1. 卖方必须提供符合买卖合同约定的货物和商业发票，以及合同可能要求的其他与合同相符的证据。 2. 必须支付为了将货物交给买方处置所需的查对费用（如查对货物品质、丈量、过磅、点数的费用）。 3. 必须自付费用提供按照卖方在订立合同前已知的有关该货物运输（如运输方式、目的地）所要求的包装（除非按照相关行业惯例，合同所指货物通常无须包装）。包装应作适当标记。 4. 必须按照合同约定的日期或期限，或如果未约定日期或期限，按照交付此类货物的惯常时间，在指定的地点将未置于任何运输车辆上的货物交给买方处置。 5. 应买方要求并由其承担风险和费用，在需要办理海关手续时，卖方必须给予买方一切协助，以帮助买方取得为货物出口所需的出口许可证或其他官方许可	1. 必须按照销售合同规定支付价款。 2. 自担风险和费用，取得任何出口和进口许可证或其他官方许可。 3. 在需要办理海关手续时，办理货物出口的一切海关手续。 4. 自付货物出口应交纳的一切关税、税款和其他费用，以及办理海关手续的费用
风险	承担按规定指定地点货交买方处置前的一切风险	承担按规定指定地点货交买方处置时起的一切风险

3. 使用 EXW 注意事项

（1）在 EXW 术语后面要尽可能清楚地写明指定交货地点内的交付点。如果在指定交货地点没有约定特定的交付点，且有不止一个交付点可供使用时，卖方可以选择对其来说最方便的交付点。

（2）卖方不需要将货物装上任何前来接收货物的运输工具，即使实际上卖方更方便装货。若卖方装货，也由买方承担相关风险和费用。如果卖方更方便装货，则 FCA 术语更为适合。

（3）需要清关时，卖方无须办理出口清关手续。卖方只有在买方提出要求并承担风险和费用时才有义务协助买方办理出口手续。因此，在买方不能直接或间接地办理出口手续时，不应使用这一术语，而应使用 FCA 术语。

（4）当买方提出要求并承担风险和费用时，卖方有义务及时向买方提供或协助买方取得货物进出口相关单证和信息，包括安全信息。而卖方仅有限度地承担向买方提供货物出口相关信息的责任。

（5）买方须支付所有强制性装船前的检查费用，包括出口国有关机构强制进行的检验费用。

【例 3-9】某公司按 EXW 术语出口一批电缆，但在交货时，买方以电缆的包装不适宜出口运输为由拒绝提货和付款，问：买方的行为是否合理？

提示：（1）买方的行为是不合理的，我方应拒绝。

（2）本案例涉及 EXW 术语下交货的问题，根据《2010 年国际贸易术语解释通则》的规定："A9 查对、包装、标记：卖方必须支付为了将货物交给买方处置所需进行的查对费用（如查对货物品质、丈量、过磅、点数的费用）。卖方必须自付费用提供按照卖方在订立合同前已知的有关该货物运输（如运输方式、目的地）所要求的包装（除非按照相关行业惯例，合同所指货物通常无须包装）。包装应作适当标记。"

在 EXW 术语中，除非合同中有相反规定，卖方一般无义务提供出口包装，如果签约时已明确该货物是供出口的，并对包装的要求做出了规定，卖方则应按规定提供符合出口需要的包装。

（3）结合本案例，卖方在交货时以电缆的包装不适宜出口运输为由拒绝提货和付款，并没有说不符合合同规定，由此说明，在合同中并无有关货物包装的规定，根据惯例，买方以此为借口拒付货款和拒绝提货是不充分的。

七、D 组贸易术语

D 组贸易术语是指交货地点在最终目的地的一组术语，其中 D 为 Delivered（交货）的英文缩写，在《2010 年国际贸易术语解释通则》中包含 DAT、DAP、DDP 三种。随着集装箱运输的不断发展成熟，点对点、门到门运输得以实现，外贸实践中要求以卖方责任较大的 D 组贸易术语成交的买方也越来越多。D 组贸易术语适用于任何运输方式，也可适用于多式联运。

（一）DAP

DAP：Delivered at Place（named place of destination），即目的地交货（指定目的地），指卖方要在合同约定的日期或限期内，将货物运到合同规定的目的地的约定地点，并将货物置于买方的控制之下，在卸货之前即完成交货。另外，卖方要提交商业发票以及合同要求的其他单证。

1. 买卖双方的责任和义务（见表 3-9）

表 3-9　DAP 买卖双方的责任和义务

	卖　方	买　方
主要责任	1. 必须提供符合买卖合同约定的货物和商业发票，以及合同可能要求的其他与合同相符的证据。 2. 承担将货物交给买方控制之前的一切风险和费用。 3. 负责订立运输合同，在合同规定的日期或期限内，将货物运至合同约定目的地的特定交货地点，如对特定交货地点未作	1. 受领货物，接受与合同相符的有关单据或具有等同作用的电子信息，并支付价款。 2. 承担货物交到其控制之后的一切风险和费用。

续表

	具体规定，卖方可在指定目的地内选择最适合的交货地点。 4. 自负风险和费用，取得出口许可证或者其他官方批准证件，并且办理货物出口以及交货前通过第三国过境运输所需的一切海关手续，并缴纳有关税费。 5. 负责办理货物运输保险手续，并支付保险费	3. 自负风险和费用，取得进口许可证或者其他官方批准证件，并且办理货物进口所需的一切海关手续，并缴纳有关税费。 4. 承担卸（船）货费用
风险	承担将货物交给买方控制之前的一切风险	承担将货物交给买方控制之时起的一切风险

2. 使用 DAP 注意事项

关于“交货点”的约定问题：由于卖方承担在特定地点交货前的风险，买卖双方尽可能确切地约定目的地内的交货点，卖方签订的运输合同应尽量能与所选择的目的地内的交货点相吻合。另外，如果卖方按照运输合同在目的地发生了卸货费用，除非双方另有约定，卖方无权向买方要求赔付。

（二）DAT

DAT：Delivered at Terminal（named terminal at port or place of destination），即运输终端交货（指定目的港或目的地的运输终端），指卖方在指定目的港或目的地指定运输终端将货物从抵达的载货运输工具上卸下，交由买方处置时，即为交货。终端站可以是进口国国内的海港、空港、内陆港、车站或两国边境的过境点以及上述地点内的特定位置（码头、集装箱堆场、仓库、运输站等），具体以进出口合同中的约定为准。如 DAT Ulan Ude（937605），Russia（俄罗斯乌兰乌德火车站交货，937605 是火车站代码）。

1. 买卖双方的责任和义务

与 DAP 相比，DAT 术语下卖方需要承担将货物在目的地或目的港运输工具上卸下的责任和费用，而 DAP 术语下卖方只需要在指定目的地将货物处于买方控制之下，无须承担卸货责任和费用，除此之外，其他义务与 DAP 基本相同。

2. 使用 DAT 注意事项

关于“运输终端”的约定问题：由于卖方承担在特定地点交货前的风险，特别建议采用 DAT 术语的双方尽可能确切地约定运输终端，或如果可能的话，确定约定港口或目的地的运输终端内的特定地点。卖方取得的运输合同能与所做的选择确切吻合。

（三）DDP

DDP：Delivered Duty Paid（named place of destination），即完税后交货（指定目的地），指卖方在指定目的地将仍处于抵达的运输工具上（不负责卸货），但已完成进口清关，且已做好卸载准备的货物交由买方处置时，即为交货。卖方承担将货物运至目的地的一切风险和费用，并且有义务完成货物出口和进口清关，支付所有出口和进口的关税及办理所有海关手续。

1. 买卖双方的责任和义务

与 DAP 相比，DDP 除增加了卖方办理进口手续并承担相关进口费用外，其他义务与 DAP 基本相同。

2. 使用 DDP 注意事项

关于卖家办理进口清关手续的问题：在 DDP 术语下，卖方是在办理好进口报关手续后在指定目的地交货的，这实质上是卖方已将货物进到进口方的国内市场，他与其他的当地市场就地销售货物的卖方并无多大区别。如果卖方不能直接或者间接地取得进口许可证，则不应使用 DDP。DDP 是卖方承担风险、责任和费用最大（而买方最小）的一种术语，作为出口商的卖方应该谨慎使用。

【例 3-10】辽宁某出口公司出口一批化工产品，单价为 USD2200/ MT DDP Newyork，付款方式为 D/P，总价值为 11 万美元。出口方发货后，该产品的市场行情发生了不利于进口方的巨大变化。于是，进口人提出了降价的要求，要求在合同价格的基础上每吨降低 300 美元。出口人无奈之下，提出可以降价 100 美元。双方没有达成一致。进口人便违约并从其他途径购买了货物。而这个时候，货物已经到达纽约。最后，出口方决定在美国另外寻找买主，并不得不以很低的价格卖了出去，损失将近 4 万美元。试分析在该案例中，出口商应该吸取哪些教训。

提示：（1）关于买方违约，卖方应积极收集证据，向买方索赔，补偿损失。

（2）关于运到进口国的货物处理，卖方可以考虑将货物再运回国内，但需了解再出口和再进口手续情况以及运回的费用，核算成本；也可考虑在进口国当地再寻找新的买家，核算报价。

（3）卖方选择 D 组术语订立出口合同时，须做好防范措施，认真考察买方信誉和支付能力及承运人的情况等。避免出现本案例中因进口方的信誉不良，致使卖方如此被动，甚至遭受巨大损失。

（4）使用 D 组术语，必须控制成交的金额，将成交量控制在一个合理的安全范围之内。尤其是在不太了解对方资信的情况下，一定要将首次的成交额控制好，最好是试探性地少做一点，以免发生太大风险而对卖方企业造成重大的影响。

八、INCOTERMS 2020 与 INCOTERMS 2010 的区别

国际商会《2020 年国际贸易术语解释通则》（INCOTERMS 2020）对《2010 年国际贸易术语解释通则》（INCOTERMS 2010）所做的修改，主要集中在七个方面。

（一）装船批注提单和 FCA 术语条款的修改

在应用 FCA 术语条款的情况下，海运途中的货物是已经售出的，而卖方或买方（更可能是信用证所在地的银行）可能需要带装船批注提单。但是，根据先前的 FCA 规则，交货是在货物装船之前完成的，卖方不能从承运人处获得装船提单，因为根据其运输合同，承运人很可能只有在货物实际装船后才有签发船上提单的权利或者义务。

为了解决这个问题，INCOTERMS 2020 的 FCA A6/B6 条款提供了一个附加选项。买卖双方可以约定，买方可指示其承运人在货物装船后向卖方签发装船提单，然后卖方有义务向买方提交该提单（通常是通过银行提交）。

最后，应当强调的是，即使采用了这一机制，卖方也不承担运输合同条款的义务。

（二）成本及其列出位置

在 INCOTERMS 2020 规则的相关栏目排序中，成本显示在 INCOTERMS 2020 规则的 A9/B9 处。

除了重新排序之外，还有一个变化：在 2010 版本的《国际贸易术语解释通则》中，由不同条款分配的各种成本通常出现在每个术语规则的不同部分。INCOTERMS 2020 则列出了每个规则分配的所有成本，其目的是向用户提供一个一站式的成本清单，以便卖方或买方可以在一个地方找到其根据 Incoterms 规则应承担的所有成本。

（三）CIF、CIP 中与保险有关的条款

在 INCOTERMS 2010 中，CIF 和 CIP 的 A3 规定：卖方有义务“自费购买货物保险，至少符合协会货物保险条款（C）[劳埃德市场协会（LMA）、国际承保协会（IUA）]或任何类似条款”。

协会货物保险条款（C）（平安险）一般指的是货物运输条款，即只需负担货物运输险。协会货物保险条款（A）规定的是“一切险”（all risks）。

INCOTERMS 2020 对 CIF 和 CIP 中的保险条款分别进行了规定，CIF 默认使用协会货物保险条款（C）（平安险），即卖家只需要承担运输险，但是买卖双方可以规定较高的保额；而 CIP 使用协会货物保险条款（A）（一切险），即卖家需要承担一切险（all risk），相应的保费也会更高。也就是说，在 INCOTERMS 2020 中，使用 CIP 术语，卖方承担的保险义务变大，而买方的利益会得到更多保障。

（四）在 FCA、DAP、DPU 和 DDP 中，与用卖方或买方自己选择的运输工具运输的相关条款

在 INCOTERMS 2010 中，我们都是假定从卖方运往买方的过程中货物是由第三方承运人负责的，而承运人受控于哪一方则取决于买卖双方使用哪一条外贸术语。

然而，在外贸实务中会有类似的情况存在，尽管货物将从卖方运至买方，但货物可以在完全不雇用任何第三方承运人的情况下完成。

因此，在采用 DAP、DPU、DDP 时，卖方完全可以选择自己的运输工具，不受条款限制；同样，在采用 FCA 条款时，买方也可以选用自己的交通工具，不受条款限制。两种情况下对方很有可能要承担不必要的运输费用，所以 INCOTERMS 2020 明确规定，采用 FCA、DAP、DPU 和 DDP 术语时不仅要订立运输合同，而且只允许安排必要的运输。

（五）将 DAT 改为 DPU

在 INCOTERMS 2010 中，DAT 与 DAP 的唯一区别在于：在 DAT 中，在货物运达之后，卖方需要将货物从运输工具卸至目的地；而在 DAP 中，只要载有货物的交通工具抵达目的地，卖方即完成交货。在 INCOTERMS 2010 中，“目的地”一词的定义大致为“任何地方，无论是否覆盖……”，较为模糊。

因此，国际商会决定对 DAT 和 DAP 进行两处修改：

（1）调整 DAP 与 DAT 的位置，将 DAP 调至 DAT 之前。

（2）将 DAT 改为 DPU，这样做的目的是强调目的地可以是任何地点，而不仅仅是“终点站”，如果该地点不在终点站，卖方应确保其打算交付货物的地点是能够顺利卸货的地点。

（六）在运输义务和费用中列入与安全有关的要求

在 INCOTERMS 2010 中，与安全相关的要求放在 A2/B2 和 A10/B10 项中，且条目相当有

限。由于 INCOTERMS 2010 是 21 世纪初安全问题受到普遍关注之后术语修订的第一个版本，在此后的航运实务中，又出现了很多与安全相关的需要关注的点，所以在 INCOTERMS 2020 中，与安全相关的义务的明确分配现已添加到每个规则的 A4 和 A7 项中。而这些要求所产生的费用也被更明确地标明，放在每条规则的 A9/B9 项中。

（七）用户说明

在 INCOTERMS 2010 中，指引（Guidance Notes）放在每一个术语解释通则的开头，而现在有了专门的“用户解释性注释”（Explanatory Notes for Users），这些注释解释了 INCOTERMS 2020 规则的基本原则，例如何时使用、何时转移风险以及如何在买卖双方之间分配成本。

解释性说明的目的有两个：

（1）帮助用户准确、有效地使用适合特定交易的适当的国际贸易术语解释通则。

（2）当受 INCOTERMS 2020 管辖的合同存在争议时，这些解释可以为协议制定者和咨询者提供必要的指导。

任务实施

1. FOB、CFR、CIF 是三个最常见的贸易术语，但是它们仅仅限于水运，因此推广适用于一切运输方式的 FCA、CPT、CIP。请对比分析这两组贸易术语，完成下列表格。

区　别　点	FOB、CFR、CIF	FCA、CPT、CIP
运输方式		
承运人		
交货点和风险转移点		
租船运输时装、卸费用负担		
运输单据		
保险险别		

2. 在国际贸易的谈判过程中，买卖双方均会根据自身条件选择对自己有利的贸易术语，因此，必须从整体上掌握各种贸易术语的区别。请完成以下各贸易术语对照表。

贸易术语	交货地点	风险转移点	出口报关责任、费用	进口报关责任、费用	运输	保险
EXW						
FAS						
FOB						
CFR						
CIF						
FCA						
CPT						
CIP						

续表

贸易术语	交货地点	风险转移点	出口报关责任、费用	进口报关责任、费用	运输	保险
DAT						
DAP						
DDP						

3. 在外贸业务中，采用适当的贸易术语对促进成交、提高经济效益、顺利履行合同有重要意义，且关系到买卖双方的利害得失，请问：选择贸易术语时，要考虑哪些因素？

4. 案例分析

（1）我公司以 CIF 术语出口一批罐头。①合同签订后，接到买方来函，声称合同规定的目的港口经常发生暴乱，要求我方在办理保险时加保战争险。②这批货物运抵目的港后，我方接到买方支付货款的通知，声明：因货物在运输途中躲避风暴而增加的运费已代我公司支付给船公司，因此，所付的货款中已将此项费用扣除。

请问：我公司应如何处理？

（2）美国出口商与韩国进口商签订了一份 CFR 合同。合同规定，由卖方出售 2000 公吨小麦给买方。小麦在装运港装船时是混装的，共装运了 5000 公吨，准备在目的地由船公司负责分拨 2000 公吨给买方。但载货船只在途中遇高温天气，小麦发生变质，共损失 2500 公吨。卖方声称其出售给买方的 2000 公吨小麦在运输途中全部损失，并认为根据 CFR 合同，风险在装运港货物装上轮船后已经转移给买方，故卖方对损失不负责任。买方则要求卖方履行合同。双方发生争议，后将争议提交仲裁解决。

请问：仲裁机构将如何裁决？

（3）某公司按 FCA 术语出口一批钢材，合同规定是 4 月份装运，但到了 4 月 30 日，仍旧未见买方关于承运人名称及有关事项的通知。在此期间，备作出口的货物因火灾而焚毁。

请问：此项货损应由谁负担？

（4）2018 年 11 月，我国 F 省粮油进出口公司与巴西某公司签订一份出口油籽的合同。合同采用 FOB 术语，买方需于 2019 年 2 月份派船到厦门港接货。合同还规定："如果在此期间内不能派船接货，卖方同意保留 28 天，但仓储、利息、保险等费用皆由买方承担。"

3 月 1 日，卖方在货物备妥后电告买方应尽快派船接货。但是，一直到 3 月 28 日，买方仍未派船接货。于是卖方向买方提出警告，声称将撤销合同并保留索赔权。买方在没有与卖方进行任何联系的情况下，直到 2019 年 5 月 5 日才将船只派到厦门港。这时卖方拒绝交货并提出损失赔偿，买方则以未订到船只为由拒绝赔偿损失，双方争议不能和解，卖方遂起诉到法院。

请问：买方做法是否合理？

（5）某公司以 CPT 术语出口一批冬装，公司按期将货物交给指定承运人，但运输途中由于天气原因延期一个月，错过了销售季节，买方由此向该公司提出索赔。

请问：此项损失应由谁承担？

（6）某公司以 DAT 术语进口一批药材。该公司已按合同约定日期做好受领货物的准备，但却于合同的约定交货期的 7 天后才收到货物，经查证是海上风暴太大导致无法按时到达。因此，公司向国内生产厂家支付了 5 万元延期交货违约金。该公司以此向国外卖方提出索赔。

请问：公司的行为是否合理？

（7）我方以 FCA 术语从意大利进口布料一批，双方约定最迟的装运期为 4 月 12 日，由于我方业务员的疏忽，导致意大利出口商在4月15日才将货物交给我方指定的承运人。当我方收到货物后，发现部分货物有水渍，据查是因为货物交承运人前两天大雨淋湿所致。据此，我方向意大利出口商提出索赔，但遭到拒绝。

请问：我方的索赔是否有理？为什么？

强化训练

现李林公司5400个手提包，一个40英尺的集装箱要从卖方——深圳HL股份有限公司出口运至买方——Fashion Limited，经深圳盐田港，通过海运轮船运输，请绘制货物运转流程图。

学习任务二　商品价格核算

学习目标

知识目标

1. 了解商品价格构成。
2. 了解出口换汇成本、出口盈亏率、出口效益核算方式。
3. 理解佣金与折扣。

能力目标

1. 掌握 FOB、CFR、CIF 三种贸易术语间的价格换算。
2. 掌握佣金和折扣的计算。
3. 能够进行出口报价和还价核算。

素养目标

具备较强的理解能力和实践能力，能够结合案例，针对不同询盘，结合国际国内行情，正确核算并对外报价。

建议学时

学习任务二建议 9 学时。

相关知识点

一、成本核算

1. 商品的成本

出口商品的成本包括生产成本、加工成本和采购成本三种。

对于贸易型出口企业（外贸企业）而言，商品成本在一般情况下即采购成本。由于出口商品实行退税政策，外贸出口企业购进出口退税商品的实际采购成本应将出口退税部分从含税的采购成本中予以扣除，从而得出实际采购成本。相关公式如下：

含税采购成本=购货成本
=货价+增值税额
=货价+货价 × 增值税税率
=货价×（1+增值税税率）

货价=含税采购成本/（1+增值税税率）

出口退税额=货价×出口退税率

实际采购成本=含税采购成本–出口退税额

=货价×（1+增值税税率）–货价×出口退税率

=货价×（1+增值税税率–出口退税税率）

=含税采购成本/（1+增值税税率）×（1+增值税税率–出口退税率）

因此

含税采购成本=实际采购成本/（1+增值税税率–出口退税率）×（1+增值税税率）

实际采购成本=含税采购成本/（1+增值税税率）×（1+增值税税率－出口退税率）

退税额=含税采购成本/（1+增值税税率）×出口退税率

【例 3-11】一件产品的含税采购成本（价税合计）是 117 元人民币，其中包括 17%的增值税，若该产品的退税率为 13%，那么该产品的实际采购成本为多少？

提示：117/（1+17%）×（1+17%–13%）=104（元）

2. 出口换汇成本与出口盈亏率

出口盈亏额是指出口销售人民币净收入与出口总成本的差额。出口盈亏率是指出口盈亏额与出口总成本的比率。

出口盈亏率 =（出口盈亏额 ÷ 出口总成本）× 100%

=（出口销售人民币净收入 – 出口总成本）÷ 出口总成本 × 100%

若净收入大于总成本，则盈利；反之则亏本。

出口换汇成本是指某商品的出口总成本（人民币）与出口销售该商品的外汇净收入（美元）之比。通过计算得出，该商品出口收入一美元需要多少人民币的总成本，也就是说多少人民币换回一美元。

出口换汇成本= 出口总成本（人民币）÷ 出口销售外汇净收入（外汇）

出口换汇成本是衡量外贸企业和进出口盈亏的重要指标，与外汇牌价相比能直接反映出口商品是否盈利。

出口商品换汇成本如高于银行的外汇牌价，则出口为亏损；反之则出口为盈利。对于我国出口公司来讲，出口换汇成本越低越好。

3. 主要贸易术语的价格构成

（1）FOB、CFR、CIF 三种贸易术语的价格构成。

FOB、CFR、CIF 三种贸易术语的价格构成中，通常包括三方面内容：生产或采购成本、各种费用和净利润。其中，费用的核算最为复杂，通常包括国内费用和国外费用两部分。

国内费用主要有：加工整理费；包装费用；保管费用（包括仓储费、火险等）；国内运费（仓库至码头）；证件费用（商检费、公证费、领事签证费、产地证费、许可证费、报关单费等）；装船费（装船、起吊费和驳船费）；银行费用（贴现利息、手续费）；预计损耗（损耗、短损、漏损、破损、变质等）；邮电费（电话、电传、邮件费）；业务费（差旅费等）。

国外费用主要有：国外运费（自装运港至目的港的海上运输费用）；国外保险费（海上货物

保险费）；佣金（中间商）。

其计算公式如下：

FOB=生产/采购成本价+国内费用+净利润

CFR=生产/采购成本价+国内费用+净利润+国外运费

CIF=生产/采购成本价+国内费用+净利润+国外运费+国外保险费

（2）FCA、CPT、CIP 三种贸易术语的价格构成。

FCA、CPT、CIP 三种贸易术语的价格构成也包括三部分内容：生产或采购成本、各种费用和净利润。由于采用的运输方式不同，交货地点和交货方式不同，有关费用也有所不同。

国内费用主要有：加工整理费；包装费用；保管费用（包括仓储费、火险等）；国内运输费用（仓库至码头、车站、空港、集装箱运输站、集装箱堆场）；拼箱费（如果货物不足一整集装箱）；证件费用（商检费、公证费、领事签证费、产地证费、许可证费、报关单费等）；银行费用（贴现利息、手续费）；预计损耗（损耗、短损、漏损、破损、变质等）；邮电费（电话、电传、邮件费）。

国外费用主要有：国外运费（自出口国内陆起运地至国外目的地的运输费用）；国外保险费；佣金（中间商）。

其计算公式如下：

FCA=生产/采购成本价+国内费用+净利润

CPT=生产/采购成本价+国内费用+净利润+国外运费

CIP=生产/采购成本价+国内费用+净利润+国外运费+国外保险费

4. 主要贸易术语的价格换算

（1）FOB、CFR、CIF 三种贸易术语的价格换算。

以 FOB 价换算为其他价：

CFR 价= FOB 价+国外运费

CIF 价=（FOB 价+国外运费）/（1–投保加成×保险费率）

以 CFR 价换算为其他价：

FOB 价=CFR 价–国外运费

CIF 价= CFR 价/（1–投保加成×保险费率）

以 CIF 价换算为其他价：

FOB 价=CIF 价×（1–投保加成×保险费率）–国外运费

CFR 价= CIF 价×（1–投保加成×保险费率）

（2）FCA、CPT、CIP 三种贸易术语的价格换算。

以 FCA 价换算为其他价：

CPT 价= FCA 价+国外运费

CIP 价=（FCA 价+国外运费）/（1–投保加成×保险费率）

以 CPT 价换算为其他价：

FCA 价=CPT 价–国外运费

CIP 价= CPT 价 /（1–投保加成×保险费率）

以 CIP 价换算为其他价：

FCA 价=CIP 价×（1–投保加成×保险费率）–国外运费

CPT 价= CIP 价×（1–投保加成×保险费率）

【例 3-12】我方某进出口公司对德国企业报价为每公吨 8000 欧元 CFR Hamburg，而德商来电要求改报 CIF Hamburg 价，保险加成为 110%，保险费率合计为 1%，我方同意照办，则我方报价应改为多少？（计算结果保留两位小数）

提示：CIF 价=CFR/（1–保险费率×投保加成）=8000/（1–1%×110%）=8088.98（欧元）

二、佣金和折扣

在进出口合同的价格条款中，有时会涉及佣金（commission）和折扣（discount/rebate）。凡货价中包含佣金的称为含佣价，包含折扣的称为含折扣价，而不含这类因素的价格则称为净价（net price）。

1. 佣金

佣金（commission，缩写 C）指代理人或经纪人为委托人服务而收取的报酬。在货物买卖中，佣金常常表现为交易一方支付给中间商的报酬。

佣金有明佣和暗佣之分。凡在合同价格条款中，用文字或“贸易术语+C+佣金率”的方式明确规定佣金的百分比，称为明佣。若合同条款中，不标明佣金的百分比，甚至连佣金字样都不标示出来，有关佣金的问题由双方当事人另行规定，这种暗中约定佣金的做法，称为暗佣。

佣金有三种表示方式，如“佣金率 2%，单价每件 120，数量 100 件美金 CIF Newyork”。

（1）规定佣金率表示：USD 120 per piece CIF Newyork including 2% commission。

（2）贸易术语表示：USD 120 per piece CIFC 2 Newyork。

（3）绝对数表示：USD 2.4 commission per piece。

按照国际贸易惯例，佣金一般以发票金额（即含佣价）为基数计算，其相关的计算公式如下：

单位货物佣金额 = 含佣价 × 佣金率

净价 = 含佣价 – 单位货物佣金额

= 含佣价 ×（1 – 佣金率）

含佣价 = 净价 /（1 – 佣金率）

【例 3-13】已知 A 商品 CIF 香港价格为每吨 1000 港元，现港商要求改报 CIFC 5%Hongkong，并保持卖方的收入不变，应报价多少？请用中、英文写出报价条款。（保留一位小数）

提示：含佣价=1000 ÷（1–5%）=1052.6（港元）

每吨 CIF 香港含 5%佣金 1052.6 港元

HKD 1052.6 per M/T CIFC 5% Hongkong

常见的佣金支付方式有如下三种：

（1）出口企业收到全部货款后，将佣金另行支付给中间商或者代理商。

（2）中间商在付款时直接从货价中扣除佣金。

（3）中间商要求出口企业在签订合同后就支付佣金。

2. 折扣

折扣（discount/rebate，缩写 D 或 R），指卖方按原价给予买方一定百分比例的价格减让，即在价格中给予适当的优惠。

折扣的种类有：数量折扣、特别折扣、年终折扣、明扣、暗扣等。明扣指在价格中明确规定折扣率的折扣。暗扣指交易双方就折扣问题已达成协议，而在价格条款中却不明示折扣率的折扣。

国际贸易中折扣通常在约定价格条款中用文字明确表示出来，主要有三种表示方式，如“折扣率 2%，单价每件 120，数量 100 件美金 CIF Newyork”。

（1）规定折扣率表示：USD 120 per piece CIF Newyork less 2% discount。

（2）贸易术语表示：USD 120 per piece CIFD 2% Newyork。

（3）绝对数表示：USD 120 per piece CIF Newyork including USD2.4 discount。

折扣通常是以成交额或发票金额为基数计算的，其计算方法如下：

单位货物折扣额 = 原价（或含折扣价）× 折扣率

卖方实际净收入 = 原价（或含折扣价）– 折扣额

原价（或含折扣价）= 净价 ÷（1 – 折扣率）

【例 3-14】某笔交易中，我方向外商的报价为每公吨 780 欧元 CFR Hongkong，含 2%的折扣，该笔交易的数量为 200 公吨，试求我方扣除折扣后的总收入是多少？

提示：卖方实际收入=原价（或含折扣价）×（1–折扣率）

卖方单位实际收入=780×（1–2%）=764.4（美元）

卖方实际总收入=764.4×200 = 152 880（美元）

任务实施

1. 某出口公司与西欧某中间商达成一笔交易，合同规定我方出口某商品 25 000 千克，每千克 15 美元，CFRC 2% Hamburg。海运运费为每千克 0.15 美元。出口收汇后出口公司向国外中间商汇付佣金。计算：（1）该出口公司向中国银行购买支付佣金的美元共需多少人民币？（2）该出口公司的外汇净收入为多少美元？（按当时中国银行牌价：100 美元＝826.49 / 828.97 元人民币）

2. 某商品报价为每公吨 1000 美元 CIF Singapore，这是我方可接受的最低价，而外商还盘为 902 美元 FOB Guangzhou。经查该货物由中国广州运往新加坡的运费为每公吨 88 美元，保险费率合计 0.95%。请问：单纯从价格的角度上来讲，我方能否接受此价格？

3. 我国某出口公司向英国某商人出售一批货物，中方原报价为 CIF London C 3% 850 美元，后英商要求改报 CIFC 5%。请问：我方在净收益不变的情况下应如何报价？

4. 中山某外贸公司收到爱尔兰公司求购 6000 双女鞋（一个 40 英尺集装箱）的询盘，要求报 FOB Shenzhou 价。经了解，每双女鞋的进货成本为人民币 90 元（含增值税 17%），出口女鞋的退税率为 14%，要求毛利润率 5%，国内运杂费共计 12 000 元，出口商检费 350 元，报关费 150 元，港区港杂费 900 元，其他各种费用 1500 元，请计算 FOB Shenzhou 价（经查人民币与美元汇率为 6.1199：1）。

强化训练

准确的价格计算是正确出口报价的前提条件，没有准确的价格计算，就无法正确报价。出口商品在国际市场上的竞争日益激烈，商品的价格是商品竞争力的重要影响因素。因此，要对出口商品的价格进行准确的核算，要做到既有竞争力又有一定的盈利水平。

现 HL 公司李林收到外商询盘，请按照客户要求报价（经查，人民币与美元汇率为 6.1199：1）。

（1）日本 A 客户要求报 FOB Yantian 价（目的港：纽约港）：

（2）美国 B 客户要求报 CFR Newyork 价：

（3）美国 Fashion Limited 公司要求报 CIF Newyork 价：

学习任务三　国际贸易销售合同价格条款制定

学习目标

知识目标

1. 了解《联合国国际货物销售合同公约》对价格条款的规定。
2. 掌握出口货物价格构成、作价原则与方法、计价货币的选用。
3. 了解我国人民币升值历程。
4. 了解中国外汇储备走势。

能力目标

1. 能够订立合同中的价格条款。
2. 能够策划、组织并开展一场辩论赛。

素养目标

1. 具备团队协助、团队互助意识，小组能合理分工，并共同完成辩论赛。
2. 具备资源整合、借鉴使用的能力，能够借助外部力量，借鉴大学生辩论赛的模式与经验，运用到自己的辩论赛中，实现自我能力的转变与突破。
3. 通过辩论赛，掌握我国人民币升值历程，人民币升值利与弊，以及中国外汇储备量、现状与走势，深刻理解中国对外贸易政策。

建议学时

学习任务三建议 6 学时。

相关知识点

商品的价格，通常是指商品的单价（unit price）。国际贸易的单价比国内贸易的单价复杂。一般需要由计价数量单位、单位价格金额、计价货币和贸易术语四项内容组成。例如：EUR 400 per metric ton CIF Newyork。

计量单位	单位价格金额	计价货币	贸易术语
每公吨	400	欧元	CIF 纽约

一、作价方法

1. 固定作价

贸易双方在合同中明确规定具体的成交价格，并按此价格结算货款。固定作价是国际贸易中比较常见的做法。该价格一般为货物单价，明确、具体、便于核算，但是不能及时反映市场变化。如果市场行情出现波动，就会有一方受到损失，尤其是当市场行情发生剧烈变动时，信用不好的商人可能寻找借口撕毁合同，从而影响合同的履行。如：USD 15.00 per dozen CIF NEWYORK

2. 非固定价格

某些商品由于交货期较远，如采用固定作价，交易双方都要承担较大的价格风险。为了减少风险，防止毁约，可采用一些非固定作价方法。

（1）待定价格。

对于价格变动频繁、涨跌幅度较大的商品，在价格条款中不规定具体价格，而规定定价和定价方法。如：Price is determined on the basis of international market prices on the date of the bill of lading。该种作价方法双方都不需要承担价格变动的风险，但容易给合同造成不稳定性。

（2）暂定价格。

对于某些市场变化较大的货物的远期交易，为避免价格风险，合同中先约定一个初步价格，作为开立信用证和初步付款的依据，在交易双方确定价格后再进行清算，多退少补。便于促成交易，又不承担风险；但是在最后确定价格时，容易产生分歧。此种作价方法具有不确定性，仅限用于关系密切、信用可靠的客户。如：USD 15.00 per dozen CIF Newyork for provisional。

（3）滑动价格。

对于一些初级产品、机械设备、大型运输工具等货物的国际交易，从合同订立到合同履行完毕需时较长，或者在供需双方签署长期经销协议的情况下，为了避免这期间原材料和工资的变动带来的风险以及可能出现的通货膨胀风险，买卖双方先在合同中规定一个初步价格（initial price），在交货时或交货前一定时期内，按原材料和工资变动的指数进行相应调整，以确定实际应支付的价格。如：USD 15.00 per dozen CIF Newyork，seller reserves the right to adjust the contracted price，if prior to delivery，there is any variation in the cost of labor or raw material or component parts。

3. 部分固定价格，部分非固定价格

在大宗交易分期交货的情况下，为了照顾双方的利益，解决双方在采用固定价格和非固定价格方面的分歧，同时为了避免远期交货部分商品价格变动后所带来的风险损失，而采用近期交货部分固定价格、远期交货部分暂不固定作价的办法。

二、计价货币

国际贸易中，计价货币（money of account）是贸易双方约定用来计算价格的货币，如果双方没有再约定其他货币进行结算，则此约定的货币既是计价货币，又是结算货币（money of payment）；如在计价货币之外，还约定了用其他货币结算，则此货币就是结算货币。

计价货币的选择原则有：

（1）出口采用硬币计价有利，进口采用软币计价有利。硬币指在成交期内汇率比较稳定且有上升趋势的货币，又称强币。软币指在成交期内比较疲软且有下降趋势的货币，又称弱币。

（2）若采用不利货币，可根据该货币今后的变动幅度，相应调整报价。

（3）若采用不利货币，也可正确订立货币保值条款（Exchange Rate Provision Clause），以避免计价货币汇率变动的风险。

三、编制报价表

在产品同质化极其严重的当今外贸市场上，做外贸，不再只是拼产品、拼价格，更为重要的是拼服务。专业的报价是体现业务员优质服务和精通业务的重要组成部分。

报价表的编制是比较个性化的事项，不同的公司、不同的业务员有不同的编制方法。但是无论采用什么方法编制，报价表必须全面、简洁、明确和干净。

全面报价至少包括以下 10 个基本因素：详细的品名、产品编码、产品主图及细节图、详细货描（如尺寸、颜色、材质、规格、Logo、性能、检查报告等）、包装材料及包装方式、价格、最小订单量（MOQ）、付款方式、交货期及生产时间和价格有效期等。

报价表样表

任务实施

1. 请为下列出口商报价（英文）：

1）每打 5 美元 CIF 香港 净价

2）每套 15 英镑 FOB 上海 含 5%佣金

3）每吨 2130 日元 5%佣金 3%折扣 CFR 青岛

2. 请归纳影响国际贸易价格的主要因素。

知识拓展—辩论赛流程

强化训练

辩论赛一：人民币升值利大于弊 VS. 人民币升值弊大于利

主席：______________________________

正方小组：______________________________

反方小组：______________________________

你认为本场最佳辩手：______________________________

辩论赛二：中国增加外汇储备有利于自身经济健康发展 VS. 中国增加外汇储备不利于自身经济健康发展

主席：______________________________

正方小组：______________________________

反方小组：______________________________

你认为本场最佳辩手：______________________________

项目三课后自测

学习项目四
磋商交易与签订合同

学习目标

知识目标

1. 了解交易磋商的内容和形式。
2. 了解国际贸易销售合同的含义、形式和内容。
3. 掌握交易磋商的流程。

能力目标

1. 能运用商务谈判技巧，与国外客户磋商交易，达成进出口协议。
2. 能识读国际贸易合同。

素养目标

具备合同意识和风险意识，利用专业、合理的方式防止和规避贸易合同风险，有效地保护企业利益，提升国内企业在国际市场上的竞争力和话语权。

建议学时

学习项目四建议 6 学时。

工作情景描述

7 月 25 日李林收到美国 Fashion 公司的询盘后，李林报价 USD 75.00 CIF Newyork per piece，限 7 月 31 复到有效；7 月 27 日，李林收到 Fashion 公司回复“所有价格均可接受，但是价格不能超过 USD 60.00，包装需要塑料袋包装，再装纸箱”；7 月 28 日，李林回复“包装可以用塑料袋包装，再装纸箱；价格为 USD 65.00”。

学习任务与活动

学习任务一　交易磋商

学习任务二　国际贸易合同认知与识读

项目四思维导图

学习任务一　交易磋商

学习目标

知识目标

1. 了解交易磋商的内容和形式。
2. 理解询盘的定义及内容。
3. 掌握发盘的含义、构成要件、有限期、撤回和撤销、效力的终止。
4. 理解还盘的定义及内容。
5. 掌握接受的含义、构成要件、生效时间、逾期接受、撤回。

能力目标

1. 掌握交易磋商的流程。
2. 能判断国际贸易合同是否成立，分析对交易磋商双方的制约关系。

素养目标

能运用相关知识点，分析交易磋商、合同签订环节中的相关实际案例。

建议学时

学习任务一建议 4 学时。

相关知识点

一、交易磋商的形式与内容

交易磋商（Business Negotiation）是指进出口企业为出售、购买某项货物与国外客户就各项交易条件进行洽商，以期达成协议的过程。交易磋商是以成立合同为目的，一旦双方对各项交易条件协商一致，买卖合同即告成立。交易磋商是合同的依据，合同是交易磋商的结果。交易磋商工作的好坏，直接关系到交易能否达成。因此，在磋商中既要明确双方基本的合同义务，也应明确履行合同过程中对可能发生的纠纷的预防措施与处理方法，防患于未然。

1. 交易磋商的形式

（1）口头磋商，主要是在谈判桌上进行面对面的谈判，如参加各种商品交易会、洽谈会、博览会以及商务出访，邀请客户来华洽谈交易等。另外，还包括双方通过国际长途电话进行的交易磋商。

（2）书面磋商，指通过信函、电传、传真、EDI 等通信方式进行业务洽谈。随着现代通信技术的发展，书面洽谈也越来越简便易行，而且费用低，是日常业务中的通常做法。

以上两种磋商形式可交叉进行，它们尽管在做法上各不相同，但法律效力相等。

2. 交易磋商的内容

交易磋商的内容通常包括品质、数量、包装、装运、价格、支付、保险、检验检疫、索赔、不可抗力和仲裁等交易条件。其中品质、数量、包装、装运、价格和支付六项常常被视为主要交易条件，是国际货物买卖合同中不可或缺的条款，也是进出口交易磋商的必谈内容。而保险、检验检疫、索赔、不可抗力和仲裁等交易条件，涉及合同履行过程中可能发生的问题或争议的解决办法，并非合同成立不可或缺的内容，往往被视为一般交易条件。一般交易条件事先就印在格式合同的正面下部或背面，双方若无异议，就不必逐条磋商。

二、交易磋商一般程序

交易磋商一般程序如图 4-1 所示。

图 4-1　交易磋商的一般程序

其中，发盘和接受是交易磋商中必不可少的两个环节。

（一）询盘

询盘（inquiry），又称询价或邀请发盘，指交易的一方打算购买或出售某种商品，向对方询问买卖该项商品的有关交易条件。

询盘可以分为买方询盘和卖方询盘。买方询盘是指买方要求卖方提供出口商品的价格，又称邀请发盘。卖方询盘是指卖方向买方发出的征询其购买意见的函电。询盘内容可涉及价格、品质、数量、包装、装运以及索取样品等，多数只涉及价格。

在国际贸易中，有时一方发出的询盘表达了与对方进行交易的愿望，希望对方接到询盘后及时发出有效的发盘，以便考虑是否接受；也有的询盘只是想探询市价，并非有意进行交易。询盘往往是一笔交易的起点，但它对双方都没有约束力，也不是交易磋商的必要步骤。

询盘示例

（二）发盘

1. 发盘的含义

发盘（offer），又称报盘、报价、发价，法律上称之为“要约”，指交易的一方向另一方提出购买或出售某种商品的各项交易条件，并愿意按这些条件达成交易，签订合同的一种意思表示。发盘可以是应对方询盘的要求发出，也可以是在没有询盘的情况下，直接向对方发出。发盘一般由卖方发出，但也可以由买方发出，业务称其为“递盘”。

发盘有实盘和虚盘两种。实盘是发盘人承诺在一定期限内，受发盘内容约束，非经接盘人同意，不得撤回和变更；如接盘人在有效期限内表示接受，则交易达成，实盘内容即成为买卖合同的组成部分。一个完整的实盘应包括明确肯定的交易条件，如商品名称、规格、数量、价格、支付方式、装运期等，还应有实盘的有效期限并应明确发盘为实盘。虚盘是发盘人有保留地表示愿意按一定条件达成交易，不受发盘内容约束，不作任何承诺，通常使用“须经我最后确认方有效”等语以示保留。

2. 发盘构成要件

一项法律上有效的发盘，须具备四个条件：

（1）发盘是向一个（或几个）特定受盘人提出的订立合同的建议。

普通的产业广告、商品目录、价目单等不能构成有效的发盘，因为没有特定的对象，而只能视作邀请发盘。英美法系中规定：向公众做出的商业广告，只要内容明确，在某些场合下也视为发盘。大陆法系中规定：凡向公众发出的商业广告，不得视为发盘。《联合国国际货物销售合同公约》（简称《公约》）持折中态度，如带有“本广告构成发盘”或“将售予最先支付货款的公司”等字样也视为发盘。

（2）发盘的内容必须确定。

《公约》第十四条第一款中规定：“一个建议如果写明货物并且明示数量和价格，或者明示如何规定数量和价格，即为十分确定。”“十分确定”在实际业务中具体表现在以下三个方面：①提出的交易条件是完整的。根据《公约》的上述规定，一项发盘所列的交易条件只要包括品名、数量和价格，即构成完整性。②提出的交易条件是明确的，不能是含糊的、模棱两可的。③一项确定的发盘，还要求它必须是终局性的，没有任何保留条件或限制性条件。

（3）发盘人必须有一旦发盘被接受即受约束的意思。

发盘必须标明严肃的订约意旨，即发盘应该表明发盘人在得到接受时，将按发盘的条件承担与受盘人订立合同的法律责任。

（4）发盘必须送达受盘人。

根据《公约》规定，发盘于送达受盘人时生效。如发盘在传递中遗失以至受盘人未能收到，则该发盘无效。

3. 发盘的内容

发盘主要包括：①感谢对方来函，明确答复对方来函询问的事项。②阐明交易的条件：品名、规格、数量、包装、价格、装运、支付方式、保险等。③声明发盘有效期或约束条件。④鼓励对方订货。

4. 发盘的有效期

发盘的有效期是指受盘人对发盘做出接受的期限。《公约》第十八条第二款规定：“如果对发盘表示同意的通知在发价人所规定的时间内，（如未规定时间，在一段合理的时间内）未曾送达发价人，接受就成为无效，但须适当地考虑到交易的情况，包括发价人所使用通信手段、受理时间、方法等的迅速程度。对口头发价必须立即接受，但情况有别者不在此限。”因此，任何发盘都有有效期，有效期的规定方法分为以下三种。

（1）发盘中明确规定具体的有效期。

无论是规定最迟的期限还是规定答复的期间，如果在允许表示接受的期间遇有节假日，《公约》第二十条第二款规定：“在计算接受期间时，接受期间内的正式假日或非营业日应计算在内。但是，如果接受通知在接受期间的最后一天未能送到发价人地址，原因是那天发价人营业地是正式假日或非营业日，那么接受期间应顺延至下一个营业日。”

发盘有效期示例

（2）发盘中未规定具体有效期。

发盘中未规定具体有效期，并不意味着该发盘没有有效期。根据《公约》第十八条规定：受盘人必须在合理时间内做出表示，否则接受无效。尽管法律上有这种合理时间的规定，但由于合理时间的长短较容易引起争议，所以在实际业务中还是规定明确具体的期限较好。

（3）口头发盘。

按《公约》规定，原则上要求“立即接受”，如果当事人另有约定，则不在此限。

5. 发盘的撤回和撤销

《公约》第十五条第二款规定，发盘在被送达受盘人之前，如果发盘人改变主意，可以撤回。但发盘人必须将撤回通知于发盘送达之前或同时送达受盘人。对于发盘的撤回，各国法律解释不尽相同，概括起来主要有以下三种：

（1）英美法系国家的法律认为，就发盘能否撤销而言，发盘原则上对发盘人没有约束力。发盘在被受盘人接受前，发盘人可予以撤销，即使发盘中规定了有效期，在有效期内发盘人仍可予以撤销，除非是受盘人已付出某种“对价”的发盘和由发盘人签字蜡封的发盘。

（2）大陆法系国家的法律认为，发盘对发盘人具有约束力，发盘生效后，原则上发盘人不得撤销该发盘。其中，法国法律规定发盘人在发盘有效期内欲撤销发盘的，必须负损害赔偿责任；德国法律明确规定在发盘有效期内，发盘人不得撤销或变更其发盘。

（3）《公约》为弥合两大法系在发盘撤销问题上的分歧，在第十六条中规定：已被受盘人收到的发盘，如果撤销的通知在受盘人发出接受通知前送达受盘人的，则可以撤销。但在下列情况下不得撤销：

第一，发盘是以规定有效期或以其他方式表明为不可撤销的。

第二，受盘人有理由信赖该项发盘是不可撤销的，并本着对该发盘的信赖采取了行动。

6. 发盘的终止（即发盘的失效）

一项已生效的发盘，在发生下列情况后，将失去效力，即解除对发盘人的约束力：

（1）过了发盘的有效期，即超过发盘规定的有效期，或发盘没有规定有效期时，超过了合理时间，发盘人仍未收到受盘人的答复。

（2）被发盘人撤销，即允许撤销的发盘，被发盘人在受盘人表示接受前终止了其效力。

（3）被受盘人拒绝或还盘，即受盘人对发盘做出了拒绝或还盘的答复，即使原定有效期限尚未届满，发盘也立即失效。

（4）发盘还可因出现某些特定情况，按有关法律而终止。例如，发盘人在发盘被接受前丧失了行为能力或正式宣告破产并将有关破产的书面通知送达受盘人；特定的或独一无二、不可替代的标的物被毁灭；发盘中的商品被政府宣布禁止出口或进口等。在以上任一情况下，发盘将依法终止有效。

发盘示例

【例 4-1】北京一家公司向巴黎一家公司发盘，其中规定有效期到 3 月 10 日。该发盘是 3 月 1 日以特快专递寄出的，3 月 2 日北京公司发现发盘不妥，当天即用电传通知巴黎公司宣告撤回该发盘。请问：这样做是否可以？发盘是否可以撤回？根据是什么？

提示：可以，该盘可以撤回。根据《公约》的规定，一项发盘，即使是不可撤销的发盘亦可以撤回，只要撤回通知于发盘送达被发盘人之前或同时送达被发盘人即可。中法均为《公约》

缔约国。3 月 1 日的特快专递，3 月 2 日不可能送达巴黎公司，故 3 月 2 日发出的电传撤回通知能早于该发盘到达被发盘人。

（三）还盘

还盘（counter offer）又称还价，受盘人在接到发盘后，不完全同意发盘的内容，为了进一步磋商交易，对发盘提出修改意见后用口头或书面形式表示出来，就构成还盘。

还盘实质上构成对原发盘的某种程度的拒绝，也是接盘人以发盘人身份所提出的新的发盘。因此，一经还盘，原发盘即失效，新发盘取代它成为交易谈判的基础。如果另一方对还盘内容不同意，还可以进行反还盘（或称再还盘）。还盘可以在双方之间反复进行，还盘的内容通常仅陈述需变更或增添的条件，对双方同意的交易条件无需重复。在国际贸易中，往往经过多次的还盘、反还盘，才最终达成协议。

受盘人在收到发盘后，有两种处理办法：一种是完全同意发盘所提出的交易条件，并及时向对方发出接受通知，这就是所谓的达成交易；另一种是不同意发盘人在发盘中所提出的条件，并向发盘人提出自己的修改条件，这就是所谓的还盘。

此外，还有一种有条件的接受，即在答复对方的发盘时，在表示接受的同时，又附加上某种条件，这是还盘的另一种形式，实际上也是对发盘的拒绝。

还盘示例

【例 4-2】我方 10 日电传出售货物限于 15 日复到有效，13 日收到受盘人答复“价格太高”，15 日又收到受盘人来电“你 10 日发盘我接受”，此时市价上浮，我方复电拒绝。请问我方这样做是否可以，理由何在？

提示：可以，因对方 13 日来电是对我方发盘的拒绝，而发盘一经拒绝即告有效发盘。

（四）接受

1. 接受的含义

接受（acceptance）在法律上称为“承诺”，是买方和卖方同意对方在发盘、还盘中提出的各项交易条件，并愿意按这些条件与对方达成交易、订立合同的一种肯定的表示。这种表示可以是做出声明，也可以是做出某种行为。

按法律和惯例，一方的发盘经另一方接受，交易即告达成，合同即告成立，双方就应分别履行所承担的合同义务。

2. 构成接受的条件

一项有效的接受必须具备以下条件：

（1）接受必须由指定的受盘人做出。

该指定的受盘人包括其本人及其授权的代理人，其他人即使知道发盘的内容，并向发盘人做出了接受的表示，该接受对发盘人也无约束力，接受无效，不能据以成立合同。

（2）接受必须在发盘的有效期内做出，并送达发盘人。

任何发盘都有有效期，因此，受盘人必须在发盘规定的有效期内接受。若发盘未规定具体有效期，则应在合理时间内做出接受表示并送达发盘人。在发盘有效期过后才到达发盘人的接受为逾期接受（late acceptance），逾期接受在法律上构成一项新的发盘或发盘人可拒绝的接受。

（3）接受必须表示出来。

《公约》第十八条第一款中规定：缄默或不行动本身不等于接受。因此，接受必须由受盘人以一定的方式表示出来。但对于要求以书面形式才能达成协议的国家（包括我国），接受必须以书面形式作出。

（4）接受的内容必须与发盘内容完全一致。

接受是受盘人愿意按照发盘的内容与发盘人达成交易的表示。因此，接受内容应当与发盘内容完全一致。

3. 有条件接受的效力

《公约》第十九条第一款和第二款规定："对发价表示接受但载有添加、限制或其他更改的答复，即为拒绝该项发价，并构成还价。但是，对发价表示接受但载有添加或不同条件的答复，如所载添加或不同条件在实质上并不改变该项发价的条件，除发价人在不过分迟延的期间内以口头或书面形式通知反对其间的差异外，仍构成接受。如果发价人不做出这种反对，合同的条件就以该项发价的条件以及接受通知内所载的更改为准。"该条款明确规定，对于一项有条件的接受不能构成法律上有效的接受，但有条件的接受视所附条件是否在实质上改变了发盘内容，可分为还盘和发盘人可及时予以拒绝的接受。

对于接受所附条件是否构成实质性变更的发盘内容，《公约》第十九条第三款规定："有关货物价格、付款、货物质量和数量、交货地点和时间，一方当事人对另一方当事人的责任范围或解决争端等的添加或不同条件，均视为实质上变更发价的条件。"实质性的接受构成还盘。

对于附有条件的接受，如果受盘人在接受发盘时，所附条件只是某种"希望"或"请"性质的，若发盘人不同意请求，并不影响合同的有效成立。

4. 逾期接受的效力

对于过了发盘有效期才送达发盘人的接受，《公约》第二十一条规定："逾期接受仍有接受的效力，如果发价人毫不迟延地用口头或书面形式将此种意见通知被发价人。如果载有逾期接受的信件或其他书面文件表明，它是在传递正常、能及时送达发价人的情况下寄发的，则该项逾期接受具有接受的效力，除非发价人毫不迟延地用口头或书面通知被发价人：他认为他的发价已经失效。"按照造成逾期的原因不同作如下划分：

（1）因受盘人的原因造成的逾期，即因受盘人作出接受的时间太迟，以至于该接受到达发盘人时，已超过发盘的有效期。此种逾期接受只能构成一项新的发盘，除非发盘人及时予以确认，否则该接受无效，合同不成立。

（2）因传递途中的故障造成的逾期接受，即按照正常的传递，本应在发盘有效期内送达发盘人的接受，由传递途中的不正常情况造成延误，而使接受在有效期过后才到达发盘人。此种逾期接受不同于因受盘人自己的原因造成的逾期接受，它仍具有接受的效力，除非发盘人及时拒绝。

对于逾期接受问题，应注意，如果因接受期限最后一天是发盘人所在地的正式假日或非营业日（non-business），而使受盘人的接受通知未能在最后期限前到达发盘人，只要接受通知在下一个营业日到达发盘人，该接受依然有效，合同成立。

5. 接受的撤回

《公约》规定，接受于表示接受的通知送达发盘人时生效，因此，受盘人可在接受生效前阻止，即受盘人对其接受采取撤回行为。但受盘人撤回通知必须在其接受通知到达发盘人之前或同时到达发盘人时，才能有效地撤回其接受。一旦接受通知先到达发盘人，接受便生效，合同即告成立。因此，对于一项已生效的接受，受盘人无权予以撤销，否则将构成对合同的撤销，这在法律上是不允许的。

【例 4-3】我方发盘至 5 月 5 日止，但由于市场情况不稳定，对方延期至 5 月 6 日才发电表示接受，对此我方应如何处理？

提示：应根据当时情况做出两种不同的处理方法：①这是一种迟发的接受，迟发接受原则上无效，但如我方愿意达成这笔交易，也可及时回电确认，承认他的逾期接受有效，合同于接受到达之日生效；②若我方不愿达成此笔交易，则可通知对方接受逾期，不能确认，也可不予答复。

任务实施

1. 我方某外贸公司 3 月 1 日向美商发去电传，发盘供应某农产品 1000 公吨并列明“牢固麻袋包装”。美商收到我方电传后立即复电表示“接受，装新麻袋装运”，我方收到上述复电后即着手备货，准备于双方约定的 4 月份装船，两周后，某农产品国际价格猛跌，美商于 6 月 20 日来电称：“由于你方对新麻袋包装的要求未予确认，双方之间无合同”，而我方坚持合同已有效成立，双方发生争执。

请问：合同是否成立？

2. 我方出口企业对意大利某商人发盘限 10 日复到有效，9 日意大利某商人用电报通知我方接受该发盘，由于电报局传递延误，我方于 11 日上午才收到对方的接受通知，而我方在收到接受通知前获悉市场价格已上涨。

请问：对此，我方应如何处理？

3. 3 月 15 日，A 公司向新加坡客户 G 公司发盘：报童装兔毛衫 200 打，货号 CM034，每打 CIF Singapore 100 美元，8 月份运，即期信用证付款，25 日复到有效。3 月 22 日，收到 G 公司答复如下：你 15 日盘收到。你方报价过高，若降至每打 90 美元可接受。A 公司次日复电：我方报价已是最低价，降价之事歉难考虑。3 月 26 日，G 公司又要求航邮一份样品以供参考。3 月 29 日，A 公司寄出样品，并函告对方：4 月 8 日前复到有效。4 月 3 日，G 公司回函表示接受发盘的全部内容，4 月 10 日送达 A 公司。经办人员视其为逾期接受，故未作任何表示。7 月 6 日，A 公司收到 G 公司开来的信用证，并请求用尽可能早的航班出运。此时因原料价格上涨，公司已将价格调整至每打 110 美元，故于 7 月 8 日回复称：我公司与你方此前未达成任何协议，你方虽曾对我方发盘表示接受，但我方 4 月 10 日才收到，此乃逾期接受，无效。请恕我方不能发货。信用证已请银行退回。如你方有意成交，我方重新报价每打 CIF 新加坡 110 美元，9 月份交货，其他条件不变。7 月 12 日，G 公司来电：我方曾于 4 月 3 日接受你发盘，虽然如你方所言，4 月 10 日才送达你方，但因你我两地之邮程需三天时间，不是我方的责任。现在合同已成立，如不履行合同，一切后果将由你方承担。

请问：G 公司的上述观点是否正确？

强化训练

李林7月25日收到美国Fashion公司的询盘后，李林报价USD 75.00 CIF Newyork per piece，限7月31复到有效；7月27日，收到Fashion公司回复“所有价格均可接受，但是价格不能超过USD 60.00，包装需要塑料袋包装，再装纸箱”；7月28日，李林回复“包装可以用塑料袋包装，再装纸箱；价格为USD 65.00”。请问：HL公司与Fashion公司合同是否成立？面对询价与还价，李林应该怎么做？

知识拓展——
国际商务谈判

学习任务二　国际贸易合同认知与识读

学习目标

知识目标

1. 理解国贸货物买卖合同的成立条件。
2. 熟悉国际贸易合同含义和形式。
3. 掌握国际贸易合同的内容。

能力目标

能识读国际贸易合同。

素养目标

具备资源整合、借鉴使用的能力，能够借鉴标准贸易合同模板，并运用到本公司的每一笔实际业务中，实现商业变现。

建议学时

学习任务二建议 2 学时。

相关知识点

一、国际货物买卖合同的成立条件

国际货物买卖合同的成立是双方当事人意思表示一致的结果，当一方提出的要约被另一方承诺时，合同即告成立。要约是要约人向一个或一个以上的特定人提出的以订立买卖合同为目的的意思表示。承诺是受要约人同意订立该合同的意思表示。因英美法和大陆法在要约与承诺的问题上存在着分歧。《联合国国际货物销售公约》(以下简称《公约》)对要约生效时间、承诺生效时间，附加条件的承诺及逾期承诺的效力做了详细规定。

1. 要约生效时间

各国法律没有分歧,《公约》规定要约在送达受要约人时生效。但对于要约对要约人是否具有约束力的问题，英美法与大陆法内的德国法之间存在着分歧。《公约》在这个问题上采取了折中的办法，规定一切要约，即使是不可撤销的要约，原则上都可以撤回，只要撤回的通知能先于或与要约同时送达受要约人。一旦受要约人发出承诺通知，要约人就不能撤销其要约。公约还规定，在下述两种情况下，要约一旦生效就不能撤销：要约写明承诺的期限，或以其他方式表示它是不可撤销的；受要约人有理由信赖该项要约是不可撤销的，并已据以行事。

2. 承诺生效时间

对国际货物，英美法采取投邮生效原则，即只要载有承诺内容的函件一经投邮就立即生效，合同即告成立，即使函件在传递过程中发生延误或遗失，亦不影响合同的有效成立；大陆法则采取到达生效原则，即载有承诺内容的函件必须送达受要约人时才发生效力，如函件在传递中发生延误或遗失，合同就不能成立。《公约》基本上采用到达生效原则，但有一个例外，即如果根据要约的要求或依照当事人之间形成的习惯做法或惯例，受要约人可以用发货或支付货款的行为来表示承诺，无须向要约人发出承诺通知，承诺则于做出此种行为时生效。

3. 附加条件的承诺及逾期承诺的效力

《公约》规定，如果在对要约表示承诺时载有附加或更改条件，原则上应认为是对要约的拒绝，并视为反要约，即受要约人向要约人提出要约。但如果承诺中所更改或附加的条件并没有在实质上改变原要约所提出的条件，则除非要约人在不过分延迟的期间内提出异议，仍可视为承诺，在这种情况下，双方的合同应以要约所提出的条件和承诺所更改的条件为准。

逾期承诺指超过要约的有效期到达的承诺。按照各国法律，逾期承诺应视为反要约。《公约》规定逾期承诺仍具有承诺的效力，但须由要约人毫不迟延地把这种意思通知受要约人。如果要约人按此办理，则该项逾期的承诺于到达时即发生效力，而不是在要约人表示上述意思的通知到达受要约人时才生效。

【例 4-4】原告为甲国羊毛生产商，被告为乙国羊毛供应商。某年 9 月 2 日，被告致电原告，提出要出售一批羊毛，并要求原告以邮寄方式回复。因地址错误，直到 9 月 5 日晚才到达原告，当天晚上原告即将承诺信件以邮递的形式寄出，该承诺信件于 9 月 9 日到达被告。试分析此案例。

提示：本案中，当事人双方营业地位于不同国家，属于国际货物买卖合同。根据《公约》规定，被告 9 月 2 日致电原告要求出售羊毛的行为构成一项要约，尽管邮寄途中受到迟延，但是原告立即做出了承诺，该项承诺于 9 月 9 日到达被告，此时该项国际货物买卖合同生效。

二、贸易合同的形式和内容

1. 合同的形式

国际货物合同一般金额大、内容繁杂、有效期长，因此许多国家的法律要求采用书面形式。但英、德、法等国的法律对一般货物买卖合同都不要求具备一定形式。《公约》也规定，销售合同在形式方面不受任何限制。但是根据我国法律规定，对外贸易合同必须采用书面形式。

常见的书面形式有正式合同（Contract）、确认书（Confirmation）、协议书（Agreement）、备忘录（Memorandum）、订单（Order）、委托订购单（Commissioning Order）等。目前，我国使用正式合同和确认书两种，它们分别适应不同的需要而被采用。虽然它们在格式、条款项内容繁简上有所不同，但在法律上具有同等效力，对买卖双方均有约束力。买卖双方可通过以下方式及条件达成合同意愿：

（1）通过谈判直接成交而签订正式合同。例如，Import Contract，Export Contract，Purchase Contract，Sales Contract 等。

（2）通过信件、传真达成协议，应一方或双方当事人的要求，尚需签订确认书的合同。例如，Sales Confirmation，Purchase Confirmation 等。

（3）通过信件、传真达成协议，即以发盘、还盘及有效接受的往来函电作为合同基础。

除书面协议外，还须经国家主管部门批准的合同，如技术引进或输出合同、补偿贸易合同、来料加工合同、来件装配合同等，一般的国际货物买卖合同无须国家主管部门批准，即可有效成立。但无论哪一种情况，都逃不脱正式合同和确认书两种形式。

①正式合同。

在签订正式合同时，不仅要对商品的质量、数量、包装、价格、保险、运输及支付加以明确规定，而且对检验条款、不可抗力条款、仲裁条款要详尽列明，明确地划分双方的权利和义务。为了明确责任，避免争议，合同内容应该全面详细，对双方的权利、义务以及发生争议的处理均有详细的规定，使用的文字应为第三人称语气。根据合同起草的不同，正式合同有售货合同（Sales Contract）和购货合同（Purchase Contract）两种。前者由卖方起草，后者由买方起草，一般各公司会以固定格式印刷（有的制成表格），成交后由业务员按双方谈定的交易条件逐项填写并签字，然后寄交对方审核签字。合同为一式两份，双方各一份。

②销售确认书。

一般而言，确认书只规定一些主要条款，诸如质量、数量、包装、价格、支付等，而对检验、不可抗力、仲裁条款加以省略。确认书是合同的简化形式，使用的文字为第一人称语气。这种确认书主要用于一些成交金额不大、批次较多的轻工日用品、小土特产品，或已有包销、代理等长期协议的交易。根据起草人的不同，销售确认书有售货确认书（Sales Confirmation）和购货确认书（Purchase Confirmation）两种。如果双方建立业务关系时已经订有一般交易条件，对洽谈内容较复杂的交易，往往先签订一个初步协议（Premium Agreement）或先签订备忘录（Memorandum），把双方已商定的条件确定下来，其余的条件以后再洽商。在这种情况下，可采用确认书的方式，将已签协议作为该确认书的一个附件。现使用的简式确认书大多没有仲裁、不可抗力、异议索赔等条款，往往在意外发生时易造成纠纷，因此建议补充此类条款。

销售确认书示例

2. 合同内容

国际货物买卖合同的内容主要包括三部分：

（1）约首。

约首包括合同的名称（Sales Confirmation）、编号、签约时间和地点、缔约双方的名称和联系方式，以及双方当事人订立合约的意愿表示。

（2）正文。

正文是合同的主体部分，列明合同的主要条款，如商品的品名品质条款（Description of Goods）、数量条款（Quantity）、包装条款（Packing）、价格条款（Price）、装运条款（Shipment）、保险条款（Insurance）、支付条款（Payment）、检验条款（Inspection）、不可抗力条款（Force Majeure）、索赔条款（Cliam）和仲裁条款（Arbitration）等。

（3）约尾。

约尾就是合同的尾部，通常包括合同的份数、附件及其效力、使用的文字、合同生效的时间、合同适用的法律，以及合同双方的签字。

3. 合同条款

国际货物买卖合同条款主要有以下 11 种：商品的品名品质条款（Description of Goods）、数量条款（Quantity）、包装条款（Packing）、价格条款（Price）、装运条款（Shipment）、保险条款(Insurance)、支付条款(Payment)、检验条款(Inspection)、不可抗力条款(Force Majeure)、索赔条款（ Claim)、仲裁条款（ Arbitration)。

国际贸易合同示例

项目四课后自测

学习项目五
订立合同品名品质条款

学习目标

知识目标

1. 理解国际贸易合同品名及品质条款的含义和内容。
2. 掌握商品品质的表示方法。
3. 掌握品质机动幅度的约定方法。

能力目标

1. 熟练应用不同货物的品质表示方法。
2. 能科学、合理地订立合同品名及品质条款。

素养目标

具备社会实践能力，能分析、处理国际贸易中买卖双方关于品名品质的相关案例。

建议学时

学习项目五建议 3 学时。

工作情景描述

询盘时，李林将自己的产品翻译为“bag”，输入产品名称栏，接收到很多询价，李林一一回复，收到不错的效果。现在和美国 Fashion 公司已达成协议，并签订了贸易合同，合同中的品名还能写“bag”吗？品质条款应该怎样规定？

学习任务与活动

学习任务一　合同品名条款制定

学习任务二　合同品质条款制定

项目五思维导图

学习任务一　合同品名条款制定

学习目标

知识目标

1. 理解商品名称的含义及品名条款的意义。
2. 掌握商品名称的表示方法。
3. 掌握品名条款的内容。

能力目标

1. 熟练应用品质的各种表示方法。
2. 能订立品名条款。

素养目标

能专业、准确、合适地为国际贸易合同商品命名，以专业的角度分析实际案例。

建议学时

学习任务一建议 1 学时。

相关知识点

一、商品名称的含义及品名条款的意义

商品名称（Name of Commodity）指能使某种商品区别于其他商品的一种称呼或概念。其在一定程度上构成对该商品的基本说明（Description），体现出商品的自然属性、用途以及主要性能。

明确合同的标的物名称具有重要的法律意义和实践意义。从法律的角度来看，在国际贸易中，买卖双方一般通过电子邮件、聊天工具、电话等通信手段洽谈交易、签订和履行合同，商品名称是贸易双方最先接触的概念，如果卖方交付的货物不符合约定的品名，买方有权请求损害赔偿、拒收或撤销合同。从业务的角度来看，品名条款是报关、报检、托运、保险、索赔等业务的计费依据。

二、商品名称的表示方法

《公约》对商品名称的规定并无统一格式，可由交易双方酌情商定。商品名称在一定程度上体现了商品的自然属性、用途以及主要的性能特征。商品名称的表示方法主要有以下七种。

1. 以商品的主要用途命名

此种命名方法直接反映了商品的主要用途，便于消费者购买，多用于日用工业品、化妆品和医药产品，如防晒霜、感冒颗粒等。

2. 以商品的主要成品或者原料命名

此种命名方法直接反映商品的主要原料或成分，便于消费者了解，多用于食品、保健品、化学品和医药产品，如花生油、羊毛衫、陶瓷杯等。

3. 以商品的产地或产地的名胜古迹命名

此种命名方法直接反映商品的生产或制造地点，既可与其他商品区别，又可提高其知名度，如青岛啤酒、德州扒鸡等。

4. 以商品的制作工艺或制作过程命名

此种命名方法直接反映商品的独特制作工艺，便于客户了解该商品的制作特征，增加对商品的信任度，如九制陈皮等。

5. 以企业名称或者人名命名

此种命名方法直接反映商品的生产企业或者该产品的发明者或有卓越贡献的生产者等，有利于提高商品的知名度，如李宁、乔丹等。

6. 以商品的外观形态命名

此种命名方法直观地反映商品的外在形态，多用于食品、工艺产品，如黄豆、卷纸、直筒裤等。

7. 以外语音译命名

此种命名方法常用于进口商品，如雅戈尔、可口可乐等。

三、合同中品名条款的内容

国际货物买卖合同中的品名条款一般比较简单，没有统一的格式。若有“商品名称”或“品名”的标题，则在下面列明交易双方成交商品的名称；若无标题，则在合同的开头部分加以文字说明，列明交易双方同意买卖某种商品的文句。

一般地，合同中品名条款的规定还取决于成交商品的品种和特点。就一般商品而言，只需要列明商品的名称即可，但有的商品往往具有不同的品种、型号、等级。因而，为明确起见，也需要把有关品种、产地和型号的概括性描述包括进去，并作进一步的限定，如山西的老陈醋。此外，有的甚至把品质规格也包括进去，合成一个品名品质条款。总之，合同中关于标的物的规定全凭合同当事人的意愿协商进行。

四、规定品名条款应注意的事项

国际贸易合同中的品名条款，是合同的主要条件，如若出现差错，则会对合同的履行产生影响。因而，在列明品名条款时必须注意以下有关事项：

（1）商品名称必须明确。合同中的品名规定必须确切地反映交易商品的特点，避免空泛、笼统的规定，使之利于合同的履行。

（2）商品的品名必须如实、确切地反映商品的实际情况，合同中所列品名必须是卖方能够生产或提供，而买方实际需要的商品，但凡做不到的或不必要的夸张性的描述都不应列入。

（3）商品的品名尽可能地采用国际通用的名称。有些商品的名称在不同国家、不同地区的叫法存在差异，为避免误解，使双方当事人的意思表示真正一致，应尽量使用国际通行的称呼。若使用地方性的名称，交易双方应事先就其含义达成共识。对于某些新商品的命名及其译名，则应力求准确、易懂，并符合国际上的习惯称呼。

（4）选择合适的品名，在同一合同中，同种商品的品名应保持一致。有些商品有不同的名称，存在同一商品因名称不同而交付关税和班轮运费不一样的现象，同时各国采取进出口限制不同，所以，在确定品名时应选择方便进出口和有利于降低关税的名称作为商品的品名。

任务实施

1. 请为以下商品命名：

笔盒：________　背包：________　手袋：________　枕头：________

拖鞋：________　袋/箱包：________　化妆袋：________　相机袋：________

公文袋：________　航空袋：________　旅行袋：________　手提包：________

航空袋：________　西装袋：________　洗手间袋：________　拖轮袋：________

简单电脑袋：________　手提包：________　拉杆箱：________　腰包：________

2. 我国某食品有限公司出口苹果酒一批，国外来证货名为“Apple Wine”，于是我方为单证一致起见，所有单据上均用“Apple Wine”。不料货到国外后遭到进口国海关扣留罚款，因为该批酒的内外包装上均写的是“Cider”字样。结果外商要求我方赔偿损失。请问：我方对此有无责任？

强化训练

深圳 HL 公司与美国 Fashion 公司就下图女士皮包达成贸易协议，请问：李林将其命名为“bag”是否合适？为什么？如果不合适，请你给出合适的商品名称。

货号：WHD-090138
产品尺寸：50 cm×40 cm×10cm
颜色：灰色，米白色，黑色
包装：混装

知识拓展——合理设置阿里国际站产品名称

学习任务二　合同品质条款制定

学习目标

知识目标

1. 理解商品品质的含义及其重要性。
2. 掌握商品品质的表示方法。
3. 掌握品质机动幅度的规定方法。

能力目标

1. 熟练应用品质的各种表示方法。
2. 能订立品质条款。

素养目标

具备社会实践的能力，养成从世界协同角度约定商品品质条款的职业素养。

建议学时

学习任务二建议 2 学时。

相关知识点

一、商品品质的含义及其重要性

商品的品质（Quality of Goods）又称商品的质量，是商品的内在质量和外观形态的总和，是对某项商品质量、规格、性能和生产等情况的综合说明。内在质量是指商品的物理性能、化学成分、生物特征、技术指标和成分等内在素质。外观形态是指商品的造型、结构、色泽及款式等要求。

合同中的品质条件不仅是构成商品说明的重要组成部分，也是买卖双方交接货物的主要依据。根据《公约》第三十五条规定，如卖方交货不符合约定的品质条件，买方有权要求损害赔偿，也可要求修理或交付替代货物，甚至拒收货物和撤销合同。因此，商品品质决定合同是否能顺利履行。如果卖方交货品质、规格与合同规定不符，不仅难以收回货款，而且还需向买方支付损害赔偿及相应的利息。由此可见，在进出口合同中约定品质条件和订好品质条款，无论是从法律还是实践的角度分析，都是极其重要的。

二、商品品质的表示方法

国际贸易中买卖的商品，种类繁多，特点各异，用来说明商品品质的方法也各不相同，概括起来，主要包括用实物表示和用文字说明表示两大类。

（一）用实物表示

用实物表示商品品质，又可分为看货买卖和凭样品买卖两种表示方式。

1. 看货买卖

看货买卖是指先由买方或其代理人在卖方所在地验看货物，达成交易后，卖方按照验看过的商品交付货物。国际贸易买卖双方地理距离遥远，因而看货成交的应用并不广泛，多用于寄售、拍卖等贸易方式中。

2. 凭样品买卖

样品（Sample）通常是指从一批商品中抽取出来的，或由生产、使用部门设计、加工出来的，足以反映和代表整批商品质量的少量实物。根据样品提供者不同，可将凭样品买卖分为以下三种：

（1）凭卖方样品买卖（Sale by Seller's Sample）。

由卖方提供的样品称为“卖方样品”。凭卖方样品买卖就是交易双方约定以卖方样品为交货的品质依据。在出口交易中，卖方应特别注意样品的代表性。同时，卖方向买方寄送样品时，应考虑留存“复样”，备作交货或处理纠纷时核对。

（2）凭买方样品买卖（Sale by Buyer's Sample）。

由买方提供的样品称为“买方样品”。凭买方样品买卖就是交易双方约定以买方提供的样品为交货的品质依据。习惯上称为“来样成交”。凭买方样品成交时，由于制造技术或其他方面的原因，难以做到货样一致时，可考虑订立带有弹性的合同条款，如“品质与样品大致相同”。此外，卖方还应注明由买方样品引起的任何第三者权利问题概由买方负责。

（3）凭对等样品买卖（Sale by Counter Sample）。

在实际业务中，如果卖方不愿意承接凭买方样品交货的交易，卖方可以根据买方来样，仿制出品质类似的样品提交给买方确认。这种经确认后的样品称为对等样品（Counter Sample）或回样。

除此之外，还有很多类样品，如标准样品、参考样品。标准样品和参考样品在业务中也常常被采用。标准样品（Standard Sample）作为成交样品，具有法律效力。参考样品（Reference Sample），是为了使买方对商品有个大概了解而提供的样品，不作为交付商品时的最终品质依据。寄送样品时需声明为参考样品。

采用凭样品买卖时应注意：

第一，凭样品买卖时，卖方所选择提供的标准样品一定要具有充分的代表性，质量水平要适中，能够反映出口生产企业现有工艺技术水平的实际情况。

第二，在实际业务中采用凭样品买卖时，由于某些商品的特殊性，卖方对交货品质无绝对把握，为防止因货样品质的细微差别而导致买方拒收，应当在合同中特别列明：“品质与样品大致相同”（Quality to be about Equal to the Sample）或“品质与样品近似”（Quality to be Similar to the Sample）等条款。同时，买卖双方应就差异幅度以及相应的减价措施等达成一致，谨防日后产生纠纷。

（二）用文字说明表示

国际贸易中，大多数交易采用文字说明方式来说明商品的品质。常见的表示方式有以下几种。

1. 凭规格买卖（Sale by Specification）

商品的规格（Specification）是指一些用来反映商品品质的主要指标，如化学成分、含量、容量、纯度、大小、长短、粗细、性能等。例如，White Duck's Down with17% Down（min.）（白鸭毛，含绒量最低 17%）。

2. 凭等级买卖（Sale by Grade）

等级是指同一类货物，按其尺寸、形状、重量、成分、效能等的不同，用文字、数字或符号分成品质不同的若干等级。例如，皮蛋依据其重量、大小的不同，分为奎、排、特、顶、大五级。

3. 凭标准买卖（Sale by Standard）

商品的标准（Standard）是指对商品的规格、等级制定的统一标准。商品标准通常是由有关国际组织、国家或政府有关部门、同业公会、商品交易所等规定并公布。商品的标准有企业标准、团体标准、国家标准、区域标准、国际标准等。

4. 凭商标或品牌买卖（Sale by Trade Mark or Brand）

商标（Trade Mark）是指生产者或销售者用一个或若干有特色的单词、字母、数字、图形等组成，用以识别其生产或销售商品的特殊标志。

品牌（Brand）是指企业为它生产或销售的产品所注册的名称，以便与其他企业的同类产品区别开来，一个品牌可以用于一种产品，也可用于一个企业的所有产品。例如，丰田汽车公司在其不同定位的产品上分别使用不同的品牌，从低到高为威驰、花冠、卡罗拉、凯美瑞、锐志、皇冠、雷克萨斯等。

5. 凭产地名称买卖（Sale by Origin）

在国际贸易中，有些地区的产品，尤其是一些传统的农副土特产品，因生产地的自然条件、历史渊源、人文特点或独特的传统加工工艺，在品质上具有其他地区产品所不具备的独特品质特征，在国际市场上享有一定声誉。如“德国啤酒”“云南普洱茶”“法国香水”等。

6. 凭说明书和图样买卖（Sale by Description or Instruction）

对于机器、电器、仪表、大型设备、交通工具等结构性能复杂的产品，除规定商标、型号外，还通过说明书来介绍产品的原料、性能等。例如：Multi-shuttle Box Loom Model 1515 A, detail specifications as attached description and instruction.（1515A 型多梭箱织机，详细规格如所附文字说明与图样）

在凭说明书和图样买卖时，合同中会出现“品质和技术数据必须与卖方所提供的产品说明书严格相符”（Quality and technical data to be strictly in conformity with the description submitted by seller）这样的条款。

7. 两种笼统的表示方式

农副产品的品质变化较大且难以用统一的标准来表示，在国际贸易实践中采用如下两种方式表示。

（1）良好平均品质（Fair Average Quality，FAQ）。良好平均品质是指一定时期内某地出口货物的平均品质水平，一般指中等货。我国出口的部分农产品使用FAQ来表示品质，通常也称之为“大路货”。

良好平均品质的确定通常包括：一是由生产国在农产品收割后，对产品进行广泛的抽样，并从中制定出该年度良好平均品质的标准和样品，并予以公布；二是从某一时期在某装运地发运的各批同类货物中分别抽取少量样品，以其平均品质作为该季节良好平均品质的标准，通常由同业公会或检验机构抽样并封存保管。

（2）上好可销品质（Good Merchantable Quality，GMQ）。上好可销品质是指卖方保证其交货的品质是上好的、合乎销售的品质，多用于木材和水产品上。

总体上看，FAQ和GMQ这两种表示方法较为笼统，在国际贸易中尽可能少使用。

【例5-1】青岛某出口公司向日本出口一批纱线。合同规定是二级品，但到发货时才发现二级品库存告急，于是该出口公司以三级品交货，并在发票上加注：“三级品，降价20%”。请问这种以次顶好的做法是否妥当?

提示：不妥当，可能会被进口商拒收，造成经济损失。应积极与日商沟通，延长交货期或者更改品质，重新定价。

三、合同中的品质条款

1. 品质条款的基本内容

在贸易合同中，品质条款的基本内容包括货物品名、规格、等级、标准、商标或产地等，具体条款因商品的不同，其制订方法也不同。在看货成交时，一般应列明商品的存放地点或仓库名称，以及生产日期、生产序列号、货号等；在凭样品成交时，一般应列明样品的编号或寄送日期，有时还加列交货品质与样品一致相符的说明；在凭标准成交时，一般应对照所引用的标准和标准版本的年份。此外，对于某些品质规格、性能比较复杂的货物订立品质条款时要特别慎重。对于一些难以准确地衡量品质的商品，合同中还要规定品质机动幅度条款或品质公差条款。

2. 品质机动幅度的约定

为保证进出口合同的顺利履行，对质量指标容易出现差错的某些制成品，可在品质条款中做出某些灵活的变通。

（1）品质公差（Quality Tolerance）。

品质公差是指国际同行业所公认的品质的公差。在工业制成品中，产品质量指标难免产生一定的误差（如手表走时每天误差若干秒等），这种国际上公认的产品品质的误差，即使在合同中不作规定，卖方交货只要在此范围之内，即符合规定。但为了明确起见，最好还是在合同中约定一定幅度的品质公差，如“尺码或重量允许有（±）3%~5%的合理公差”。

（2）品质机动幅度（Duality Latitude）。

品质机动幅度是指商品的品质指标允许在一定的幅度内有灵活性，其机动幅度通常有下列两种规定办法：一是约定一定的差异范围，如“漂布，幅宽 40/41 英寸”；二是约定上下极限，如“芝麻，含油量 40%（最低），水分 6%（最高），杂质 1%（最高）”。卖方只要在约定的差异范围内和未超出约定的极限，就算合格，买方就无权拒收。

（3）交货品质与样品大体相同或相似。

在凭样品成交时，买卖双方容易在交货品质与样品是否一致的问题上产生争议，为避免争议和便于履行合同，卖方可要求在品质条款中加订“交货品质与样品大体相同或相似”之类的条文。

为体现按质定价，在采用交货品质允许有一定机动幅度的情况下，可在合同中加订品质增减价条款。根据我国外贸实践，品质增减价条款有以下几种方式：

①对机动幅度内的品质差异，可按交货实际品质予以增价或减价。如在我国农产品出口合同中规定“水分每增减 1%,则合同价格减增 1%;含油量每增减 1%,则合同价格增减 1.5%”。

②对品质低于合同规定者扣价。在品质机动幅度范围内，交货品质低于合同规定品质者扣价，而高于合同规定者却不增加价格。为了更有效地约束卖方按规定的品质交货，还可以规定不同的扣价方法。

3. 约定品质条款的注意事项

（1）要正确运用各种表示品质的方法。由于表示品质的方法很多，采用何种方式表示应视商品的特性而定。一般来说，适用于以文字、图样、照片等方式来表示商品品质时，应优先采用此种表示品质的方法，不要轻易采用看货成交或凭样成交的方法。因为看货成交有一定的局限性，而凭样成交，在交易过程中容易引起争议。因而只有在确实无法用科学的指标来表示商品的质量时，才可采用。此外，凡能用一种方法表示品质时，一般不宜采用两种或两种以上的方法来表示，否则会给合同的履行带来困难。

（2）要从产销实际出发，防止约定的品质条件偏高或偏低。如在确定出口商品的品质条件时，既要考虑国外市场的实际需要，又要考虑国内生产的技术条件和供货的可能性。

（3）要合理选订影响品质的质量指标。在品质条款中，应有选择地规定各项质量指标。凡影响品质的重要指标，不能出现遗漏；对于次要的指标，可以少订：对于一些与品质无关紧要的条件，不宜订入，以免条款过于烦琐。

（4）应注意进口国的有关法令规定。世界各国对进口商品的质量都有具体的法令规定，凡质量不符合规定的商品一律不准进口，有的还要就地销毁，并由货主承担由此产生的各项费用，对此，应当予以重视。此外，在按定牌生产出口商品时，还应注意外商提供的品牌是否合法，以免触犯进口国的商标法，引起法律纠纷。

（5）要注意各项质量指标间的内在联系和相互关系。各项质量指标都是从不同的角度来说明品质的，它们有内在的联系且相互影响，若其中的某项指标规定不当，就可能影响其他的指标，造成不应有的经济损失。如在荞麦品质条件中规定“水分不超过 17%，不完善粒不超过 6%，杂质不超过 3%，矿物质不超过 0.15%”，显然此项规定不合理，因为对矿物质含量的要求过高，这与其他指标不相称。为了使矿物质符合合同约定的指标，则需要反复加工，其结果必然会大大减少杂质和不完善粒的含量，这对卖方是不利的。

（6）品质条件应具体、明确。在品质条款中，不宜采用“大约”“左右”“合理误差”之类的笼统含糊的字眼，以免在交货品质上引起争议。但是，也不宜把品质条件订得过死，给履行交货义务带来困难。一般来说，对于一些矿产品、农副产品和轻工业产品的品质规定，需要有一定的灵活性，以便于合同的履行。

【例 5-2】国内某单位向英国出口一批大豆，合同规定水分最高为 14%，杂质不超过 2.5%，在成交前我方曾向买方寄过样品，订约后我方又电告买方成交货物与样品相似，当货物运到英国后，买方提出货物与样品不符，并出示相应的检验证书证明货物的质量比样品低 7%，并以此要求我方赔偿 15 000 英镑的损失。请问：在此情况下，我方是否可以以该项交易并非凭样品买卖而不予理赔？

提示：合同规定水分最高为 14%，杂质不超过 2.5%，从合同内容看，在这笔进出口交易中，双方以商品的规格作为表示商品品质的方法，并以此作为交验商品的依据，属于凭规格的买卖，只要我方所交货物符合合同规定的规格，我方就算已经履行了合同。但是成交前我方向对方寄送样品时并未声明是参考样品，签约后又电告对方成交货物与样品相似，这样对方就有理由认为该笔交易既凭规格又凭样品。而在国际贸易中，凡属于凭样买卖，卖方所交货物必须与样品完全一致，否则买方有权拒收货物或提出索赔。因此，在这种情况下，我方很难以该笔交易并非凭样买卖为由不予理赔。

任务实施

1. 1997 年 10 月，香港某商行向内地一企业按 FOB 术语订购 5000 吨铸铁井盖，合同总金额为 305 美元（约人民币 2534.5 万元）。货物由买方提供图样进行生产。该合同品质条款规定：铸件表面应光洁，铸件不得有裂纹、气孔、沙眼、缩孔、夹渣和其他铸造缺陷。合同规定：（1）订约后 10 天内卖方须向买方预付约人民币 25 万元的反保证金，买方于卖方交第一批货物后 5 天内退还保证金。（2）货物装运前，卖方应通知买方前往产地抽样检验，并签署质量合格确认书；若质量不符合合同要求，买方有权拒收货物；不经双方一致同意，任何一方不得单方面终止合同，否则由终止合同的一方承担全部经济损失。

试分析：该合同中的品质条款有无问题？

2. 我国某公司向东南亚某国出口一批红枣，合同规定为三级红枣。我方发货时发现三级红枣无货，在未征得买方同意的情况下，用二级红枣代替了三级红枣并在发票上注明“二级红枣，价格照旧”，货抵买方后，遭到买方拒绝。

请分析：我方做法是否有错？正确的做法应该是什么？

3. 某外商来电要我方提供大豆，按含油量 18%、含水分 14%、不完全粒 7%、杂质 1%的规格订立合同，对此，我方是否可接受？为什么？

强化训练

货号：WHD-090138

产品尺寸：50cm×40cm×10cm

颜色：灰色，米白色，黑色

包装：混装

补充资料：

材质：PU 皮革。

细节特征：金属滑块，带笑脸。

请为李林制作该批商品的品质条款。

项目五课后自测

学习项目六 订立合同数量条款

学习目标

知识目标

1. 熟悉《公约》对数量条款的规定。
2. 掌握商品数量、重量表示方法。
3. 理解合同数量条款的基本内容。
4. 掌握数量的机动幅度条款。

技能目标

1. 能合理约定数量机动幅度，合理约定溢短装数量的计价方法。
2. 能够结合商品种类、性质，订立合同的数量条款。

素养目标

具备实际操作能力，初步养成以利润最大化的视角处理业务的职业素养。

建议学时

学习项目六建议 3 学时。

工作情景描述

HL 公司与美国 Fashion 公司的合同中约定出口 5400 个皮包，经过盘点与核实，该货号的皮包实际有 5500 个。李林心想装运走 5400 个后，就剩 100 个皮包了，而且同类皮包货号已升级，不再生产同款产品了。因此李林想能不能把全部 5500 个皮包全部装运出口呢？

学习任务与活动

学习任务　合同数量条款制定

项目六思维导图

学习任务　合同数量条款制定

学习目标

知识目标

1. 熟悉《公约》对数量条款的规定。
2. 掌握商品数量、重量表示方法。
3. 理解合同数量条款的基本内容。
4. 掌握数量的机动幅度条款。

知识目标

1. 能合理约定数量机动幅度，合理约定溢短装数量的计价方法。
2. 能够结合商品种类、性质，订立合同的数量条款。

素养目标

具备实际操作能力，初步养成以利润最大化的视角处理业务的职业素养。

建议学时

学习任务建议 3 学时。

相关知识点

一、数量条款含义及意义

商品数量（Quantity of Goods）是指国际通用或买卖双方约定的度量衡表示货物的重量、个数、长度、面积、容积等量。

商品数量条款（Clause of Quantity）是指买卖双方以一定的度量衡单位或者个数表示商品的重量、数量、长度、面积、体积、容积，进行贸易磋商并达成共识。

根据《公约》的规定，卖方所交付的货物的数量必须与合同规定相符。对此，《公约》有明确的规定：“如有卖方所交付货物的数量少于约定的数量，卖方应在约定的期限内补交，由此造成的损失，买方有权提出损害赔偿要求；若卖方所交货物的数量大于约定的数量，买方可以拒收超额部分，也可以收取多交部分的全部或一部分，但买方对其多收的货物，仍应按合同价格付款。”由此可见，数量条款不仅约定了交易双方成交商品的数量，而且还涉及与之相关的权利与义务，它既是买卖双方交接货物的基本依据，也是处理与交接数量有关的索赔与理赔问题的依据。因此，在国际买卖合同中合理准确地规定商品的数量是十分重要的。

二、商品数量的表示方法

（一）国际度量衡制度

国际贸易中常用的度量衡制度主要有四种：公制（The Metric System）、英制（The British System）、美制（The U.S. System）和国际单位制（The International System of Units，SI）。

我国采用的是以国际单位制为基础的法定计量单位。《中华人民共和国计量法》第三条中明确规定“国家实行法定计量单位制度。国际单位制计量单位和国家选定的其他计量单位，为国家法定计量单位”。在外贸业务中，出口货物时，除合同规定外，均使用法定计量单位。如有特殊需要，需经有关计量管理机构批准，才能使用非法定计量单位。

（二）商品数量的表示方法

在国际贸易中，由于商品的种类、性质和各国度量衡制度不同，计量单位和计量方法也多种多样。国际贸易中常见计量单位如表 6-1 所示。

表 6-1　国际贸易中常见计量单位

<table>
<tr><th>分　类</th><th>计量单位（英文）</th><th>适用范围</th><th>主要单位间的换算</th></tr>
<tr><td rowspan="7">重量（weight）单位</td><td>公吨（metric ton）</td><td rowspan="7">一般的天然产品，如矿砂、钢铁、粮食等，以及部分工业制成品，如药品等</td><td rowspan="7">1 公吨=0.9842 长吨
1 公吨=1.1023 短吨
1 公吨=1000 千克
1 长吨=1016 千克
1 短吨=907 千克
1 千克=2.2046 磅
1 千克=35.2736 盎司
1 磅=16 盎司</td></tr>
<tr><td>千克、公斤（kilogram）</td></tr>
<tr><td>克（gram）</td></tr>
<tr><td>长吨（long ton）</td></tr>
<tr><td>短吨（short ton）</td></tr>
<tr><td>盎司（ounce）</td></tr>
<tr><td>磅（pound）</td></tr>
<tr><td rowspan="9">数量（quantity）单位</td><td>件（piece）</td><td rowspan="9">大多数工业制成品，尤其是日常消费品、工业品、机械产品及一部分土特产品，均习惯于按数量进行买卖，如文具、纸张、车辆以及活牲畜</td><td rowspan="9">1 罗=12 打
1 打=12 件
1 令=500 张（一般用来表示印刷纸的张数）</td></tr>
<tr><td>双（pair）</td></tr>
<tr><td>套（set）</td></tr>
<tr><td>打（dozen）</td></tr>
<tr><td>卷（roll）</td></tr>
<tr><td>令（ream）</td></tr>
<tr><td>罗（gross）</td></tr>
<tr><td>袋（bag）</td></tr>
<tr><td>包（bale）</td></tr>
<tr><td rowspan="5">长度（length）单位</td><td>千米（kilometer）</td><td rowspan="5">在金属绳索、丝绸、布匹等类商品的交易中，通常使用</td><td rowspan="5">1 千米=1000 米
1 米=3.2808 英尺
1 米=1.0936 码
1 米=39.37 英寸</td></tr>
<tr><td>米（meter）</td></tr>
<tr><td>英寸（inch）</td></tr>
<tr><td>英尺（foot）</td></tr>
<tr><td>码（yard）</td></tr>
</table>

续表

分　类	计量单位（英文）	适用范围	主要单位间的换算
面积（area）单位	平方米（square meter）	玻璃板、地毯、皮革等商品的交易中，通常使用	1 平方米=1.195 99 平方码 1 平方米=10.7639 平方英尺 1 平方米=1550 平方英寸
	平方英寸（square inch）		
	平方英尺（square foot）		
	平方码（square yard）		
体积（volume）单位	立方米（cubic meter）	用于木材、天然气和化学气体等	1 立方米=1.308 立方码 1 立方米=35.3147 立方英尺
	立方英尺（cubic foot）		
	立方码（cubic yard）		
容积（capacity）单位	公升（litre，liter）	一般出现在流体、气体物品的交易中，如煤油、汽油等；在一些西方国家，习惯使用蒲式耳作为农产品的计量单位	1 升=0.22 英制加仑 1 升=0.264 美制加仑 1 英式蒲式耳=1.032 美制蒲式耳 1 英制加仑=277.42 立方英寸 1 美制加仑=231 立方英寸
	立方米（cubic meter）		
	立方码（cubic yard）		
	蒲式耳（bushel）		
	加仑（gallon）		
	立方英尺（cubic foot）		

三、货物重量的计算方法

（一）重量的计算方法

国际贸易中，很多货物是按重量计量的，根据一般商业习惯商品的性质不同，商品重量的计算方法也有所不同，主要的计算方法如下：

毛重（gross weight）：货物本身的重量加皮重（tare），即货物连同包装的重量。

净重（net weight）：毛重扣除包装（皮重）的重量，即货物的实际重量。

法定重量（legal weight）：纯商品重量加上直接接触商品的包装材料所得的重量。它在海关征收从量税时，作为征税的计算基数。

实物净重（net weight）：从法定重量中扣除直接接触产品的包装物料后的重量。

公量（conditioned weight）：先用科学的方法从产品中抽出所含的实际水分，然后加入标准水分而求得的重量。适用羊毛、生丝、棉纱、棉花等易潮湿、重量不太稳定的产品。

理论重量（theoretical weight）：从商品的规格中推算出的重量。每件重量乘以件数得出总重量，适用于有固定或者统一规格的货物，如马口铁、铝锭、钢板等。

（二）皮重的计算方法

在实际业务中，如果按照重量计量或者计价，但未规定采用何种方法计算重量和价格时，根据惯例，应按净重计量。要得出净重，即要从毛重中扣除包装物的重量（皮重）。常见计算皮重的方法如下：

实际皮重（real/actual tare）：将整批商品逐一过秤，计算每一件包装的重量和总重量。

平均皮重（average tare）：从全部商品中抽取几件，称出包装的重量，除以抽取的件数，得出平均包装重量。适用于包装比较统一的货物。

约定皮重（computed tare）：买卖双方事先约定的单位包装重量。

习惯皮重（customary tare）：某些商品的包装比较标准化、规格化，按照公认的标准单件包装重量进行计算。

（三）公量的计算方法

有些商品，如棉花、羊毛、生丝等有较强的吸湿性，所含的水分受客观环境的影响较大，重量也就很不稳定。为了准确计算这类商品的重量，国际上通常采用按公量计算，其计算方法是以商品的干净重（即烘去商品水分后的重量）加上国际公定回潮率与干净重的乘积所得出的重量，即公量。

净重、准重、公定重量的计算公式：

净重=毛重−包装物重

准重=净重×（100−实际含杂率）/（100−标准含杂率）

公定重量=准重×（100+标准回潮率）/（100+实际回潮率）

注意：代入上述公式中含杂率和回潮率的数值应是去掉百分号的数值，如标准含杂率 2.5%、标准回潮率 8.5%、实际含杂率 2%、实际回潮率 8%，则代入公式时的数值分别是 2.5、8.5、2、8。

【例 6-1】有一批等级为 429 的皮辊棉，件数 500 件，毛重 43 吨，经检验测试，该批皮辊棉实际回潮率是 9.2%，实际含杂率是 3.5%，若包装物每件重 1 千克，试计算该批棉花的公定重量。（经确认，该货物的标准回潮率是 8.5%，标准含杂率是 3%）

提示：先计算出该批棉花的净重：

净重=毛重−棉包数=43−（500×1/1000）=42.5（公吨）

再计算其准重：

准重=净重×（100−实际含杂率）/（100−标准含杂率）

=42.5 ×（100−3.5）/（100−3.0）= 42.28（公吨）

最后计算其公定重量：

公定重量=准重×（100+标准回潮率）/（100+实际回潮率）

=42.28×（100+8.5）/（100+9.2）=42（吨）

四、合同的数量条款

（一）数量条款的内容

合同中的数量条款由具体数量和计量单位组成。例如：合同数量条款“100 公吨，±3%，由卖方选择，增减部分按合同价格计算”（100 M/T more or less 3% at seller’s option such excess or deficiency to be settled of contracted price）。

（二）数量的机动幅度条款

某些商品因为本身的特性，以及生产、运输、包装条件和运输工具等的限制，交货数量往往很难符合合同约定的某一具体数量，为了合同顺利履行，减少争议，买卖双方应在合同中规定合理的机动幅度。

1. 约量条款（About Clause）

约量条款是指实际交货数量可有一定幅度的弹性条款，即在交货数量前加“约”字规定机动幅度方式。但是国际上对“约”字的含义解释不一，有的解释为2%，有的解释为5%。不同的解释容易引起争议，因此，在使用约量条款时，双方事先应达成一致的理解并达成书面协议。按照《跟单信用证统一惯例》（UCP600）的规定，对信用证的金额、数量或单价，如果用了“大约”“约”字眼，可允许有不超过10%的增减幅度。

2. 溢短装条款（More or Less Clause）

溢短装条款是指在买卖合同的数量条款中，明确规定卖方可以多交或少交的百分比，但以不超过规定的百分比为限。例如，汽油100吨，卖方可溢短装2%，即卖方的交货数量在98~102吨之间，买方不得有异议。

溢短装条款主要适用于大宗散装货物。如在矿砂、化肥、粮食、食糖等大宗散装货物的交易中，由于受商品特性、货源变化、船舱容量、装载技术和包装等因素的影响，要求准确地按约定数量交货，有时存在一定困难，为了使交货数量具有一定范围内的灵活性和便于履行合同，买卖双方可在合同中合理规定可以多装或少装的机动幅度。

溢短装条款内容：

（1）溢短装百分比，数量机动幅度的大小，通常都以百分比表示，究竟百分比多大合适，应该视商品特性、行业或贸易习惯与运输方式等因素而定。

（2）溢短装部分的选择权：买方决定（at buyer’s option）、卖方决定（at seller’s option）、承运人决定（at carrier’s option）。

（3）溢短装部分的作价办法：按合同价格、按装运日价格、按到货日价格。

3. 合同中数量未做明确的规定

当信用证没有相关约数条款规定时，根据惯例，所装货物或以度量衡（吨、千克、米、码、升等）计量的货物，装运数量和发票上的数量允许有5%的增减；而以个数（件、套、箱、包等）计量的货物则不允许任何增减。

【例6-2】我国某公司与日本某公司签订一笔出口煤炭的合同，合同规定成交中国煤炭数量为10 000公吨，可有5%增减，该选择权由卖方行使，溢装部分按合同价格计算。货物运抵日本后，经日本商检机构检查发现煤炭实际吨数为10 500公吨。据此，日商提出降价5%的要求，否则拒付多交的500公吨煤炭。请问日商的做法是否合理?

提示：日商的做法不合理。因为我方公司所交货物数量在合同约定的5%机动幅度范围内，且该机动幅度的选择权由我方行使。日商对于机动幅度范围内溢装的货物不能拒绝接受。

（三）约定数量条款的注意事项

1. 正确掌握成交数量

成交数量的确定，不仅关系到进出口合同的履行，还涉及对外政策和经营意图的贯彻。因此，在洽谈交易时，应正确掌握进出口商品成交的数量，做到心中有数，防止盲目成交。具体地，在确定出口商品成交量时，应当考虑国外的供求状况、国内货源的供应情况、国际市场的价格动态以及外商的资信情况和经营能力等因素。在确定进口商品的成交数量时，应当考虑国内的实际需要和支付能力、进口商品的质量和价格水平以及市场行情变化等因素。

2. 合理约定数量机动幅度

数量机动幅度的选择应根据成交条件和双方当事人的意愿而决定。一般来说，如采用海运，应由负责安排船舶运输的一方来选择，或者由船长根据舱容和装载情况做出选择。

3. 溢短装数量的计价方法要公平

通常，对机动幅度范围内多装或少装的部分，一般按合同价格计算。但为了防止合同当事人利用市场行情的变化，故意多装或少装以获取额外收入，也可在合同中约定，多装或少装部分不按合同计价，而按装船时或货到时的市场价格计价，以体现公平合理的原则。

4. 数量条款应当明确具体

为便于履行合同，避免引起争议，合同中的数量条款应当明确具体。在数量条款中，对成交商品的具体数量、使用何种计量单位和计量方法、数量机动幅度的大小及其选择权由谁掌握以及溢短装部分的具体作价办法等内容，都应当一一订明。此外，对成交数量应尽量避免使用“大约”“近似”“左右”等笼统的字眼，以免引起理解上的分歧而造成履约困难。

任务实施

1. 请计算出口商合同数量 5000 台笔记本电脑和 5000 公吨大豆的交货数量范围（溢短装比例为 3%）。

类　　型	5000 台笔记本电脑	5000 公吨大豆
合同中数量未做明确的规定		
约数法（about）		
溢短装条款（more or less）		

2. 某进出口公司出口商品一批，合同和信用证都规定不准分批装运，数量为 20 公吨，纸箱包装，每箱 20 千克，共 1000 箱，按《跟单信用证统一惯例》规定，卖方可否多交或少交货物，理由何在？

3. 2016 年 5 月，我国某公司向俄罗斯出口一批小麦，合同规定数量为 1000 公吨，每公吨 200 美元，可以有 5%的增减幅度，用信用证方式结算货款。合同签订后，俄罗斯进口商开来信用证，金额为 200 000 美元。试问：我方最多、最少可交多少公吨小麦？为什么？

4. 我国黑龙江某贸易公司与俄罗斯某公司签订一笔出口黄豆的合同。合同规定：包装为双线麻袋，每袋黄豆净重 100 公斤，共 10 000 袋，合计 1000 公吨，用信用证方式结算货款。但货物运抵俄罗斯后，经俄罗斯检验机构检查发现，每袋黄豆净重只有 96 千克，10 000 袋共计 960 公吨，当时正遇市场黄豆价格下跌，俄罗斯公司以单货不符为由提出降价 5%的要求，否则拒收。

请问：（1）俄方的要求是否合理？我方应采取什么补救措施？

（2）若该批黄豆不是用袋装而是散装，则结果又如何？

强化训练

试分析，李林能不能把 5500 个皮包全部装运出口？为什么？

知识拓展——合理订立合同数量条款

项目六课后自测

学习项目七
订立合同包装条款

学习目标

知识目标

1. 了解商品包装的作用、种类和要求。
2. 熟悉《公约》对包装条款的规定。

能力目标

1. 掌握国际贸易中定牌、无牌和中性包装的使用。
2. 能正确订立合同的包装条款。

素养目标

1. 具备创新意识，能够在国际货物商品包装材料、包装方法与技术方面有独特的见解与创新。

2. 具备专业能力及实际运用能力，运用相关理论知识点分析国际贸易中关于进出口包装问题的实际案例。

建议学时

学习项目七建议 3 学时。

工作情景描述

深圳 HL 公司与美国 Fashion 公司签订的出口合同，出口 5400 个皮包，请代表李林设计这批皮包的包装方式。另外，Fashion 公司要求在每个皮包上挂 D&G Logo，并提供了 Logo 模板和条形码模板，请问 HL 公司该如何做？

学习任务与活动

学习任务一　包装认知

学习任务二　合同包装条款制定

项目七思维导图

学习任务一　包装认知

学习目标

知识目标

1. 了解商品包装的作用、种类和要求。
2. 掌握运输标志的含义、作用与组成。
3. 掌握国际贸易中定牌、无牌和中性包装的使用。

能力目标

1. 能够从商品特性及运输角度，为不同商品设计包装。
2. 能够正确设计并刷制唛头。

素养目标

1. 从专业的角度，结合知识产权等相关法律法规，在国际贸易过程中，正确、合理使用中性包装与定牌生产。
2. 具备团队合作精神，小组能够协调分工完成任务。

建议学时

学习任务一建议 2 学时。

相关知识点

一、商品包装的概念

（一）包装的含义

商品包装（Packing of Goods），是为了有效地保护商品品质的完好和数量完整，根据商品的特性，使用适当的材料或容器，将商品加以包装，并加以适当的装潢和标志的一种措施。商品包装是商品生产环节的继续。除了少数难以包装，不值得包装或根本没有必要包装而采取裸装或散装的商品外，绝大多数商品都需要适当包装后才能进入流通领域和消费领域。

（二）包装的作用

在国际市场上，商品的包装被誉为“无声的推销员”，是宣传商品、企业形象的免费广告。因此，良好的商品包装对进出口贸易有着非常重要的作用。

1. 保护商品，使之便于运输、储存、销售和使用

国际贸易商品的运输路线长，流通环节多，在运输和流通的过程中，商品极易受到地理、气候等因素的影响，导致商品品质受损。适宜商品的包装可以使商品免受各种外力因素的损害，而且商品经过包装后，商品的外形具有一定的规律性，为商品的搬运、存放、销售和使用提供了方便。

2. 便于消费者携带与购买

合理的商品包装，一方面其商标、文字、绘图等充分展示了商品的内在品质和外观形态，便于消费者识别；另一方面又介绍了商品的成分、用途和使用方法等，便于消费者购买。

3. 使商品使用价值和价值增加

新颖独特、精美合理的包装，是商品价值增加的重要手段。同时，合理的包装增加了商品的自然寿命，使商品的使用价值增加，具有提高商品价值的功能。合理而精美的包装是商品生产过程的延续，能有效增加商品的价值，吸引消费者的眼光。

（三）包装的要求

1. 必须适应商品本身的特性及各种不同运输方式的要求

每种商品都有自己的特性，如水泥怕潮湿、玻璃制品容易破碎、流体货物容易渗漏和挥发等，这些都要求运输包装具有防潮、防震、防漏、防锈和防挥发等良好的性能。出口商品的包装还要适应长距离、长时间的不同运输方式的要求。如海运包装，要求牢固并具有防止挤压和碰撞的功能；铁路运输包装，要求具有不怕震动的功能；航空运输包装，则要求轻便且不宜过大。

2. 必须考虑有关国家的法律规定和客户要求

各国均制定和颁布了与包装有关的法律法规，各国法律对包装的规定不一，如有些国家要求木质包装要提供消毒或熏蒸证明；有些国家禁止使用柳藤、稻草等材料做包装用料；有些国家对包装标识和每件包装的重量有特殊的规定及要求。此外，若客户对运输包装提出某些特定的要求，也应根据客户的需要及可能予以考虑。

3. 要便于物流运输各环节有关人员进行操作

出口商品在运输中需要经过装卸、搬运、存储、保管、清点、抽样和查验等环节，为了便于这些环节的相关人员进行操作，包装的设计要合理，包装规格和每件包装的重量与体积要适当，包装方法要科学，包装上的各种标示要符合要求，这就需要根据不同商品实现运输包装标准化，使商品既易于识别、计量和检验，又便于装卸、搬运和保管。

4. 要保证包装牢固的前提下节省费用

商品的包装成本直接反映在出口商品的价格中，与出口经济效益高度相关。因此，在选用包装材料、进行包装设计和打包时，在保证包装牢固的前提下，应注意节省费用。如选用量轻、价廉而又结实的包装材料，有利于降低包装成本和节省运费；合理的包装设计，可以避免用料过多或包装容量浪费；包装方法科学，也有利于节省运费。此外，还要考虑进口国家的关税税则。对输往从价征税的国家的出口包装，就不宜采用价格昂贵的包装，对输往从量征税的国家的出口包装，就不宜采用自重大的包装，以免增加关税成本，降低出口收益。

二、商品包装的种类

在国际贸易中，依据货物包装的复杂程度，货物可分为散装货、裸装货和包装货三类。散装货是指无须包装，可散装于承载运输工具上的货物，如煤炭、食盐等；裸装货是指没有包装或稍加捆扎的简单包装的商品，如铁管、钢板、木材等；包装货是指对包装具有一定要求的货物。国际上大多数货物属于包装货。

根据包装在流通过程中的不同作用，商品的包装分为运输包装和销售包装两大类。

（一）运输包装

运输包装（Transport Packing）又称大包装或外包装，其主要作用是满足货物运输、装卸、堆放和保管的需要，同时能有效地保护商品，防止在运输过程中发生货物的损坏和散失。

常见的运输包装有以下分类。

（1）按包装方式不同，可分为单件运输包装和集合运输包装。

单件运输包装主要有箱（Case/ Carton/Box）、袋（Bag）、包（Bale）、桶（Barrel）等。集合运输包装是为了运输和装卸方便，将若干单件运输包装组合成一个大包装，以提高效率。典型的集合运输包装有托盘（Pallet）、集装箱（Container）等。托盘是指用木材、金属或塑料等材料制成托板，下方有插口供铲车叉起的用于集装、堆放、搬运的装置。集装箱有很多种规格，国际上常用的集装箱有 20 英尺集装箱和 40 英尺集装箱两种。20 英尺集装箱也称 20 英尺货柜（Twenty-foot Equivalent Unit，TEU），是国际上计算集装箱的标准单位，规格为 20 英尺×8 英尺×8 英尺 6 英寸。40 英尺集装箱规格为 40 英尺×8 英尺×8 英尺 6 英寸。

（2）按包装造型不同，可分为箱、袋、包、桶和捆等不同形状的包装。

（3）按包装材料不同，可分为纸制包装、金属包装、木制包装、塑料包装、麻制品包装、竹制品包装、柳制品包装、草制品包装、玻璃制品包装和陶瓷包装等。

（4）按包装质地不同，可分为软性包装、半硬性包装和硬性包装等。

（5）按包装程度不同，可分为全部包装（Full Packed）、局部包装（Pan Packed）两种。

（二）销售包装

销售包装（Inner Packing）采用不同的包装方式和设计式样，导致销售包装的多样性。常见的销售包装有以下几类。

（1）挂式包装。它是指凡带有吊钩、吊带、挂孔等装置的包装。此类包装便于悬挂，可充分利用货架的空间。

（2）堆叠式包装。它是指堆叠稳定性强的包装（如罐、盒等）。其优点是便于摆设和陈列。

（3）携带式包装。它是指在包装上附有提手装置。此类包装便于携带，颇受顾客的欢迎。

（4）易开包装。它是指对要求封口严密的销售包装，标有特定的开启部位，易于打开封口。其优点是开启安全，使用方便，如易拉罐等。

（5）喷雾包装。液体商品的包装比较特殊，有的带有自动喷出流体的装置，它如同喷雾器一样，使用便利。

（6）配套包装。对某些需要搭配成交的商品，往往采用配套包装，即将不同品种、不同规格的商品配套装入同一包装。

（7）礼品包装。对某些送礼的商品，为了包装外表美观和显示礼品的名贵，往往采用专作送礼用的包装。

（8）复用包装。这种包装除用作包装出售的商品外，还可用来存放其他商品或供人们观赏，具备多种用途。

三、包装标志

包装标志是指为了方便运输、储存、装卸，在运输包装外部用文字、图形、数字制作的特定记号和说明事项。包装标志主要包括运输标志、指示性标志和警告性标志等。

包装标志示例

（一）运输标志

运输标志（Shipping Mark）通常称为“唛头”（Mark），是指印刷在运输包装上，便于有关人员运输和交接货物，防止错发、错运的文字和几何图案。唛头一般有正唛和侧唛之分。侧唛无固定格式，一般只显示货物的尺寸、毛净重等。

正唛主要分为普通唛头和标准唛头两种。普通唛头由三部分组成：①收货人或发货人代号和简单的图形，如三角形、矩形和菱形等；②目的港（地）的名称；③批件号，即该批货物的总件数和本件货物的顺序号。

标准唛头是国际标准化组织（ISO）规定的，它由四行组成，每行不得超过 17 个英文字码。例如：

SMCO	收货人
NEWYORK	目的港（地）
95S/CNO.345678	合同号（或订单号、发票号）
NO.100-2 or 10/100	批件号（分母表示整批的数量）

但是，在实际业务中，有些单据含有目的港、合同号等内容，因此单据制作中并不要求唛头必须有四行内容，且四行的顺序也无严格的规定。

唛头的制作要注意标志简明清晰、大小适当、易于辨认。同时，刷制部位要适当，运输包装上不要加任何广告性的宣传文字和图形，以免混淆。唛头要与信用证一致。

（二）指示性标志

指示性标志（Indicative Mark）是指对一些易碎、易损和易变质的商品，用醒目的图形和简单的文字提醒有关人员在装卸、搬运与储存时应注意的事项。例如“易碎”“防湿”“防热”等。

（三）警告性标志

警告性标志（Warning Mark）又称危险性标志，是指对一些易燃品、易爆品、有毒品、腐蚀性物品和放射性物品等危险品在其运输包装上必须印刷由文字和特定图形组成的标明危险性的标志，以示警告。

（四）条形码标志

条形码（Product Code）是一种特殊代码，是由一组粗细间隔不等的平行线条及相应的数字组成的标记。随着光电扫描阅读设备的使用，条形码成为销售包装上不可缺少的标记。通过条形码，消费者可以了解商品的原产地、生产厂家和品种规格等信息；售货员可在数据库中查询商品的单价、记录和结算等；仓储人员可对商品进行分类、汇总及更新库存，并及时进行分析，掌握市场动态。因此，条形码是进入超级市场和大型百货超市的先决条件，在出口商品上使用条形码也是相当重要的。国际上通用的条形码有两种：一种是美国统一代码委员会编制的 UPC 码；另一种是由欧洲各国成立的国际物品编码协会编制的 EAN 码。目前，EAN 是国际上使用最广、国际公认的物品编码标识系统。为适应国际市场的需要，我国于 1988 年 12 月成立了中国物品编码中心，负责推广条形码技术，并对其进行统一管理。1991 年 4 月，我国正式加入国际物品编码协会，该协会分配给我国的条形码代号为“690~699”。凡标有以上代号者，即表示是中国生产或出口的产品。

四、中性包装和定牌

采用中性包装和定牌生产，是国际贸易中常用的习惯做法。

（一）中性包装

中性包装（Neutral Packing）是指不标明生产国别、地名和厂商的名称，也不标明商标或牌号的包装，也就是说，在出口商品包装的内外，都没有原产地和出口商的标记。中性包装可分为无牌中性包装和定牌中性包装。前者是指包装上既不注明生产地名和厂商名称，又无商标、品牌；后者是指包装上仅有买方指定的商标或品牌，但无生产地名和出口商的名称。采用中性包装，常常是为了打破进口国或地区实行的关税和非关税壁垒等歧视性措施，以及适应交易的特殊需要（如转口销售等）。中性包装是出口商扩大出口和加强对外竞销的一种重要手段，在实务中可灵活采用。

（二）定牌

定牌是指卖方按照买方的要求，在其出售的商品或包装上标明买方指定的商标或品牌。

当前，世界上许多国家的超级市场、大百货公司和专业商店，对其经营出售的商品，都要在商品上或包装上标有本商店使用的商标或品牌，以扩大本店的知名度和显示商品的身价。许多国家的出口商，为了利用买主的经营能力及商业信誉和品牌声誉，提高商品的销售价格和扩大销路，也愿意接受定牌生产。

在国际贸易中，有时为了利用买方的销售渠道和品牌声誉，同时扩大国内产品的出口，在外商订货量较大且需求比较稳定时，可以接受定牌生产。其具体做法有以下几种：

（1）定牌中性包装，即在定牌生产的商品或包装上，只用外商所指定的商品或品牌，而不标明生产国别和出口商的名称。

（2）在定牌生产的商品或包装上，标明生产国的商标或品名，同时也加注国外商号名称或表示其商号的标记，此为联合商标或牌号。

（3）在定牌生产的商品或包装上，采用买方所指定的商标或品牌的同时，也加生产国的名称，如“中国制造”等。

【例 7-1】菲律宾客户与上海某自行车厂洽谈进口“永久牌”自行车 10 000 辆，但要求我方改用“剑”牌商标，并在包装上不得注明“Made In China”字样。买方为何提出这种要求？我方能否接受？为什么？

提示：这是一个典型的对方要求的中性定牌包装的案例。自行车是美国、欧盟等对我国实施反倾销的商品，对原产地有严格的要求，以防转口贸易。

客户要求我方改用“剑”牌商标，属于“定牌生产”；在包装上不得注明“Made In China”字样，属于定牌中性包装。这些都是可以接受的。在我国出口贸易中，如外商订货量较大，且需求比较稳定，为了适应买方销售的需要和有利于扩大出口，我们也可接受定牌生产，但需要签订使用商标的情况说明书，或者在合同中说明清楚。

任务实施

1. 以小组为单位，以下产品已达成一个 20 尺集装箱的贸易合同量，请为他们设计包装要求（从内包装至装入集装箱）：

特级普洱茶、冻鸡翅、电冰箱、烟花爆竹、鸡公瓷碗、高档西装、车厘子、笔记本电脑、葡萄酒、书籍、鲜花、食用花生油。

包装设计评分表

2. 某出口企业向日本丸红株式会社（MARUBENI）出口生抽、老抽、面条等货物，总共装 1×20FCL 集装箱，具体数量如下：

①生抽王 750G×24Bottle　150 箱　　②老抽王 500ML×24Bottle　150 箱

③鲜炸鲮鱼 227G×48TIN　200 箱　　④面条 500G×24BAGS　200 箱

合同号为 abc2347，目的港为 Tokyo，请制作出口唛头。

3. 2002 年世界杯期间，日本一进口商为了促销运动饮料，向中国出口商订购 T 恤衫，要求以红色为底色，并印制“韩日世界杯”字样，此外不需印制任何标识，以及在世界杯期间作为促销手段随饮料销售赠送现场球迷，合同规定 2002 年 6 月 10 日为最后装运期，我方组织生产后于 6 月 15 日将货物按质按量装运出港，并备齐所有单据向银行议付货款。然而货到时由于日本队止步于 16 强，日方估计到可能的积压损失，以单证不符为由拒绝赎单，在多次协商无效的情况下，我方只能将货物运回以在国内销售减少损失，但是在货物途经海关时，海关认为由于“韩日世界杯”字样及英文标识的知识产权为国际足联所持有，而我方外贸公司不能出具真实有效的商业使用权证明文件，所以海关以侵犯知识产权为由扣留并销毁了这一批 T 恤衫。请分析：海关的处理是否正确？

4. 出口商品已刷制唛头，目的港通关时，海关未发现而要求买方补制，买方照办后要求我方赔偿其支出的费用。对此我方应如何处理？

强化训练

1. 请代表李林设计这批皮包的包装方式。

货号：WHD-090138

产品尺寸：50 cm × 40 cm × 10 cm

颜色：灰色，米白色，黑色

包装：混装

2. Fashion 公司要求在每个皮包上挂 D&G Logo，并提供了 Logo 模板和条形码模板，请问 HL 公司该如何做？

知识拓展—中心包装与定牌生产

学习任务二　合同包装条款制定

学习目标

知识目标

1. 了解国际贸易合同包装条款的基本内容。
2. 熟悉《公约》对包装条款的规定。

能力目标

能合理、正确订立合同的包装条款。

素养目标

具备较强的理解能力及实践能力，能够掌握商品常见的包装条款，并运用到自己处理的实际商品中，实现商业变现。

建议学时

学习任务二建议 1 学时。

相关知识点

在国际贸易中，如何进行商品包装需要包装条款来约束。作为合同的重要组成部分之一，包装条款在订立时应该要明确具体。而在实际履行中，更要严格按照包装条款来对货物进行包装，注意细节上的处理。

一、包装条款的基本内容

国际贸易中的包装条款主要包括包装材料、包装方式、包装费用和包装标志等内容。

（1）包装材料，即包装所用的材料，其中包括金属、塑料、木材、玻璃、陶瓷、竹、麻制成品等。

（2）包装方式，即包装用料、尺寸、数量、重量、填充物和加固条件等。不论是运输包装还是销售包装，其方式多种多样。采用何种包装方式，应根据商品特性、销售习惯和市场需要等因素，约定具体的包装方式并在合同中予以明确的规定。

（3）包装费用。包装费用一般在包装之内，所以在合同中无须另行说明，若是买方有特殊需求，那么由此产生的超过原标准的包装费用应由买方负担，并在合同中具体规定买方应负担的金额和支付的办法。若约定由买方提供包装，则应订明买方提供包装的时间，以及包装未能及时提供而影响货物发运时所应承担的责任。

（4）运输标志。为保证货物安全、迅速、准确地交给收货人，在运输包装上需要书写、压印、印刷唛头及其他相关标志，在销售包装上一般也附有装潢画面和文字说明等标志，交易双方商定包装条件时，对这些标志也应事先谈妥，并在合同中予以订明。

二、包装条款的注意事项

为订好包装条款，使合同顺利履行，在商订包装条款时，需要注意下列事项。

1. 注意有关国家的法律规定以及各国当地的风俗习惯

各国都规定了有关包装的法律条例，凡进口商品必须遵守其规定，否则便不允许进口或禁止在市场上销售。比如，有些国家不允许使用玻璃和陶瓷做包装材料；有些国家规定凡直接接触商品的包装、标签纸上只要发现有荧光物质，一律禁止进口等。此外，还要符合各国的风俗习惯。

2. 注意有关国家的消费水平、消费习惯和客户的具体要求

由于各国经济、文化背景不同，消费水平和消费习惯互有差异，所以客户对包装式样、包装材料、包装规格及文字说明等方面有着不同的要求，如有些客户要求同时使用英文和法文两种字贴头等。因此在洽商交易和订立合同时，应尽可能考虑其要求，以利于合同的顺利履行。

3. 不宜轻易接受按某些国家式样包装的条件

采用按某国家式样包装的条件增加了履约的难度，又容易引起争议，故在包装条款中，一般不轻易接受此种条件。

4. 在不影响包装质量的前提下注意节省包装费用

交易双方在商订包装条款时，除考虑商品特点、运输要求和有关法律规定外，在选用包装材料、确定包装方式和包装规格等方面，还应考虑有利于节省包装费用和减少其他费用的开支。

5. 包装条件应明确、具体

为合同顺利履行，包装条款应明确具体，如系麻袋包装，应订明是一层还是二层，是新的还是旧的。若一项商品有两种或两种以上包装方法，应明确由哪方进行选择，以利于合同的顺利履行。

任务实施

请识读以下合同中的包装条款：

1. Each piece in a polybag，half dozen in a box and 10 dozens in a wooden case.
2. In gunny bags of 50 kgs each，gross for net.
3. special packing fee US$100.00 for buyer's account.
4. Buyer's labels must reach sellers one month before the time of shipment.
5. The above goods are in neutral packing, inside and outside packing without showing the word "made in China".
6. Goods are in neutral packing and buyer's labels must reach the seller 45 days before the

month of shipment.

7. In cartons, each consisting of 4 boxes, each box is about 9 pounds, each piece waxed, wrapping paper.

8. Cargo should be packed in new iron drums suitable for ocean transportation.

强化训练

请根据 HL 公司设计的皮包包装方式，经与 Fashion 公司谈判确认后，制定合同的包装条款。

知识拓展—全球各国产品包装规定和禁忌

项目七课后自测

学习项目八 订立合同装运条款

学习目标

知识目标

1. 了解国际货物运输的各种运输方式，了解国际多式联运。
2. 熟悉海运提单等各种运输单据。
3. 理解分批装运和转运。
4. 熟悉《公约》对装运条款的规定。

能力目标

1. 能够结合货物的特点及运输条件等选择合适的运输方式，能够计算班轮运费。
2. 能正确、完整绘制进出口海运流程图。
3. 能订立合同装运条款。

素养目标

1. 具备资源整合能力，在市场众多运输方式与承运人中，选择快捷、经济、安全的运输方式。
2. 初步养成以专业国际货运代理安排国际货物运输的视角处理业务的职业素养。

建议学时

学习项目八建议 12 学时。

工作情景描述

HL 公司向美国 Fashion 公司出口的皮包，按照谈判结果，装运期为 2019 年 12 月。HL 公司应该如何拟定合同装运条款？CIF 条款，应由公司支付运费，应支付多少呢？

学习任务与活动

学习任务一　国际货物运输方式认知

学习任务二　进出口海运流程与运输单据认知

学习任务三　合同装运条款制定

项目八思维导图

学习任务一　国际货物运输方式认知

学习目标

知识目标

1. 了解国际货物运输的各种运输方式。
2. 了解国际多式联运。
3. 掌握国际海运的两种方式：班轮运输与租船运输。
4. 掌握班轮运输运费构成、特点及计算方法。

能力目标

1. 能够正确计算班轮运费。
2. 能操作集装箱运输业务。

素养目标

能够结合货物的特点及运输条件等选择合适的运输方式。

建议学时

学习任务一建议 6 学时。

相关知识点

一、海洋运输

海洋运输是指使用船舶通过海上航道在不同国家和地区的港口之间运送货物的一种方式，是国际货物运输中最主要的运输方式。目前，国际贸易总运量中的 2/3 以上，中国进出口货运总量的约 90%都是利用海洋运输。

与其他运输方式相比，海洋运输具有下列显著优点：

（1）通过能力强。海洋运输可以利用四通八达的天然航道，它不像火车、汽车那样受到轨道和道路的限制。如果政治、经济、军事等条件发生变化，还可随时改变航线驶往便于装卸的目的港。

（2）运量大。由于船舶向大型化发展，海洋运输船舶的运载能力远远大于火车、汽车和飞机，它是载运能力最大的运输工具。一艘万吨船舶的载重量相当于 250~300 个车皮的载重量。

（3）运费低。因为海上货物运输航道为天然形成且海洋运量大、航程远，所以货物的单位运输成本相对低廉。

（4）对货物的适应性强。各种专业化的运输船舶（如油船、液化气船、冷藏船等）相继问世，使船舶的专业化更强。

海洋运输也存在不足之处：

（1）海洋运输受气候和自然条件的影响较大，航期不易准确且风险较大。

（2）涉及当事人多，法律关系复杂。

（3）海洋运输的速度也相对较慢。

按照船舶经营方式的不同，海洋运输可分为班轮运输和租船运输。

（一）班轮运输

班轮运输（Liner Transport）又称定期船运输，是指轮船按照预定的航行时间表，在固定的航线和港口往返航行，从事客货运输业务，并按事先公布的费率收取运费的运输方式。

1. 班轮运输的特点

（1）“四固定”。船船按照固定的船期表、沿着固定的航线和港口来往运输，并按相对固定的运费率收取运费。

（2）“四负责”由船方负责装卸、配载作业及其费用，船货双方也不计算滞期费和速遣费。

（3）船货双方的权利义务与责任豁免，以船方签发的提单条款为依据。

（4）班轮承运货物的品种、数量比较灵活，货运质量比较有保证，而且一般在班轮码头仓库交接货物，故为货主提供了便利和良好的服务。

2. 班轮运费的计收依据与计收标准

班轮运费包括基本运费和附加费两部分。

（1）基本运费。

基本运费是指货物从装运港到卸货港所应收取的基本运费,它是全程运费的主要构成部分。基本运费按班轮运价表规定的计收标准计收。班轮运价表一般包括货物分级表、各航线费率表、附加费率表、冷藏货及活牲畜费率表等。不同的班轮公司或班轮公会各有不同的班轮运价表。目前，我国海洋班轮运输公司使用的是等级运价表，即将承运的货物分为若干等级（一般分为20个等级），每一等级的货物有一个基本费率，其中1级费率最低，20级费率最高。在班轮运价表中，根据不同的商品，通常采用下列几种运费计收标准：

① 按货物毛重，又称重量吨（Weight Ton）计收运费，运价表中用W表示。

② 按货物的体积或容积，又称尺码吨（Measurement Ton）计收，运价表中用M表示。

③ 按毛重或体积计收，由船公司选择其中收费较高的作为计费吨，运价表中以W/M 表示。按此计价时，应以积载系数确定其是重货还是轻货。积载系数由货物的毛重与体积的比例数确定。积载系数大于1的为重货，按重量计征；反之为轻货，按体积计征。这种计算方法，在国际贸易业务中使用较多。上述计算运费的重量吨和尺码吨统称为运费吨（Freight Ton）或计费吨。国际上一般都采用国际单位制（公制），重量单位为公吨（Metric Ton，缩写为M/T），尺码单位为立方米（Cube meter，缩写为M），计算运费时，1立方米作为1尺码吨。

④ 按商品价格计收，又称从价运费，运价表中用AV或Ad Val表示。从价运费一般按货物的FOB价格的百分之几收取。贵重物品大多按此计收。

⑤ 在货物重量、尺码或价值三者中选择最高的一种计收，运价表中用W/M or Ad Val表示。

⑥ 按货物重量或尺码选择最高者，然后再加收一定百分比的从价运费，运价表中用 W/M plus Ad Val 表示。

⑦ 按每件货物作为一个计收单位收费，运价表中以 Per Unit，Per Head 等表示。如活牲畜按每头收费，车辆按每辆收费。

⑧ 临时议定价格，即由货主和船公司临时协商议定，运价表中用 Open 表示。通常适用于承运粮食、豆类、矿石、煤炭等运量较大、货值较低、装卸容易、装卸速度快的农副产品和矿产品，议价货物的运费率一般较低。

（2）附加费。

附加费是指对一些需要特殊处理的货物，或由于突发事件或客观情况变化等而需另外加收的费用。附加费的计算办法，有的是在基本运费的基础上加收一定百分比，有的是按每运费吨加收一个绝对数。附加费名目繁多，而且会随着航运情况的变化而变动。在班轮运输中，常见的附加费有下列几种：

① 超重附加费（Extra Charges on Heavy Lifts），指由于货物单件重量超过一定限度而加收的一种附加费。

② 超长附加费（Extra Charges on Over Length），指由于单件货物的长度超过一定限度所收的一种附加费。

③ 选卸港附加费（Additional for Optional Destination）。有时由于某种原因，托运人在办理托运手续时不能确定具体的卸货港，仅在班轮停靠港中列出两个或两个以上卸货港待选择。此时，班轮公司要收取选港附加费，并且要求货方在船舶抵达第一卸货港前 48 小时向船方宣布，否则船方可以按船舶靠港顺序在第一个选卸港或任何一个船方认为方便的选卸港卸货。

④ 直航附加费（Additional on Direct），指船公司应托运人的要求，将一批货物直接从装运港运抵该航线上的某一非基本港口时所加收的附加费。通常托运人只有交运一定数量（如 1000 吨以上）的货物，船公司才同意船舶直航非基本港口，并按规定加收直航附加费。

⑤ 转船附加费（Transshipment Additional）。如果货物需要转船运输，船公司必须在转船港口办理换装和转船手续，由于上述原因所增加的费用，称为转船附加费。

⑥ 港口附加费（Port Additional）。由于某些港口的情况比较复杂，装卸效率较低或者港口收费率较高等原因，船公司特此加收一定的费用，称为港口附加费。

⑦ 燃油附加费（Bunker Surcharges or Bunker Adjustment Factor），指燃油价格突然上涨时加收的费用。

⑧ 绕航附加费（Deviation Surcharge），指由于正常航道受阻不能通行，船舶必须绕道才能将货物运至目的港时，船方加收的附加费。

⑨ 货币贬值附加费（Devaluation Surcharge），指在货币贬值时，船方为使实际收入不减少，按基本运价的一定百分比加收的附加费。

⑩ 变更卸货港附加费（Additional for Alteration of Destination）。在船舶驶离装货港后，提单持有人提出要求，班轮公司同意后可以变更卸货港。但要向货方收取变更卸货港附加费，按货物的运费吨计收。

（3）班轮运费的计算步骤。

① 根据货物名称在货物分级表中查出相应的运费计算标准和货物等级。

② 在等级费率表的基本费率部分，找到相应的航线、起运港和目的港，按货物等级查到基

本运费率，计算出基本运费。

③ 再根据附加费率表查出所有应收（付）的附加费项目和数额（或百分比）及货币种类，应该注意的是，计算货币贬值附加费时必须同时考虑基本运费和其他附加费。

④ 基本运费与各项附加费之和即某种货物运往指定目的地的运费。

【例 8-1】某公司出口到海湾国家 A 商品 100 箱，每箱的体积为 30cm×60cm×50cm，毛重为 40 千克，经查该商品货物分级表规定计费标准为 W/M，等级为 9 级，基本运费为每运费吨 109 美元，另收燃油附加费 20%、港口拥挤费 20%、货币贬值附加费 10%。试计算该批货物的运费是多少美元？

提示：按体积计算运费。

$$总运费=109\times（1+20\%+20\%+10\%）\times 100\times 0.09 = 1471.50（美元）$$

（二）租船运输

租船运输（Shipping by Charting）又称不定期船运输，是指租船人向船东租赁船舶用于货物运输的海洋运输方式。租船运输适用于大宗货物运输，经由航线和停靠港口、运输货物的种类以及航行的时间等，都按照承租人的要求，由船舶所有人确认，运费或租金也由双方根据租船市场行情在租船合同中约定。租船人与出租人之间的权利义务由双方签订的租船合同确定。

1. 租船运输的方式

（1）定程租船（Voyage Charter）又称航次租船，指船舶所有人负责提供船舶，在指定港口之间进行一个航次或数个航次，承运指定货物的租船运输。船舶所有人与租船人双方的责任、义务以定程租船合同为准。定程租船按其租赁方式的不同分为单程租船（又称单航次租船）、来回航次租船、连续航次租船、包运合同租船。

（2）定期租船（Time Charter）又称期租船，指由船舶所有人按照租船合同的约定，将一艘特定的船舶在约定的期间交给承租人使用的租船方式。船舶所有人与租船人双方的责任、义务以定期租船合同为准。

（3）光船租船（Bareboat Charter），指船舶所有人将船舶出租给承租人使用一个时期，但船舶所有人提供的船舶是一艘空船，承租人需要自行安排船长、船员，并负责他们的给养和船舶运营管理所需要的一切费用。这种租船不具有承揽运输性质，它只相当于一种财产租赁。

租船运输方式比较图示

近年来，国际上发展起来一种介于航次租船和定期租船之间的租船方式，即航次期租（Time Charter on Trip Basis，TCT），是以完成一个航次运输为目的，按完成航次所花的时间，并按约定的租金率计算租金的方式。

2. 租船运输的运费

就外贸企业来说，使用较多的租船方式是定程租船。定程租船运费包括以下费用：

（1）定程租船运费。

定程租船运费的计算方式主要有两种：一种是按运费率（Rate Freight），即规定每单位重量或单位体积的运费额，同时规定按装船时的货物重量（Taken Quantity）或按卸船时的货物重量（Delivered Quantity）来计算总运费；另一种是整船包价（Lump Sum Freight），即规定一笔整船运费，船东保证船舶能提供的载货重量和容积，不管租方实际装货多少，一律按照整船包价付费。影响定程租船运费率高低的因素有租船市场运费水平、承运的货物价格和装卸货物所需设备和劳动力、运费的支付时间、装卸费的负担方法、港口费用高低及船舶经纪人的佣金高低等。应付运费时间是指船主收到运费的时间，而不是租船人付出运费的时间。

（2）定程租船的装卸费。

定程租船运输情况下，有关货物的装卸费用由租船人和船东协商确定后在定程租船合同中做出具体规定。其具体做法主要有以下四种：

① 船方负担装货费和卸货费，又称“班轮条件”（Gross Terms，Liner Terms 或 Berth Terms），在此条件下，船货双方一般以船边划分费用，多用于木材和包装货物的运输。

② 船方管装不管卸（Free Out，FO），即船方负担装货费，但不负担卸货费。

③ 船方管卸不管装（Free In，FI），即船方负担卸货费，而不负担装货费。

④ 船方装和卸均不管（Free In and Out，FIO），即船方既不负担装货费，也不负担卸货费。这种条件一般适用于散装货，采用这一规定方法时，还需明确规定理舱费和平舱费由谁负担，一般均由租船人负担，这称为“船方不管装卸，理舱和平舱”（Free In and out Stowed and Trimmed，FOST）条款。

二、铁路运输

铁路运输（Rail Transport）是仅次于海洋运输的主要运输方式。铁路运输有许多优点：一般不受气候条件的影响，可保障全年的正常运输，运输过程中可能遭受的风险也较小；运量大，速度快；办理铁路货运手续比海洋运输简单。但铁路运输也有其缺点：铁路建设初期投资大，铁路运输需要铺设轨道，建路工程艰巨复杂，需要消耗大量原材料。

铁路运输分为国际铁路货物联运和国内铁路货物运输两种。国际铁路货物联运是指使用一份统一的国际联运票据，由铁路负责经过两国或两国以上的全程运送，由一国铁路向另一国铁路移交货物时，不需要发货人和收货人参加的货物运输方式。国内铁路运输是指仅在本国范围内，并按国内铁路货物运输规定办理的货物运输。

三、航空运输

航空运输（Air Transport）是一种现代化的运输方式，具有运输速度快、货运质量高、不受地面条件限制等优点。最适宜运送急需物资、鲜活商品、精密仪器和贵重物品。航空运输主要有以下四种运输方式。

1. 班机运输（Scheduled Airline）

班机是指在固定时间、固定航线、固定始发站和目的站运输的飞机，适用于运送急需物品、鲜活商品以及节令性商品。

2. 包机运输（Chartered Carrier）

包机运输是指包租整架飞机或由几个发货人（或航空货运代理公司）联合包租一架飞机来运送货物。因此，包机又分为整包机和部分包机两种形式，前者适用于运送数量较大的商品，后者适用于多个发货人且货物到达站是同一地点的货物运输。

3. 集中托运（Consolidation）

集中托运是指航空货运公司把若干单独发运的货物（每一货主货物要出具一份航空运单）组成一整批货物，用一份总运单（附分运单）整批发运到预定目的地，由航空公司在那里的代理人收货、报关、分拨后交给实际收货人。集中托运的运价比国际空运协会公布的班机运价低7%~10%。因此，发货人比较愿意将货物交给航空货运公司安排。

4. 航空急件传送（Air Express Service）

航空急件传送是目前国际航空运输中最快捷的运输方式。它不同于航空邮寄和航空货运，而是由一个专门经营此项业务的机构与航空公司密切合作，设专人用最快的速度在货主、机场、收件人之间传送急件，被称为“桌到桌运输”（Desk to Desk Service），适用于急需的药品、医疗器械、贵重物品、图纸资料、货样及单证等的传送。

航空运输货物的运价是指承运人为运输货物对规定的重量单位或体积单位收取的费用，是从启运机场至目的机场的空中费用，不包括其他额外费用（如提货、仓储费等），并且只适用于单一方向。航空货物运价主要有四类：一般货物运价、指定商品运价、货物的等级运价、集装箱货物运价。运费是指根据适用运价计算出的发货人或收货人应当支付的该批货物的运输费用。货物体积小重量大时，按实际重量计算；体积大重量小时，按体积计算。

四、大陆桥运输

大陆桥运输（Land Bridge Transport）是指使用横贯大陆的铁路（公路）运输系统，作为中间桥梁，把大陆两端的海洋连接起来的集装箱连贯运输方式。大陆桥运输的优越性体现在：缩短运输里程、加快运输速度、降低运输费用、简化作业手续、保证运输安全。

大陆桥运输是集装箱运输开展以后的产物，始于 1967 年，发展到现在已形成西伯利亚大陆桥、新亚欧大陆桥和北美大陆桥三条大陆桥运输路线。

1. 西伯利亚大陆桥

西伯利亚大陆桥，利用俄罗斯西伯利亚铁路作为桥梁，把太平洋远东地区与波罗的海和黑海沿岸以及西欧大西洋口岸连接起来。它是世界上最长的运输陆桥。

2. 新亚欧大陆桥

新亚欧大陆桥于 1992 年投入运营，东起我国连云港，经陇海线、兰新线，接北疆铁路，出阿拉山口，最终抵达荷兰鹿特丹、阿姆斯特丹等西欧主要港口。

3. 北美大陆桥

北美大陆桥包括美国大陆桥运输、加拿大大陆桥运输。美国大陆桥有两条运输线路：一条是从西部太平洋沿岸至东部大西洋沿岸的铁路和公路运输线；另一条是从西部太平洋沿岸至东南部墨西哥湾沿岸的铁路和公路运输线。加拿大大陆桥起自加拿大太平洋沿岸的温哥华，终止于接近大西洋沿岸的蒙特利尔。

五、公路运输

公路运输（Road Transportation）是一种现代化的运输方式，它不仅可以直接运进或运出对外贸易货物，也是车站、港口和机场集散进出口货物的重要手段。

公路运输机动灵活、适应性强，在中短途运输中，速度较快，可实现“门到门”的运输，易掌握车辆驾驶技巧。但是其载货量有限，运输成本高，运行持续性差，安全性低。

六、内河运输

内河运输（Inland Water Transportation）是指使用船舶通过国内江河湖泊等天然或人工水道运送货物的运输方式，是连接内陆腹地与沿海地区的纽带。内河运输通过能力大、运费便宜、节省能源、占地少。适宜运输大件货物，但是受天然河道的分布和走向的限制。

七、邮政运输

邮政运输（Parcel Post Transport）是指通过邮局寄交进出口货物的运输方式，适用于重量轻、体积小的货物传递。

国际邮政运输具有国际多式联运和“门到门”运输的性质，各国邮政部门之间订有协定和公约，通过这些协定和公约，各国的邮件包裹可以互相传递，从而形成国际邮包运输网，邮件的国际传递由各国的邮政部门负责办理。邮政运输手续较简便，只要卖方根据买卖合同中约定的条件和邮局的有关规定，向邮局办理寄送包裹手续，付清邮费取得收据，就完成交货任务。邮件到达目的地后，收件人可凭邮局到件通知向邮局提取。

近年来，特快专递业务迅速发展。国际快递业务的主要承运人有：国际特快专递（International Express Mail Service，EMS）、联合包裹服务公司（United Parcel Service，UPS）、TNT 集团。

八、管道运输

管道运输（Pipeline Transportation）是货物在管道内借助高压气泵的压力输往目的地的一种运输方式，主要适用于运输液体和气体货物。它具有运输成本低、运量大、不受气候和地面其他因素限制的优点，但是管道运输固定投资大、运输货物过专。

管道运输在美国、欧洲的许多国家以及石油输出国组织（OPEC）的石油运输方面起到了积极的作用。

九、集装箱运输

集装箱是指具有一定强度、刚度和规格的专供周转使用的大型装货容器。使用集装箱转运货物，可直接在发货人的仓库装货，运到收货人的仓库卸货，中途更换车、船时，无须将货物从箱内取出换装。集装箱运输（Container Transport）以集装箱作为运输单位，是一种结合铁路运输、陆路运输、运河运输以及海上运输等货运方式的组合式的货物发送方式。

目前，集装箱海运已经成为国际主要班轮航线上占有支配地位的运输方式。在我国，集装箱海运已经成为普遍采用的一种重要的运输方式。

（一）集装箱运输的特点

同其他运输方式相比，集装箱运输具有优越性：

（1）集装箱运输有利于提高装卸效率，加速车船周转，从而提高港口吞吐能力；

（2）集装箱运输大大减少了传统运输方式中人力装卸、搬运的次数，这就可以避免人为因素造成的货物损坏、偷窃、污染的发生，提高了货运质量；

（3）集装箱运输有助于节省包装材料、减少运杂费用，降低运转费用；

（4）集装箱运输能节约劳动力，改善劳动条件；

（5）集装箱容积大，具有足够的强度，能长期、反复使用，规格标准，在港口和船上可以层叠摆放，节省大量空间；

（6）集装箱运输更有效地利用运输能力，并把传统单一运输串联为连贯的成组运输，从而促进国际多式联运的发展。

（二）集装箱运输货物的交接

集装箱运输有整箱货和拼箱货之分。整箱货（Full Container Load，FCL）由货方在工厂或仓库进行装箱后直接运交集装箱堆场（Container Yard，CY）等待装运，货到目的地后，收货人可直接从目的地集装箱堆场提走。拼箱货（Less Than Container Load，LCL）是指货量不足一整箱，需由承运人在集装箱货运站（Container Freight Station，CFS）负责将不同发货人的少量货物拼在一个集装箱内，运到目的地后，由承运人拆箱分拨给各收货人。集装箱货物交接方式有以下几种：

（1）门到门（Door to Door）：承运人在发货人工厂或仓库接货，在收货人工厂或仓库交货。

（2）门到场（Door to CY）：由发货人货仓或工厂仓库至目的地或卸箱港的集装箱装卸区堆场。

（3）门到站（Door to CFS）：由发货人货仓或工厂仓库至目的地或卸箱港的集装箱货运站。

（4）场到门（CY to Door）：由起运地或装箱港的集装箱装卸区堆场至收货人的货仓或工厂仓库。

（5）场到场（CY to CY）：由起运地或装箱港的集装箱装卸区堆场至目的地或卸箱港的集装箱装卸区堆场。发货人整箱交货，收货人整箱接货。

（6）场到站（CY to CFS）：由起运地或装箱港的集装箱装卸区堆场至目的地或卸箱港的集装箱货运站。

（7）站到门（CFS to Door）：由起运地或装箱港的集装箱货运站至收货人的货仓或工人仓库。

（8）站到场（CFS to CY）：由起运地或装箱港的集装箱货运站至目的地或卸箱港的集装箱装卸区堆场。

（9）站到站（CFS to CFS）：由起运地或装箱港的集装箱货运站至目的地或卸箱港的集装箱货运站。发货人拼箱交货，收货人拼箱接货。

（三）集装箱运输的费用

最低运费（Minimum Freight）的计算方法是：对于拼箱货，在每一航线上各规定一个最低运费额，任何一批货物，其运费金额低于规定的最低运费额时，均需按最低运费金额计算；整箱货的最低运费标准不是金额而是运费吨。凡是整箱托运的货物，为避免运费的收入不够运费成本，对不同规格的集装箱分别规定计收运费的最低运费重吨和尺码吨。如果实际运费低于最低运费，则运费按最低运费计算。

最高运费（Maximum Freight）是专用于海上集装箱运输计算运费的一种方法。为了鼓励用集装箱运输并且最大限度地利用集装箱内部容积，船公司一般为各种规格、类型的集装箱规定一个以容积折算的最高运费吨。目前，国际上对最高计费吨的规定一般是：20 英尺集装箱为 31 立方米，40 英尺集装箱为 67 立方米。如果整箱货实际装箱货物的尺码超过规定的最高运费吨时，仍按最高运费吨计算，超过部分不计运费。

在集装箱运输中，有时一个集装箱内装几种货类，而货物有可能分属不同的运费等级，其运费按不同的情况分别计算：如果货主未提供资料，则按最高运费吨和箱内运费等级最高的费率计算运费；在整箱货运情况下，如果货主仅提供部分货物的计算运费资料，则这部分货物的运费按规定的等级和费率计算运费，其余未提供资料的货物的运费，则按最高计费吨减去已提供资料的货物的运费吨计算。如果这部分货物的计费等级或费率又有差异，则按其中最高费率计算。

集装箱除上述基本运费外，还包括为集装箱服务和管理的费用，诸如拆箱和装箱费、滞期费、堆存费、交接费等。这些费用的负担，视托运条件、当地规定和习惯做法而有所不同。

十、国际多式联运

国际多式联运是在集装箱运输的基础上产生和发展起来的综合性的连贯运输方式。以集装箱为媒介，把海陆空各种传统的单一运输方式有机结合起来，组成国际连贯运输。

（一）国际多式联运的含义

国际多式联运（International Multimodal Transport 或 International Combined Transport）是指按照多式联运合同，以至少两种不同的运输方式，由多式联运经营人把货物从一国境内接运货物的地点运至另一国境内指定交付货物的地点。构成多式联运，应具备下列条件：

（1）有一个多式联运合同，合同中明确规定多式联运经营人和托运人之间的权利、义务、责任和豁免。

（2）多式联运是国家与国家之间两种或两种以上不同运输方式的连贯运输。

（3）使用一份包括全程的多式联运单据，并由一个多式联运经营人对全程运输负总的责任。

（4）多式联运是国家与国家之间的货物运输。

（5）全程单一运费费率，包括全程各段运费的总和、经营管理费、合理利润。

（二）国际多式联运获得发展的原因

国际多式联运获得发展的原因：集装箱运输及其设施不断增多；市场更加全球化，商人在低成本市场生产并向附近市场配送；电子数据交换技术促进了国际物流管理与控制航空、铁路、海运、内河等运营商之间的合作并日益紧密。

（三）应对国际多式联运的战略

从根本上讲，适应国际多式联运的战略是以市场和技术为导向的。托运人和运营商必须不断研究贸易模式及趋势。在此运输模式下，环太平洋地区、中国和印度都面临巨大机遇。

任务实施

1. 国际货物运输是国际贸易的一个重要组成部分。国际货物运输有多种方式。请查阅资料，比较水运、空运、铁路运输、公路运输、管道运输 5 种运输方式的优缺点。

2. 我国 A 公司向马来西亚 B 公司出口箱装货共 300 箱，该商品总重量为 7.5 公吨，总体积 9 立方米，原报价每箱 250 美元 CFR Klang，现买方要求改报为 FOBC 5% Xingang，如接受买方要求，我方应报价多少？经查该商品海运运费按 W/M 计收，每运费吨基本运费率 200 美元，另加收燃油附加费 30%、港口附加费 20 美元/运费吨。（计算结果保留两位小数）

3. 某出口公司出口货物对外报价 FOB Xingang，每公吨 500 港元。外商要求改报 CIF Hongkong 价。业务人员在查阅运价表时见该商品每运费吨为 50 港元，并匡算保险费为 6 港元，便以 CIF 每公吨 556 港元对外报价，结果成交 150 公吨到装运时发现运价表上运费吨 50 港元是指尺码吨，不是重量吨，因商品积载系数为 2.5/1（立方米/公吨），请计算该公司运费损失多少？

强化训练

HL 公司出口皮包 5400 个，12 个入纸箱装，每箱 50cm×50cm×35cm，毛重为 25 千克，经查该商品货物分级表规定计费标准为 W/M，等级为 7 级，基本运费为每运费吨 60 美元，另收燃油附加费 20%、港口拥挤费 20%、直航附加费 100 美元。试为 HL 公司计算运费。

学习任务二　进出口海运流程与运输单据认知

学习目标

知识目标

1. 了解各种运输单据。
2. 理解海运单。
3. 掌握海运提单。

能力目标

能绘制进出口海运流程图，并实际完成进出口海洋货物运输操作环节。

素养目标

具备社会实践的能力，正确、合理使用各种运输单据。

建议学时

学习任务二建议 3 学时。

相关知识点

一、进出口海洋运输流程

海洋运输是国际贸易中最主要的运输方式。国际贸易总运量中的三分之二以上，我国绝大部分进出口货物，都是通过海洋运输方式运输的。进出口海洋运输流程就是外贸进出口工作人员在进出口运输工作中（海运）所进行的一系列活动的有序组合。不同公司的进出口海运流程不尽相同，总体归纳如下。

1. 进口海运流程

签订进口合同确定进口货物；联系运输公司安排货物运输事宜；船代公司与收货人确认名称、件数、体积等资料；货物运抵中国指定口岸，到船代公司办理换、提货单手续；报关公司向检疫局进行报检工作；拖车公司办理提货手续，提货。

2. 出口海运流程

向货代或船公司租船订舱；船公司向进出口商或货代确认订舱；船方安排装货计划；安排内陆运输；货物进堆场；报关/通关；装船出运；签发提单；结汇提货。

二、运输单据

运输单据是承运人收到承运货物后签发给托运人的证明文件，它是交接货物、处理索赔与理赔以及向银行结算货款或进行议付的重要单据。在国际货物运输中，运输单据的种类很多，主要包括海运提单、铁路提单、承运货物收据、航空运单、多式联运单据和邮政收据等。

（一）海运提单

海运提单（Ocean Bill of Lading，B/L），简称提单，是由承运人或其代理人签发给托运人的证明海上运输合同和货物由承运人接管或装船，以及承运人据以保证交付货物的凭证。

1. 海运提单的性质和作用

海运提单的性质和作用可以概括为以下三个方面：

（1）海运提单是承运人或其代理人出具的货物收据。

海运提单是承运人成其代理人应托运人的要求向其签发的收据，确认已经收到提单所载货物并已装船，或已接管货物以待装船，并按提单所载事项，向收货人交付货物

（2）海运提单是代表货物所有权的物权凭证。

提单是货物所有权的凭证，提单在法律上具有物权证书的作用，船货抵达目的港后，承运人应向提单的合法持有人交付货物。提单可以通过背书转让，从而转让货物的所有权。

（3）海运提单是运输合同或契约的证明。

提单条款明确规定了承运人、托运人及船方之间的权利和义务，责任与豁免，是处理他们之间争议的法律依据。但提单本身并不是运输合约，提单是在运输合约成立以后签发的，只是运输契约的证明。

2. 海运提单的格式和内容

每个船公司自己设计制作的提单格式存在不少差异，但基本内容大致相同，一般包括提单正面的记载事项和提单背面印就的运输条款。

（1）提单正面的内容。

提单正面的记载事项，分别由托运人和承运人或其代理人填写，通常包括下列事项：①托运人；②收货人；③被通知人；④收货地或装货港；⑤目的地或卸货港；⑥船名及航次；⑦唛头及件号；⑧货名及件数；⑨重量和体积；⑩运费预付或运费到付；⑪正本提单的份数；⑫船公司或其代理人的签章；⑬签发提单的地点及日期。

值得注意的是，承运人签发的正本提单一式多份，凭其中任何一份提货后，其余各份均失效。

（2）提单背面的条款。

在班轮提单背面，通常都有印就的运输条款，这些条款是作为确定承运人与托运人之间、承运人与收货人及提单持有人之间的权利和义务的主要依据。提单中的运输条款，起初是由船方自行规定的，后来由于船方在提单中加列越来越多的免责条款，使货方的利益失去保障，并降低了提单作为物权凭证的作用。为了缓解船、货双方的矛盾并照顾到船、货双方的利益，国际上为了统一提单背面条款的内容，曾先后签署了有关提单的国际公约，其中包括：1924 年签署的《关于统一提单的若干法律规则的国际公约》，简称《海牙规则》（*The Hague Rules*）；

1968 年签署的《布鲁塞尔议定书》，简称《维斯比规则》（*The Visby Rules*）；1978 年签署的《联合国海上货物运输公约》，简称《汉堡规则》（*The Humburg Rules*）。由于上述三项公约签署的历史背景不同，内容不一，各国对这些公约所持有的态度也不相同。因此，各国船公司签发的提单背面条款也就互有差异。

海运提单样单

3. 海运提单的种类

海运提单可以从不同角度予以分类，主要有以下几种分类方法（见表 8-1）。

表 8-1　海运提单的分类

分类标准	分类	详细说明
根据提单签发时，货物是否已装船	已装船提单（On Board B/L，Shipped B/L）	指承运人已将货物装上指定船舶后所签发的提单。提单上必须标明货物所装船舶的船名、装船日期，同时还应由船长或其代理人签字。已装船表示货物已出运，收货人可以根据提单日期推算货物的到岸日期，以便及时提货。根据《跟单信用证统一惯例》规定，如信用证要求海运提单作为运输单据，银行将接受注明货物已装船或已装指名船舶的提单。所以，在国际贸易中，一般都要求卖方提供已装船提单
	备运提单（Received for Shipment B/L）	又称收讫待运提单，是指承运人已收到托运货物，在等待装运期间所签发的提单，提单上没有写明装船日期和装运船舶的名称。在签发备运提单情况下，发货人可在货物装船后凭以调换已装船提单；也可经承运人或其代理人在备运提单上加注“已装船”字样，注明装船日期、船舶名称，并签字证明使之成为已装船提单
根据提单上对货物或货物外包装有无不良批注	清洁提单（Clean B/L）	指不带有明确宣称货损或包装不良，或其他有碍结汇现象的文字或批注的提单
	不清洁提单（Unclean B/L）	指载有明确宣称货物或包装有缺陷的条款或批注的提单。例如，“Insufficiently Packed”（包装不牢固）、“One Case in Damaged Condition”（箱有破损）等。 根据《跟单信用证统一惯例》规定，除非信用证中明确规定可以接受的条款或批注，银行只接受清洁提单。清洁提单也是提单转让时所必备的条件
根据提单收货人抬头的不同	记名提单（Straight B/L）	指提单上的收货人栏内填明特定收货人名称，只能由该特定收货人提货，由于这种提单不能通过背书方式转让给第三方，不能流通，故其在国际贸易中很少使用
	不记名提单（Bearer B/L）	指提单收货人栏内没有指明任何收货人，只注明提单持有人（Bearer）字样，承运人应将货物交给提单持有人。承运人凭单交货，谁持有提单，谁就可以提货。不记名提单无须背书转让，流通性极强，采用这种提单风险大，故其在国际贸易中很少使用
	指示提单（Order B/L）	指提单上的收货人栏填写“凭指定”（To order）或“凭某某人指定”（To order of）字样。这种提单可经过背书转让，故其在国际贸易中广为使用背书有两种方式：“空白背书”，即背书人（提单转让人）在提单背面签名，而不注明被背书人（提单受让人）名称；“记名背书”，即背书人除在提单背面签名外，还列明被背书人名称记名背书的提单受让人如需再转让，必须再加背书，前在实际业务中使用最多的是“凭指定”并经空白背书的提单，习惯上称其为“空白抬头、空白背书”提单

续表

分类标准	分类	详细说明
根据运输方式不同	直达提单（Direct B/L）	指轮船中途不经过转船而驶往目的港所签发的提单。这类提单只注明装货港和卸货港名称，不带有“转船批注”。凡合同和信用证规定不准转船者，必须使用这种直达提单
	转船提单（Transshipment B/L）	指从装运港装货的轮船，不直接驶往目的港，而需在必须使用这种直达提单中途换装另外船舶所签发的提单。在这种提单上要注明“转船”或“在××港转船”字样
	联运提单（Through B/L）	指经过海运和其他运输方式联合运输时由第一程承运人所签发的包括全程运输的提单。它如同转船提单一样，货物在中途转换运输工具和进行交接，由第一程承运人或其代理人向下一程承运人办理。联运提单虽包括全程运输，但签发联运提单的承运人一般都在提单中规定，只承担他负责运输的一段航程内的货损责任
根据船舶营运方式的不同	班轮提单（Liner B/L）	指由班轮公司承运货物后所签发给托运人的提单
	租船提单（Charter Party B/L）	指货方租船运输时，由船长、船东或其代理人以租船合约为依据而签发的提单。这类提单受租船合同条款的约束，会注明“一切条件、条款和免责事项按照×年×月×日的租船合同”或批注“根据×租船合同出立”字样。银行或买方在接受这种提单时，通常要求卖方提供租船合同的副本
根据提单内容的繁简	全式提单（Long Form B/L）	指提单正反两面内容齐全，除提单正面内容完整外，提单的背面还列有承运人和托运人权利、义务的详细提单
	略式或简式提单（Short Form B/L）	指提单背面无条款，只列出提单正面的必须记载事项。在实务中，租船提单通常是略式提单。这种提单一般都列有“所有条件根据某年某月记载事项某日签订的租船合同”字样。这种提单与全式提单在法律上具有同等效力。但租船合同项下的略式提单，除非信用证另有规定，银行一般不予接受
根据提单使用效力不同	正本提单（Original B/L）	指提单上有承运人、船长或其代理人签名盖章并注明签发日期的提单。这种提单在法律上是有效的单据。正本提单上必须标明“正本”（Original）字样。正本提单一般签发一式两份或三份，凭其中的任何一份提货后，其余的即作废。根据《跟单信用证统一惯例》规定，银行接受仅有一份的正本提单，如签发一份以上正本提单时，应包括全套正本提单。买方与银行通常要求卖方提供船公司签发的全部正本提单，即所谓“全套”（Full Set）提单
	副本提单（Copy B/L）	指提单上没有承运人、船长或其代理人签字盖章，而仅供工作上参考之用的提单。在副本提单上一般都标明“Copy”或“Non-negotiable”（不作流通转让）字样，以示与正本提单有别
根据收取运费的方式不同	运费预付提单（Freight Prepaid B/L）	指预付运费情况下出具的提单。这种提单正面载明“运费预付”字样，付运费后才能取得提单，付费后，若货物灭失，运费不退
	运费到付提单（Freight Payable at Destination B/L）	指注明“运费到付”字样的单。货物运到目的港后只有付清运费才能提货

续表

分类标准	分类	详细说明
根据收取运费的方式不同	最低运费提单（Minimum B/L）	指对每一提单上的货物按起码收费标准收取运费所签发的提单。如果托运人托运的货物批量过少，按其数量计算的运费额低于运价表规定的起码收费标准时，承运人均按起码收费标准收取运费，为这批货物所签发的提单就是最低运费提单，也可称为起码收费提单
根据签发提单日期的不同	倒签提单（Anti-Dated B/L）	指承运人在装船后签发提单时，应托运人的要求，将提单上的签发日期提前，以符合信用证规定的装运日的提单。一般来说，倒签提单属于诈欺行为，船公司不会签出倒签提单，但若托运人的诚信度高，倒签日期在5日之内，船公司会予以考虑
	预借提单（Advanced B/L）	指货物已处于承运人的监管之下，因故未能装船或正在装船但未全部装船，由于信用证规定装运日已到，应托运人的要求而签发的提单
其他种类提单	集装箱提单（Container B/L）	指由负责集装箱运输的经营人或其代理人，在收到货物后签发给托运人的提单。集装箱提单与传统的海运提单有所不同，其中包括集装箱联运提单（Combined Transport E/L，CTB）及多式联运单据（Multimodal Transport Document MTD）等
	舱面提单（On Deck B/L）	指承运货物装在船舶甲板上所签发的提单，故又称为甲板货提单。由于货物装在甲板上风险较大，故托运人一般都向保险公司加保甲板险。承运人在签发提单时加批“货装甲板”字样。《海牙规则》不适用甲板货，除非在提单条款中明确订明。货物装在甲板上受损的风险很大，所以进口商一般不愿意货物装在甲板上，不接受甲板提单。根据《跟单信用证统一惯例》规定，除非信用证另有约定，银行不接受甲板提单
	过期提单（Stale B/L）	指错过规定的交单日期或者晚于货物到达目的港日期的提单。前者，是指卖方超过提单签发日期后21天才交到银行议付的提单，根据《跟单信用证统一惯例》规定，如信用证无特殊规定，银行将拒绝接受在运输单据签发日后超过21天才提交的单据。后者，是在近洋运输时容易出现的情况，故在近洋国家间的贸易合同中，一般都订有“过期提单可以接受”（Stale B/ L is acceptable）的条款

【例 8-2】一批货物由印度的马得拉斯港装船经新加坡转船运往温哥华，承运人签发了全程运输提单。在新加坡转船时，货物在码头等候装第二程时，在露天仓库受雨遭损。货主向承运人索赔，船方以货物不在船上而是在陆地上受损，不属于海上运输为由拒赔。请分析，承运人拒赔理由是否充分？为什么？

提示：承运人拒赔理由不充分。因为承认人签发了全程运输提单，当货物交承运人之后，承运人就必须负全部责任，不管货物在船上还是在陆地上，只要货物没交付给买方，承运人就必须负责。在这个过程中造成的损失，承运人也必须进行赔付。

（二）海运单

随着现代船舶航行速度的提高，一些近洋航线的航行时间也大大缩短。这时如果还采用提单就产生一个问题：货物已经到达目的港，提单还因为传递和银行审核而不能到达收货人手里，贻误收货人提货；伪造篡改等不法行为也给提单构成了威胁。在这样的背景下，推出了海运单。

海运单（Sea Waybill，Ocean Waybill）是证明海上运输合同和货物由承运人接管或装船，以及承运人保证据以将货物交付给单证所载明的收货人的一种不可流通的单证，因此又称“不可转让海运单”（Non-Negotiable Sea Waybill）。

海运单与海运提单性质不同。海运提单是货物收据、运输契约证明，又是物权凭证；海运单只是货物收据和运输契约的证明，不具有物权凭证的性质，因此不能流通转让。在海运单的使用中，实物交付后卖方仍有权控制货物，这与象征性交货中完全代表物权的海运提单不同。

近年来，欧洲、北美和某些远东、中东地区的贸易界越来越倾向使用不可转让的海运单，主要是因为海运单能方便进口商及时提货，简化手续，节省费用，还可以在一定程度上减少以假单据进行诈骗的现象。另外，由于电子数据交换（Electronic Data Interchange EDI）技术在国际贸易中的广泛使用，不可转让海运单更适用于电子数据交换信息。1990 年国际海事委员会曾通过《1990 年国际海事委员会海运单统一规则》，该规则适用于不使用可转让提单的运输合同，适用于全部海运的运输合同和含有海运的多式联运合同。

（三）电子提单

电子提单（e-B/L），是指通过 EDI 对海运途中的货物支配权进行转让的程序。运用 EDI 系统后，托运和承运行为都是通过 EDI 网络连接的计算机系统来进行，待货物装上船后，承运人计算机向托运人计算机发出确认信息，整个过程都通过计算机完成，承运人和托运人签订的是电子提单。

电子提单不同于传统提单，它是无纸单证，即按照一定规则组合而成的电子数据。各有关当事人凭密码通过 EDI 进行电子提单相关数据的流转，既解决了因传统提单晚于船舶到达目的港不便于收货人提取货物的问题，又具有一定的交易安全性，因而有着广阔的应用前景。

（四）铁路运单

铁路运单（Railway Bill）是由铁路承运人签发的货运单据，是收、发货人同铁路部门之间的运输契约。铁路运单正本随货物自始发站运至终点站，最后在终点站由收货人付清应由其负担的运杂费用后，连同货物由终点站交给收货人。运单副本由铁路始发站签发给发货人作为货物已经交运的凭证和凭以向银行办理货款结算的主要单据。铁路运单并不是物权凭证，不能通过背书进行转让和作为抵押品向银行融资。

铁路运输可分为国际铁路联运和国内铁路运输两种方式，前者使用国际铁路联运运单，后者使用国内铁路运单。由于国内铁路运单不能作为对外结汇的凭证，故使用“承运货物收据”这种特定性质和格式的单据。

1. 国际铁路联运运单

国际铁路联运运单是国际铁路联运的主要运输单据，它是参加联运的发送国铁路与发货人之间订立的运输契约，其中规定了参加联运的各国铁路和收、发货人的权利与义务。

2. 承运货物收据（Cargo Receipt）

承运货物收据是在特定运输方式下所使用的一种运输单据，它既是承运人出具的货物收据，又是承运人与托运人签订的运输契约。

承运货物收据的格式及内容和海运提单基本相同，主要区别是它只有第一联本。在该正本的反面印有“承运简章”，载明承运人的责任范围。该简章第 2 条规定该公司承运之货物，在铁路、轮船、公路、航空及其他运输机构范围内，应根据各运输机构的规章办理。可见，这种“承运货物收据”不仅适用于铁路运输，也适用于其他运方式。

（五）航空运单

航空运单（Air Waybill）是承运人与托运人之间签订的运输契约，也是承运人或其代理人签发的货物收据。航空运单还可作为承运人核收运费的依据和海关查验放行的基本单据。但航空运单不是代表货物所有权的凭证，也不能通过背书转让。收货人提货不是凭航空运单，而是凭航空公司的提货通知单。在航空运单的收货人栏内，必须详细填写收货人的全称和地址，而不能做成指示性抬头。

根据签发人的不同，航空运单可分为主运单（Master Air Waybill，MAWB）和分运单（House Air Waybill，HAWB）。主运单是由航空公司签发的，分运单是由航空货运代理公司签发的，两者在内容上基本相同，法律效力相当，对于收、发货人而言，只是承担货物运输的当事人不同。

航空运单共有正本一式三份：第一份正本注明“Original for the Shipper”，应交托运人；第二份正本注明“Original for the Issuing Carrier”，由航空公司留存；第三份正本注明“Original for the Consignee”，由航空公司随机代交收货人；其余副本则分别注明“For Airport of Destination”“Delivery Receipt”“For Second carrier”“Extra Copy”等，由航空公司按规定和需要进行分发，作为报关、结算、国外代理中转分拨等用途分别使用。

（六）多式联运单据

多式联运单据（Multimodal Transport Document，MTD）是指证明多式联运合同以及证明多式联运经营人接管货物并负责按照合同条款交付货物的单据。多式联运单据具有以下特点：

（1）包含至少两种不同的运输方式。

（2）在多式联运单据可背书转让且是物权凭证的情况下，凭正本提单交付货物；在多式联运单据不可背书转让且不是物权凭证的情况下，货只能交指定收货人。

（3）如果最后一程运输是海运，则单据可背书转让且是物权凭证；如果最后一程运输不是海运，则单据不可背书转让且无物权凭证限制。

多式联运单据如签发一套一份以上的正本单据，应注明份数，其中一份完成交货后，其余各份正本即失效。副本单据没有法律效力。在实际业务中，对多式联运单据正本和副本的份数规定不一，主要视发货人的要求而定。

（七）邮政收据

邮政收据（Parcel Post Receipt）是邮政运输的主要单据，一般由寄件人填写，主要注明寄件人和收件人的名称、地址、寄件物体名称、价值等，由邮局核实重量并收费后予以签发。它既是邮局收到寄件人的邮包后所签发的凭证，也是收件人凭以提取邮件的凭证。当邮包发生损失或者丢失时，它可以作为索赔和理赔的依据，但邮政收据只是货物收据和运输合同证明，不是物权凭证，因而一律做成记名抬头且不能转让。

任务实施

1. 海洋运输中，主要的运输单据是海运提单与海运单。请对比分析这两种单据。

2. 我方某外贸公司与国外 A 公司达成一笔出口合同，信用证规定“数量 9000 公吨，7—12 月份分批装运，每月装 1500 公吨”。买方在 7—9 月份每月装 1500 公吨，银行已分批凭单付款。第四批货物原定 10 月 15 日装运出口，但由于台风登陆，第四批货物延迟至 11 月 2 日才装船运处。当受益人凭 10 月 22 日的装船提单向银行议付时，遭银行拒付。后来受益人又以“不可抗力”为由要求银行付款，亦遭银行拒绝。问：在上述情况下，银行有无拒付的权利？为什么？

3. 我公司按 CFR 术语、即期不可撤销信用证以集装箱装运出口成衣 350 箱，装运条件是 CY/CY。货物交运后，我公司取得“清洁已装船”提单，提单上表明“Shippers load and count”，在信用证规定的有效期内，我公司及时交单议付了货款。20 天后，接买方来函称：经有关船方、海关、保险公司、公正行会同对到货开箱检验，发现其中有 20 箱包装严重破损，每箱均有短少，共缺成衣 512 件。各有关方均证明集装箱外表完好无损，为此，买方要求我公司赔偿其货物短缺的损失，并承担全部检验费 2500 美元。问：对方的要求是否合理？为什么？

知识拓展——
海运操作的
流程及步骤

学习任务三　合同装运条款制定

学习目标

知识目标

1. 了解装运时间、装运地点和目的地的相关规定。
2. 掌握分装装运和转运。
3. 掌握租船运输中装卸时间的规定方法。
4. 掌握滞期、速遣条款。
5. 熟悉《公约》对装运条款的相关规定。

能力目标

1. 能正确计算货物装卸时间。
2. 能订立合理的合同装运条款。

素养目标

初步养成以专业国际货运代理企业的视角处理业务的职业素养。

建议学时

学习任务三建议 3 学时。

相关知识点

在国际货物贸易合同中，与国际货物运输直接相关的是装运条款，明确、合理地规定装运条款，是保证出口合同顺利履行的重要条件。装运条款的核心内容包括以下几方面。

一、装运时间

装运时间又称装运期，是指卖方将合同规定的货物装上运输工具或交给承运人的期限。装运时间是国际货物买卖合同的主要交易条款，卖方必须严格按规定时间交付货物，不得任意提前和延迟。否则，会造成违约，买方有权拒收货物，解除合同，并要求损害赔偿。在国际贸易中，装运时间（Time of Shipment）和交货时间（Time of Delivery）是两个不同的概念，在使用 FOB、CIF、CFR 以及 FCA、CIP、CPT 等贸易术语签订的买卖合同中，卖方在装运港或装运地，将货物装上船只或交付给承运人监管，就算已完成交货义务。因此，按照上述贸易术语订立的合同，装运和交货的概念是一致的，可以把两者当作同义语。但若采用 DAT、DAP 等术语达成交易时，装运时间是指卖方在装运港将货物装上船或其他运输工具的时间；交货时间是指货物运到目的地交给买方的时间。所以，按照D组术语成交的合同，装运和交货则是两类完全不同的概念，二者不能相互代替使用，以免引起不必要的纠纷。

在国际贸易中，根据国际惯例对“装运日期”的解释：装船（Loading on board vessel）、发运（Despatch）、收妥待运（Accepted for Carriage）、邮局收据日期（Date of Post Receipt）、收货日期（Date of Pick up）等，以及在多式联运方式下承运人的“接受监管”（Taking in Charge），均可理解为装运日期。

（一）装运时间的规定方法

1. 规定具体的装运时间

国际货运情况错综复杂，要保证在选定的某一天装运货物比较困难。因此，在实际业务中，一般不采用规定某一个具体日期的方法，而是规定一段时间和最迟期限。例如，规定在某月内装运，“7月份装运”（Shipment during Jul.）；跨月装运，“7/8/9月份装运”（Shipment during Jul./Aug./Sep.）；规定在某月某日或以前装运，“装运期不迟于7月31日”（Shipment not later than Jul. 31st）；规定某月月底或以前装运，“9月底或以前装运”（Shipment at or before the end of Sep.）。

规定具体的装运时间，一方面有利于卖方具备一定的时间备货和安排运输，另一方面有利于买方做好支付货款和接货的准备。

2. 规定收到信用证后若干天装运

如在合同中规定：“买方必须不迟于某月某日将信用证开立并送达卖方，卖方收到信用证后30天内装运”（The relevant L/C must reach the seller not later than...Shipment within 30 days after receipt of L/C），通常对某些进口管制较严的国家或地区、专为买方制造的特定商品或对买方资信不够了解时，为防止买方不履行合同从而造成损失，采用此种规定方法。

3. 规定近期装运术语

如“立即装运”（Immediate Shipment）、“即期装运”（Prompt Shipment）、“尽快装运”（Shipment as soon as possible）等，由于这些术语在各国、各行业中解释不一致，容易引起争议，不宜使用。国际商会制订的《跟单信用证统一惯例》也明确规定不宜使用此类词。

（二）规定装运时间应注意的问题

1. 买卖合同中装运时间的规定要明确具体，装运期限应当适度

不同的商品有不同的生产周期，根据具体情况测算好生产周期，以便在生产即将结束时与船公司衔接好承运日期，避免造成有货无船或有船无货的局面。

海运装运期限的长短，应视不同商品和租船订舱的实际情况而定。装运期限过短，势必给船货安排带来困难：装运期限过长，会造成买方积压资金，影响资金周转，从而反过来影响卖方的售价。

2. 应注意货源情况、商品的性质和特点以及交货的季节性等

如雨季一般不宜装运烟叶，夏季一般不宜装运沥青、易腐性肉类及橡胶等。

3. 应结合考虑交货港、目的港的特殊季节因素

如北欧、加拿大东海沿岸港口冬季易封冻结冰，所以装运时间不宜定在冰冻时期；反之，

热带某些地区，则不宜定在雨季装运等。

4. 在规定装运期的同时，应考虑开证日期的规定是否明确合理

装运期与开证日期是互相关联的，为保证按期装运，装运期和开证日期应该互相衔接。

二、装运港（地）和目的港（地）

装运港（Port of Shipment）是指货物起始装运的港口。目的港（Port of destination）是指最终卸货的港口。在国际贸易中，装运港（地）一般由卖方提出，经买方同意后确认；目的港（地）一般由买方提出，经卖方同意后确认。

（一）装运港（地）和目的港（地）的规定方法

在买卖合同中，装运港和目的港的规定方法有以下几种：

（1）一般情况下，装运港和目的港分别规定各为一个。例如，装运港——上海（Port of Shipment：Shanghai）；目的港——伦敦（Port of Destination：London）。

（2）有时按实际业务的需要，如数量较大或来源分散，集中在一处装运有困难，也可分别规定两个或两个以上的装运港或目的港。例如，装运港——大连/青岛/上海（Dalian/Qingdao/Shanghai）；目的港——伦敦/利物浦（London/Liverpool）。

（3）在磋商交易时，如明确规定装运港或目的港有困难，可以采用选择港（Optional Ports）办法。规定选择港有两种方式：一种是在两个或两个以上港口中选择一个，如 CIF 伦敦/汉堡/鹿特丹（CIF London/Hamburg/ Rotterdam）；另一种是笼统规定某一航区为装运港或目的港，如“目的港：地中海主要港口”，即最后交货则选择地中海的一个主要港口为目的港。

（二）确定国内外装运港（地）和目的港（地）的注意事项

（1）在出口业务中，一般以接近货源地的对外贸易港口为宜，同时考虑港口和国内运输的条件与费用水平；在进口业务中，原则上选择接近用货单位或消费地区的对外贸易港口最为合理。

（2）对国外装运港或目的港的规定，应力求具体明确。在磋商交易时，如国外商人笼统地提出以“欧洲主要港口”或“非欧洲主要港口”为装运港或目的港时，不宜轻易接受。因为欧洲或非欧洲港口众多，究竟哪些港口为主要港口，并无统一解释，而且各港口距离远近不一，港口条件也有区别，运费和附加费相差很大，所以，我们应避免采用此种规定方法。

（3）不能接受以内陆城市为装运港或目的港的条件。因为接受这一条件，我方要承担从港口到内陆城市这段路程的运费和风险。

（4）必须注意装卸港的具体条件，主要有：有无直达班轮航线、港口装卸条件、运费和附加费水平、码头泊位的深度、冰封期以及对船舶国籍有无限制等港口制度。

（5）应注意国外港口有无重名问题。世界各国港口重名的很多，例如，维多利亚（Victoria）港，世界上有十几个。为防止发生差错，引起纠纷，在买卖合同中应明确注明装运港或目的港所在国家或地区的名称。

（6）采用选择港口规定时，备选港口不宜超过 3 个，而且是在同一航区、同一航线上，比较靠近的港口。在合同中应明确规定：如所选目的港要增加运费、附加费，应由买方负担，同

时要规定买方宣布最后目的港的时间。

三、分批装运和转运

分批装运和转运都直接关系到买卖双方的利益，因此买卖双方应根据需要和可能在合同中做出具体的规定。一般来说，合同中如订明允许分批装运和转运，对卖方交货比较主动。

（一）分批装运

分批装运（Partial Shipment）指一个合同项下的货物分若干批或若干期装运。在大宗货物或成交数量较大的交易中，买卖双方根据交货数量、运输条件和市场销售等因素，可在合同中规定分批装运条款。

分批装运有四种规定方法：①只注明允许分批装运，对分批的时间、批次、数量均不做具体规定，不加任何限制；②具体规定每批装运的时间和数量；③规定不准分批装运；④合同未规定禁止分运。

按《跟单信用证统一惯例》第四十条和四十一条规定：

（1）除非信用证另有规定，分批支款及/或装运均被允许。

（2）运输单据表面上注明同一运输工具、同一航次、同一目的地的多次装运，即使表面上注明不同的装运日期及/或不同的装货港、接受监管地或发货地，也不视为分批装运。

（3）如信用证规定在指定的时期内分期装运及/或支款，而其中任何一期未按期装运及或支款，除非信用证另有规定，否则信用证对该期及以后各期均告失效。

国际上对分批装运的解释和运用有所不同。按有些国家的合同法规定，若合同对分批装运不作规定，买卖双方事先对此也没有特别约定或习惯做法，则卖方交货不得分批装运；国际商会制定的《跟单信用证统一惯例》规定，除非信用证另有规定，允许分批装运。因此，为了避免不必要的争议，除非买方坚持不允许分批装运，原则上应明确在合同中订入“允许分批装运”（partial shipment to be allowed）条款。在买卖合同和信用证中规定分批、定期、定量装运时，卖方必须重合同、守信用，严格按照合同和信用证的有关规定办理。

【例 8-3】某公司成交一笔出口芸豆贸易，信用证有关部分条款规定：“600 公吨芸豆，允许分批装运。分两批，400 公吨于 5 月 31 日前运至安特卫普，200 公吨于 6 月 30 日前运至布鲁塞尔。”根据 5 月末前的船期和船舱情况，去安特卫普港的舱位不够，400 公吨必须两条船分装。业务员查对信用证认为没有问题，因为信用证是允许分批装运的。该公司于 5 月 18 日 A 轮装 200 公吨，5 月 19 日 B 轮装 200 公吨至安特卫普港。结果银行以不许分运、单证不符拒付。请问：银行拒付是否有理？

提示：本案中，“允许分批装运”已被“分两批”所限制，即分 400 公吨至安特卫普，200 公吨至布鲁塞尔，每批之中不能再分。本案中的分批装运问题，虽然当时有船舱不足的原因，但审证人员当时认为可以再分批，误解信用证条款，所以才违背信用证规定而造成事故。

（二）转运

卖方在交货时，如驶往目的港没有直达船、船期不定或航次间隔太长，为了便于装运则应在合同中订明“允许转船”（transhipment to be allowed）。

转运（Transhipment）是指货物在运输过程中转船、转机以及从一种运输工具上卸下再装上另一种运输工具的运输。

根据《跟单信用证统一惯例》规定，“转运”一词在不同运输方式下有不同的含义。在海运情况下，转运指在装货港和卸货港之间的海运过程中，货物从一艘船卸下再装上另一艘船的运输：在航空运输的情况下，转运指从起运机场至目的地机场的运输过程中，货物从一架飞机上卸下再装上另一架飞机的运输；在公路、铁路或内河运输情况下，转运指在装运地到目的地之间用不同的运输方式的运输过程中，货物从一种运输工具上卸下，再装上另一种运输工具的行为。

《跟单信用证统一惯例》规定，除非信用证另有规定，否则可准许转运。如果信用证明确规定了“不允许转运”而实际进行了转运，买方和银行都可以拒绝接受这种转船提单。因此，为了明确责任和便于安排装运，买卖双方是否同意转运以及有关转运的办法和转运费的负担等问题，应在买卖合同中订明。一般有以下三种做法：①不准转运；②准许转运；③限制在某港转船。一般来说，转运会增加装卸费和货物受损的风险，因此买方大多不愿意接受允许转运的条款。但是，随着国际运输的发展，有时转运方式比直达方式的总运费更低。

【例 8-4】某公司向坦桑尼亚出口一批货物，目的港为坦塥。国外来证未明确可否转船，而实际上从新港到坦塥无直达船。问：这种情况下是否需要国外改证加上“允许转船”字样？

提示：不需要，因为信用证中无规定“不可转船”，则允许转船。

（三）合同中的分批、转运条款

国际货物买卖合同中的分批、转运条款通常是与装运时间条款结合起来规定的。合同中分批、转运条款举例如下：

（1）5/6/7 月份装运，允许分批和转运。

Shipment during May/June/July，with partial shipments and transhipment allowed.

（2）6/7 月份分两批装运，禁止转运。

During June/July in two shipments，transhipment is Prohibited.

（3）11/12 月份分两次平均装运，由香港转运。

During Nov/Dec in two equal monthly shipment，to be transhipped at Hongkong.

四、装运通知

买卖双方为了互相配合，共同做好车、船、货的衔接和办理货运保险，不论采用何种贸易术语成交，交易双方都要承担互相通知的义务。因此，装运通知（Advice of Shipment）也是装运条款的一项重要内容。

按照国际贸易的一般做法，在按 FOB 术语成交时，卖方应在约定的装运期前 30 天或 45 天，向买方发出货物备妥通知，以便买方及时接货，避免货等船；买方接到卖方发出的备货通知后，应按约定的时间，向卖方发出派船通知，将船名、船舶到港受载日期等通知卖方，以便卖方及时安排货物出运和准备装船，避免船等货。

若按 FOB、CFR 和 CIF 术语签订合同，卖方应在货物装船后，按约定时间，将合同、货物的品名、件数、重量、发票金额、船名及装船日期等项内容电告买方；若按 FCA、CPT 和 CIP 术语签订合同，卖方应在把货物交付承运人接管后，将交付货物的具体情况及交付日期电告买方，以便买方办理保险并做好接卸货物的准备，及时办理进口报关手续。

五、滞期、速遣条款

在国际贸易中，大宗商品大多使用定程租船运输。由于装卸时间的长短和装卸效率的高低直接关系到船方的利害得失，故船方出租船舶时，都要求在定程租船合同中规定装卸时间、装卸率，并规定延误装卸时间和提前完成装卸任务的罚款与奖励办法，以约束租船人。但是，在实际业务中，负责装卸货物的不一定是租船人，而是买卖合同的一方当事人，如 FOB 合同的租船人是买方，而装货是由卖方负责；反之，CIF 合同的租船人是卖方，而卸货是由买方负责。因此，负责租船的一方为了促使对方及时完成装卸任务，在买卖合同中也要求规定装卸时间、装卸率、滞期和速遣条款。

（一）装卸时间

装卸时间（Lay Time）是指允许完成装卸任务所约定的时间，它一般以天数或小时数来表示。装卸时间的规定方法主要有下列三种：

1. 日（Days）或连续日（Running Days，Consecutive Days）

日或连续日是指午夜 0 点至午夜 24 点日复一日的所有天数，在此期间，不论是实际不可能进行装卸作业的时间（如雨天、施工或其他不可抗力），还是星期日或节假日，都应计为装卸时间。这种规定，对船东有利，对租船人很不利。

2.累计 4 小时好天气工作日（Weather Working Days of 24 Hours）

累计 4 小时好天气工作日指在好天气情况下，不论港口习惯作业为几小时，均以累计 24 小时作为一个工作日。如果港口规定每天作业 8 小时，则三个工作日才算一个累计 24 小时工作日。这种规定对租船人有利，而对船方不利。

3.连续 24 小时好天气工作日（Weather Working Days of 24 Consecutive Hours）

连续 24 小时好天气工作日指在好天气情况下，连续作业 24 小时算一个工作日，中间因坏天气影响而不能作业的时间应予扣除。这种方法比较公平合理，船货双方均愿接受。

当前，除具有一定含义的日数表示装卸时间的办法外，有时关于装卸时间并不按日数或每天装卸货物的吨数来规定，而只是按“港口习惯速度尽快装卸”（to load/discharge in customary quick despatch，CQD），这种规定不明确，容易引起争议，故采用时应审慎行事。

为了计算装卸时间，合同中还必须对装卸时间的起算和止算时间加以约定。一般规定在船长向承租人或其代理人递交“装卸准备就绪通知书”（Notice of Readiness，N/R）以后，经过一定的规定时间后，开始起算；世界各国习惯上都以货物装完或卸完的时间，作为装卸时间的止算时间。

（二）装卸率

所谓装卸率（Load Rate），是指每日装卸货物的数量。装卸率的具体确定，一般应按港口习惯的正常装卸速度，掌握实事求是的原则。装卸率的高低关系到完成装卸任务的时间和运费水平，装卸率规定过高或过低都不合适。规定过高，完不成装卸任务，要承担滞期费（Demurrage）；规定过低，虽能提前完成装卸任务，可得到船方的速遣费（Despatch Money），但船方会因装卸率低，船舶在港时间长而增加运费，致使租船人得不偿失。因此，装卸率的规定应当适当。

（三）滞期费和速遣费

滞期费（Demurrage）是指在规定的装卸期限内，租船人未完成装卸作业，给船方造成经济损失，租船人对超过的时间应向船方支付的一定罚金。

速遣费（Despatch Money）是指在规定的装卸期限内，租船人提前完成装卸作业，使船方节省了船舶在港的费用开支，船方为了鼓励租船人而向其支付的奖金。

滞期费和速遣费通常约定为每天若干金额，滞期费或速遣费等于规定的每天的费率乘以实际天数，不足一天者，按比例计算。按惯例，速遣费一般为滞期费的一半。

1. 滞期时间的计算

通常滞期时间是按"滞期连续计算"原则计算的（demurrage runs continuously），也称作"一旦滞期，永远滞期"（once on demurrage，always on demurrage）。其含义是在开始进入滞期后，所有的中断、除外时间都算作滞期时间，如遇星期天、节假日、坏天气等都不再作扣除。

如果承租人欲改变这一地位，须在租约中规定"滞期费不连续计算"（demurrage per like days as laytime），即进入滞期后，也应像计算装卸时间那样，对该中断或该除外时间都予以扣除。

2. 装卸时间的分别计算和合并计算

同一航次中通常涉及装货港装货和卸货港卸货两个时间，对它们还存在分别计算还是合并计算的问题，合并计算与分别计算的结果是不同的。

（1）装卸时间的分别计算。

根据普通法的原则，装卸时间应当分别计算，采用分别计算方法时，应分别计算各港的装卸时间。滞期费或速遣费也分别计算，然后进行金额的相加或冲抵。

【例 8-5】航次租船合同规定"许可的装货时间为 12 天，许可的卸货时间为 10 天，按晴天工作日计算。滞期费每天 3000 美元，速遣费每天 1500 美元"。船舶装货滞期 3 天，卸货速遣 2 天。若按装卸时间分别计算，请计算滞期费或速遣费。

提示：租方应缴纳装运港的滞期费=3000 美元×3=9000（美元）；

船方应付租方在卸货港的速遣费=1500 美元×2=3000（美元）；

最终，租方应付船方滞期费=9000–3000=6000 （美元）。

（2）装卸时间平均计算。

装卸时间平均计算（Laytime Averaged）是指分别计算装货时间和卸货时间，然后用一个作业中节省的时间去冲抵另一个作业中超用的时间。使用这种方法计算对承租人比较有利，因为速遣的时间和滞期的时间含金量是不一样的。

【例 8-6】航次租船合同规定"许可的装货时间为 12 天，许可的卸货时间为 10 天，按晴天工作日计算。滞期费每天 3000 美元，速遣费每天 1500 美元"。船舶装货滞期 3 天，卸货速遣 2 天。若按装卸时间平均计算，请计算滞期费或速遣费。

提示：用卸货港速遣的 2 天去冲减装货港滞期的 3 天，总滞期时间就为 1 天，则

租方应缴纳的滞期费=3000 美元×1=3000（美元）

（3）调剂使用装卸时间。

调剂使用装卸时间（reversible laytime）是指承租人有权选择将允许的装货时间和卸货时间加在一起计算，如同规定了二港作业的总时间。该方法对承租人更为有利。

【例 8-7】航次租船合同规定“许可的装货时间为 12 天，许可的卸货时间为 10 天，按晴天工作日计算。滞期费每天 3000 美元，速遣费每天 1500 美元”。船舶装货滞期 3 天，卸货速遣 2 天。若按装卸时间平均计算，请计算滞期费或速遣费。

提示：将两港许可使用时间相加，总共许可使用时间为=12+10=22 个晴天工作日；

实际使用时间实际装货时间（12 天+3 天）+实际卸货时间（10 天–2 天）=15 天+8 天=23（天）；

许可时间–实际使用时间=22–23=–1（天）；

滞期 1 天，租方应付船方滞期费=3000 美元×1=3000（美元）。

六、其他装运条款

装运条款涉及的面很广，除上述条款外，有时根据需要还订有其他与装运有关的条款。例如，在与美国进行贸易时，为了取得运费上的优待，可以采用 OCP 条款。

“OCP”是 Overland Common Points 的缩写，意为“内陆地区”。根据美国运费率规定，OCP 是以落基山脉为界，其以东地区，均为内陆地区范围。按 OCP 运输条款达成的交易，出口商不仅可享受美国内陆运输的优惠费率，而且也可以享受 OCP 海运的优惠费率。因此，对美交易中，采用 OCP 运输条款，对进出口双方均有利。

在采用 OCP 条款时，必须注意下列问题：

（1）货物最终目的地必须属于 OCP 地区范围。

（2）货物必须经由美国西海岸港口中转，因此，签订 CFR 和 CIF 出口合同时，目的港必须是美国西海岸港口。

（3）提单上必须标明 OCP 字样，并且在提单目的港一栏中除填明美国西部海岸港口名称外，还要加注内陆地区的城市名称。

任务实施

1. 我方某公司与英商按 CIF 伦敦签约，出口瓷器 10 000 件，合同与信用证均规定“装运期 3 月份至 4 月份，每月装运 5000 件，允许转船”。我方于 3 月 30 日将 5000 件装上“万泉河”轮，取得 3 月 30 日的提单，又在 4 月 2 日将余下的 5000 件装上“风庆”轮，取得 4 月 2 日的提单，两船均在香港转船，两批货均由“曲兰西克”一轮运至目的港。

请问：

（1）本案例做法是否属分批装运？

（2）卖方能否安全收汇？为什么？

2. 我国 A 公司向英国 B 公司出口某商品 15 000 箱，合同规定 1—6 月分数批装运，不可撤销即期信用证付款。合同签订后，B 公司按时开立信用证，装运条款规定为“最晚装运期为 6 月 30 日，1—6 月按月等量装运，每月 2500 箱”。我方实际出口时，1—3 月正常交货，我方顺利结汇，4 月份因船期延误，拖延至 5 月 3 日才实际装运出口，海运提单倒签为 4 月 30 日。5 月 5 日我方在同船装运 2500 箱。开证行来电表示拒付这两批货款。请问：我方有何失误？开证行能否拒付？

3. 航次租船合同规定“装卸时间共用时间为 6WWDSHEXUU（注释：WWD 是指好天气工作日，即 weather working days;SHEXUU 是指除非使用，星期日和节假日除外，即 sundays and

holidays excepted unless used），滞期费每天 2000 美元，速遣费每天 1000 美元，滞期费连续计算”。船舶在装货港的装货的时间为 6WWD。船舶到达卸货港，在卸货港经过 6 天货物卸载完毕（其中 1 天因天气原因无法卸货，其中 1 天为星期日港口休息，其中 4 天卸货）。请计算滞期费或者速遣费。

4. 某公司出口货物 2 万公吨，租用一艘程租船装运，租船合同中有关装运条款如下：每个晴天工作日装货定额为 2000 公吨，星期日和节假日如果使用按 1/2 计算；星期日和节假日前一天 18 时以后至星期日和节假日后一日的 8 时以前为假日时间；滞期费和速遣费每天均为 USD2000；凡上午接受船长递交的 NOR 装卸时间从当日 14 时起算，凡下午接受通知书，装卸时间从次日 8 时起算；如有速遣费发生，按节省全部工作时间计算。

装卸记录如下：4 月 27 日（星期三）上午 9 时接受船长递交通知书，28 日下雨停工 2 小时，29 日全天正常装卸，30 日 18 时后下雨停工 2 小时，5 月 1—3 日为法定假日，4 日零点开始下雨 4 小时停工，5 日 14 时装卸完毕。

请根据租船条款和装卸记录计算滞期费或速遣费。

强化训练

请为 HL 公司设计合同装运条款。

要求：装运期为 2019 年 12 月，装运港：盐田，卸货港：纽约

知识拓展—国际贸易合同装运条款案例

项目八课后自测

学习项目九
订立合同保险条款

学习目标

知识目标

1. 了解国际货物运输保险的性质和作用。
2. 掌握海运运输货物保险保障的范围，我国以及伦敦保险协会海洋运输保险条款的基本内容。
3. 了解陆运货物保险、空运货物保险、邮包运输货物保险。
4. 理解保险单据的种类和用途。

能力目标

1. 能够根据不同的货物及不同的运输条件，选择恰当的险别，订立保险条款。
2. 能正确计算保险金额及保险费。

素养目标

1. 具备社会实践能力，能操作国际贸易海运货物投保与索赔事宜。
2. 具备团队合作意识与协作能力，能够与他人沟通协商，共同完成国际贸易货物保险事务。

建议学时

学习项目九建议 9 学时。

工作情景描述

深圳 HL 向美国 Fashion 公司出口女士手提包，双方约定 CIF 术语成交，信用证方式支付。按照惯例，保险应该由谁负责？保险如何购买？12 月，HL 公司准时装运后，通过银行完成议付。第 3 天，收到买方 Fashion 公司来电，称装船的海轮由于触礁，船身破漏，450 箱货物，损毁了 200 箱，要求 HL 公司出面向中国人民保险公司索赔，否则要求 HL 公司承担这 200 箱货物的损失。

学习任务与活动

学习任务一　国际货物运输保险认知

学习任务二　合同保险条款制定

项目九思维导图

学习任务一　国际货物运输保险认知

学习目标

知识目标

1. 了解国际货物运输保险的性质和作用。
2. 掌握海运运输货物保险保障的范围，我国以及伦敦保险协会海洋运输保险条款的基本内容。
3. 了解陆运货物保险、空运货物保险、邮包运输货物保险。

能力目标

1. 掌握海上风险和海上损失的划分、共同海损与单独海损的区别。
2. 能计算共同海损的分摊。

素养目标

具备资源整合能力和管理能力，能够结合货物及运输，在众多保险人中，寻求自身利益最大化。

建议学时

学习任务一建议 6 学时。

相关知识点

一、国际货物运输保险的性质与作用

保险是一种经济补偿制度，从法律角度看，它是一种补偿性契约行为，即被保险人向保险人提供一定的对价（保险费），保险人则对被保险人可能遭受的承保范围内的损失负赔偿责任。

保险的种类很多。按保险性质不同，可分为商业保险、社会保险和政策保险；按保险标的不同，可分为人身保险、财产保险、责任保险、信用与保证保险。国际货物运输保险属于财产保险的范畴，其性质为商业保险。

按照货物运输方式，国际货物运输保险分为海运货物保险、陆运货物保险、航空货运财产保险和邮包运输保险。其中，海运货物保险起源最早、应用最多，其他货物运输保险是以其为基础发展起来的。

保险在国际贸易中起着重要的作用。办理国际货物运输保险是同自然灾害和意外事故做斗争的一种经济措施。这是因为国际货物一般都需要通过国际长途运输，在运输过程中可能遇到

各种自然灾害和意外事故而使货物中途遭受损失，货主为了转嫁运输途中的风险损失，便通过办理货物运输保险将在途货物可能发生的损失变为固定的费用，一旦在途货物遭受到承保范围内的损失，即可从保险公司及时得到经济上的补偿。这不仅有利于进出口企业加强经济核算，也有利于进出口企业保持正常营业，从而有效地促进国际贸易的发展。

二、海运货物保险的保障范围

海运货物保险保障的范围，包括保障的风险、保障的损失、保障的费用。

（一）保障的风险

风险是损失发生的可能性以及人们对损失发生在认识上的不确定性。“风险”一词常在保险单的“承保范围”条款中出现。

在保险业务中，风险、损失和险别三者之间有着密切的联系，即风险是造成损失的起因，险别则是保险人对风险与损失的承保责任范围。对不同运输方式的货物保险，保险人承保的责任有所不同，但所保障的范围都是相似的。

海运风险是一个含义广泛的概念，一般指船舶或货物在海上航行中发生的或随附海上运输所发生的风险。《海商法》规定，海上保险人所承保的“保险事故”是指保险人和被保险人约定的任何海上事故，包括与海上航行有关的发生在内河或者陆上的事故。但是，海上风险中的海上事故仅限于偶然发生的自然灾害和意外事故，并不包括经常和必然发生的事件，同时，又不局限于航海中所发生的风险，还包括与海运相连的运输风险。

海运风险分为海上风险和外来风险。

1. 海上风险

海上风险（Perils of Sea）又称海难，我国现行海运货物保险条款和伦敦保险协会海运货物保险条款所承保的海上风险，主要包括自然灾害、意外事故和其他风险三类。

（1）自然灾害。

自然灾害（Natural calamities）是指不以人们意志为转移的自然界的力量所引起的灾害，它是保险人承保的主要风险，海运货物保险中自然灾害包括：

① 恶劣气候（Heavy Weather）：海上发生的飓风、大浪引起船只颠簸和倾斜造成的船舶的船体、机器设备的损坏或者因此而引起的船上所载货物相互挤压、碰撞而导致破碎、渗漏、凹瘪等损失。

② 雷电（Lightning）：被保险货物在海上或陆上运输过程中，由雷电直接造成的或者由于雷电引起火灾造成的损害。

③ 海啸（Tsunami）：指由于海底地壳发生变异，有的地方下陷，有的地方升高，引起剧烈震荡而产生巨大波浪，致使保险货物遭受损害或灭失。

④ 浪击落海（Washing Overboard）。

⑤ 洪水（Flood）。

⑥ 地震（Earthquake）：直接或归因于地震所致被保险货物的损失。

⑦ 火山爆发（Volcanic Eruption）：直接或归因于火山爆发所致被保险货物的损失。

⑧ 海水、湖水或河水进入船舶、驳船、船舱、运输工具、集装箱、大型海运箱或储存处所

(Entry of Sea, Lake or River Water into Vessel, Craft, Hold, Conveyance, Container, Liftvan or Place of Storage)。

（2）意外事故。

意外事故（Accident）一般是指人或物体由于偶然的非意料之中的原因所造成的事故，如船舶触礁、飞机坠落、货物起火爆炸等。

按照我国现行海运货物保险条款的规定，意外事故仅指运输工具遭受搁浅、触礁、沉没、互撞、与流冰或其他物体碰撞以及失火、爆炸等。按照伦敦保险人协会海运货物保险款的规定，意外事故除包括船舶、驳船的搁浅、触礁、沉没、倾覆、火灾、爆炸等之外，还包括陆上运输工具的倾覆或出轨。综上，海运货物保险中意外事故包括：

① 火灾（Fire）：由于意外、偶然发生的燃烧失去控制，蔓延扩大而造成的船舶和货物的损失。无论是直接被火烧毁、烧焦、烧裂还是间接被火熏黑、烧热或为救火而导致损失，均属火灾风险。

② 爆炸（Explosion）：船上锅炉或其他机器设备发生爆炸和船上货物因气候条件（如温度）影响产生化学反应引起的爆炸。

③ 搁浅（Grounding）：船舶与海底、浅滩、堤岸在事先无法预料到的意外情况下发生触礁，并搁置一段时间，使船舶无法继续行进以完成运输任务。但规律性的潮汛涨落所造成的搁浅则不属于保险搁浅的范畴。

④ 触礁（Stranding）：船舶在航行中，触及岩礁或其他障碍物如渔栅、木桩等造成的一种意外事故。

⑤ 沉没（Sunk）：船舶因海水侵入失去浮力，船体全部沉入水中，无法继续航行的状态，或虽未构成全部沉没，但是大大超过了船舶规定的吃水标准，使应浮在水面的部分浸入水中无法继续航行，由此造成的保险货物损失属于沉没责任。如果船体只有部分侵入水中而仍然航行，则不能视为船舶沉没。

⑥ 碰撞（Collision）：载货船舶与水以外的外界物体，如灯塔、流冰、其他船舶、码头等，发生猛烈接触，由此造成船上货物损失。若发生碰撞的是两艘船舶，则碰撞不仅会带来船体及船上货物的损失，还会产生碰撞责任损失。碰撞是船舶在海上航行中的一项主要风险。

⑦ 倾覆（Capsized）。

⑧ 失踪。

意外事故（Accident）补充说明：

（1）搁浅的两个条件：意外发生的；持续一段时间处于静止状态而非一擦而过（擦浅）。

（2）若船体的一部分浸入水中或海水虽不断浸入，但船舶仍具有航行能力，则不能认为是沉没事故。

（3）在我国，船舶在海上航行，失去联络超过两个月即算作失踪；除非能证明失踪是战争造成的，否则均由保险人当作海上风险损失负责赔偿。

（4）无论是否共同海损所致，保险人均赔偿投弃损失。

（5）其他风险。

海上保险传统上还承保一些发生在海上但既不属于自然灾害也不属于意外事故的风险。

① 海盗（pirates）：海运货物保险单所承保的海盗风险，即强盗为了个人的目的而无区别地对保险标的进行劫掠所造成的损失。它与某些人为了政治目的而合法或非法地抢劫某一特定

国家的财产的行为有别。

② 抛弃（jettison）：人为地、合理地将船上的货物或船上的部分设备抛入海中。抛弃损失是海上保险历史上最早的承保风险。需要注意的是，装在甲板上的货物，如果没有特别声明按甲板货投保，普通的海上货物保险并不承保甲板货，因而保险人也不负责甲板货的抛弃损失。另外，货物由于其内在缺陷而被抛弃，或货物因不合理地存放在不安全地点而被抛弃，保险人也不负责任。危险品如因其特性被放在甲板上，有时会因其特性被抛弃，被保险人最好在投保时指明要包括抛弃风险，这样才有权对抛弃的损失得到赔偿。

③ 船长、船员的恶意损害（barratry）：船长、船员的各项蓄意破坏的行为，损害了船舶所有人或租船人的利益。它是海上保险中传统的承保风险之一。常见的船长、船员的恶意行为有：船长、船员凿船，非法将货物卖掉，故意绕航，船员无故拒绝卸货，船长、船员弃船和船员走私等。

④ 吊索损害（sling loss）：被保险货物在起运港、卸货港或转运港进行装载时，从吊钩上摔下而造成保险货物的损失。在中、英两国海运货物保险条款中均承保这种风险，但其具体规定并不完全相同。

2. 外来风险

外来风险是指海上风险以外的其他外来原因所造成的风险。在国际海运货物保险业务中，保险人承保的外来风险可分为一般外来风险和特殊外来风险两类。

（1）一般外来风险。

一般外来风险包括偷窃（theft，pilferage）、短少和提货不着（short-delivery&non delivery）、渗漏（leakage）、短量（shortage in weight）、碰损（clashing）、破碎（break age）、钩损（hook damage）、淡水雨淋（fresh and rain water damage）、生锈（rusting）、玷污（contamination）、受潮受热（sweating& heating）、串味（taint of odour）等。

（2）特殊外来风险。

特殊外来风险主要是指军事、政治、国家政策法令以及行政措施等特殊外来原因所造成的风险。常见的特殊外来风险有战争（war）、罢工（strike）、交货不到（failure to delivery）、拒收（rejection）等。其中，战争风险包括战争、内战、革命、造反和叛乱等。

（二）保障的损失

海上损失简称海损，是指货物在海运途中，因遭遇海上风险、外来风险所引起的损失或灭失。根据国际保险市场的一般解释，凡与海运连接的陆运过程中所发生的损坏或灭失，属于海损范围。按照货物损失程度，海损可分为全部损失和部分损失。

1. 全部损失

全部损失（Total Loss）简称全损，是指被保险货物由于承保风险造成的全部灭失。它可分为实际全损和推定全损。

（1）实际全损。

实际全损（Actual Total Loss）是指货物完全灭失或变质而失去原有用途，货物完全损失已经发生或者不可避免。构成保险标的实际全损有以下几种情况：①货物全部毁灭，如船、货遇难沉没；②货物的物权完全丧失已无法挽回，如船被劫或扣押；③货物丧失原有用途和价值，如水泥被浸泡成硬块；④船舶失踪达到一定期限（6个月）无音信。

（2）推定全损。

推定全损（Constructive Total Loss）是指被保险货物在海运途中遭遇承保风险后，虽未达到全部灭失，但已失去其价值；或者虽有一定价值，但修复及续运货物所产生的费用之和已达到或超过其实际价值的一种损失状态。构成推定全损的条件如下：①货损后，修复费用超过货物修复后的价值；②货损后，整理和继续运到目的地的费用超过货物到达目的地的价值；③实际全损已不可避免，为避免全损所需的施救费用将超过获救后的价值；④被保险人为收回因遭受险别范围内的事故而丧失的货物所有权，收回所有权所需支出将超过收回货物的价值。

推定全损以全损进行索赔时注意三点：

① 船舶或货物发生保险事故后，被保险人与保险人都认为符合推定全损条件的，保险人按保险金额全数赔偿，船舶或货物如有损余，应归保险人所有；

② 保险人对保险船舶、货物的实际全损应予全额赔偿，但对推定全损引起的索赔既可以接受，也可以不接受。在不接受的情况下，只赔偿已发生的部分损失；

③ 只有在被保险人向保险人提出委付，即将其对保险标的物的一切权利包括所有权转让给保险人并经保险人同意的情况下，保险人才可能按全损赔付。

例如，某公司出口稻谷一批，因保险事故被海水浸泡多时而丧失其原有价值，这种损失属于实际全损。又如，有一批出口服装，在海上运输途中，因船体触礁导致服装严重受浸，若将这批服装漂洗后运至原定目的港所花费的费用已超过服装的保险价值，这种损失属于推定全损。

（3）实际全损和推定全损的区别。

推定全损与实际全损虽然都名为“全损”，但两者是有区别的，保险人赔偿的方法也是不同的。保险人对实际全损的赔偿不需要被保险人对保险标的进行委付。对于推定全损，若被保险人要求按全损赔偿，则必须履行委付的手续。如果保险人按全损履行赔偿后，按照补偿原则被保险人不能因保险赔偿而获得额外利益的规定，被保险人应将具有残余价值的货物的一切权利转让给保险人，之所以会出现保险人不接受委付也按全损赔偿的做法并不是违反了赔偿原则，让被保险人获利，而是考虑到保险人一旦接受委付将付出更多的费用来处理残余货物，从而得不偿失。

2. 部分损失

部分损失（Partial Loss）又称分损，是指被保险货物的损失没有达到全部损失程度的一种损失。按照造成损失的原因不同，部分损失可以分为共同海损和单独海损。

（1）共同海损。

共同海损（General Average）是指在海运途中，运输货物的船舶遭遇自然灾害或意外事故，威胁到船、货及其他有关各方的共同安全，为了解除共同危险，使航程继续完成，船方有意识地、合理地采取挽救措施所直接造成的某些特殊的牺牲或支出的额外费用。共同海损的损失应由有关的利害关系方按其获救财产的价值比例共同分摊。

① 共同海损条件。

构成共同海损应具备下列条件：危险必须是真实存在的或不可避免的，而非主观臆测的；所采取的措施必须是为了解除船、货的共同危险，人为地、有意识地采取的合理措施，这是共同海损成立的前提条件；共同海损的牺牲必须是非常性质的，费用的支付必须是额外的；共同海损的损失必须是由共同海损措施直接、合理造成的后果；造成共同海损损失的共同海损措施最终必须有效果。

② 共同海损分摊。

共同海损的牺牲和费用是为了使船、货免于遭受损失而付出的，因此，应该由船方、货方及运费方按解救共同危险最后结算的价值共同按比例分摊。这种分摊一般称为共同海损分摊（General Average Contribution）。

共同海损的牺牲和费用是由船舶、货物和运费收取方按比例分摊的，如果货方都办理了保险，被保险人仅能就自己分摊的损失索赔。分摊方法是将总损失额除以总财产额求出分摊率，再用分摊率乘以各方财产额即是各方应承担的共同海损的损失，其公式为

分摊率=总损失额/财产总额×100%

【例 9-1】有一载货船舶在航行途中发生共同海损，其中货方甲、乙、丁方各损失 10 万美元、20 万美元、20 万美元，货方丙没有损失，船体损失 25 万美元，救助费 3 万美元，运输损失 1 万美元，甲、乙、丙、丁的货物价值分别为 120 万美元、140 万美元、120 万美元、100 万美元，载货船舶价值 500 万美元，承运人运费 20 万美元。请问：各方应分摊多少？

提示：分摊率=（10+20+20+25+3+1）/（120+140+120+100+500+20）×100%=7.9%

船方应分摊额=500×7.9%=39.5（万美元）
货方甲应摊额=120×7.9%=9.48（万美元）
货方乙应摊额=140×7.9%=11.06（万美元）
货方丙应摊额=120×7.9%=9.48（万美元）
货方丁应摊额=100×7.9%=7.9（万美元）
承运人应摊额=20×7.9%=1.58（万美元）

尽管货方丙的货物没有损失，但也需分摊与货方甲同样的损失，甲的单独损失另计。如果货方都办理了保险，各自的分摊额就是其索赔金额。

（2）单独海损。

单独海损（Particular Average）是指在海上运输中，由于承保风险直接导致的货物的部分损失，由所有人或承保人单独负担赔偿。单独海损有两种情况：一是部分货物的全损；一是全部或部分货物以受损状态运抵目的地，即货物遭受贬值损失。

（3）共同海损与单独海损的区别。

① 造成损失的原因不同。单独海损主要是因承保风险所直接导致的损失，是货物的单独海损。而共同海损是因船舶和货物面临共同风险，为了船、货的共同安全，人为地采取合理措施而导致的损失。

② 损失的补偿方式不同。单独海损一般由受损方自行承担，如果损失由第三方造成，则由第三方补偿。共同海损是为了船货的共同安全而主动做出的。所以，应由各受益方按照获益比例大小分摊。

【例 9-2】某货轮从天津新港驶往新加坡，在航行途中船舶货舱起火，大火蔓延至机舱，船长为了船货的共同安全决定采取紧急措施，往舱中灌水灭火。火虽被扑灭，但由于主机受损，无法继续航行，于是船长决定雇佣拖轮将货船拖回新港修理，检修后重新驶往新加坡。其中的损失与费用有：①1000 箱货被火烧毁；②600 箱货由于灌水受到损失；③主机和部分甲板被烧

坏；④拖轮费用；⑤额外增加的燃料、船长及船员工资。请指出这些损失中哪些是单独海损，哪些是共同海损。

提示：

单独海损：①1000箱货被火烧毁；③主机和部分甲板被烧坏。

共同海损：②600箱货由于灌水受到损失；④拖轮费用属于共同海损；⑤额外增加的燃料、船长及船员工资。

（三）保障的费用

海运风险除可能造成保险标的的损失外，还有可能带来大量的费用支出。海运货物保险保障的费用是指被保险货物遭遇承保风险时，为了避免损失的发生和扩大所产生的费用。在海运保险中，保险人负责赔偿的费用主要有施救费用和救助费用。

1. 施救费用

施救费用（Sue and Labor Charges）是指被保险货物在遭遇承保责任范围内的灾害事故时，被保险人（或其代理人）为了避免或减少被保险货物的损失，采取各种抢救与防护措施等所支付的合理费用。

施救费用的构成条件有：

（1）施救的主体必须是被保险人或其代理人，其目的是减少标的物的损失；

（2）保险标的遭受的损失必须是保单所承保的风险；

（3）施救费用的支出必须是合理的。

2. 救助费用

救助费用（Salvage Charges）是指被保险货物在遭遇承保范围内的灾害事故时，由保险人和被保险人以外的第三人采取救助措施并有实际效果，由被救方付给救助方的一种报酬。保险人对救助费用的赔付的条件是救助行为必须产生实际效果，即所谓“无效果，无报酬”原则。随着时代的变迁，这一原则也在逐渐改变。《海商法》规定，救助人进行救助，取得防止或者减少环境污染损害效果的，船舶所有人依照规定应当向救助方支付的特别补偿可以另行增加。

3. 特别费用

特别费用（special charge）指货物的运载工具遭遇海上灾害或意外事故不能继续航行，必须把货物卸下存仓，再由原船装载续运，或者由其他船受载代运等所产生的费用。

4. 额外费用

额外费用（extra charge）指为了索赔举证等而支付的必要费用。这项费用只有在保险标的物的确有损失、赔偿确实成立的情况下，保险人才予以负责。

三、中国海洋运输货物保险险别

中国人民财产保险股份有限公司根据我国货物运输保险实际情况，并参照国际保险市场的习惯做法，陆续制定了各种货物运输保险条款，总称为“中国保险条款”。《海洋运输货物保险条款》和《海洋运输货物战争险条款》是其中的重要组成部分。其内容包括：承保责任范围（险别）、责任起讫、除外责任、被保险人的义务和索赔期限等。业务中常引用的保险条款是中国人民财产保险股份有限公司的中国保险条款（2009 年版）。

依据“中国保险条款”（2009），我国海洋运输保险险别，按照能否单独投保分为基本险和附加险两类。基本险可单独投保，附加险不能单独投保。

（一）基本险

基本险（Basic Insurance）分为平安险、水渍险和一切险三种。

1. 平安险

平安险（Free from Particular Average，FPA）即“单独海损不赔”，平安险是俗称。平安险对自然灾害造成的全部损失、部分损失的共同海损与意外事故造成的全部和部分损失予以赔偿。此外，对于意外事故发生前后，由自然灾害造成的部分损失也予以赔偿。概括起来，这一险别的责任范围主要包括：

（1）被保险的货物在运输途中由恶劣气候、雷电、海啸、地震、洪水等自然灾害造成的整批货物的全部损失或推定全损。若被保险的货物用驳船运往或运离海轮时，则每一驳船所装的货物可视作一整批。

（2）由于运输工具遭到搁浅、触礁、沉没、互撞、与流冰或其他物体碰撞以及失火爆炸等意外事故所造成的货物全部或部分损失。

（3）在运输工具已经发生搁浅、触礁、沉没、焚毁等意外事故的情况下，货物在此前后又在海上遭受恶劣气候、雷电、海啸等自然灾害所造成的部分损失。

（4）在装卸或转船时由于一件或数件甚至整批货物落海所造成的全部或部分损失。

（5）被保险人对遭受承保责任内的危险货物采取抢救、防止或减少货损的措施所支付的合理费用，但以不超过该批被毁货物的保险金额为限。

（6）运输工具遭遇海难后，在避难港由于卸货引起的损失，以及在中途港或避难港由于卸货、存仓或运送货物所产生的特殊费用。

（7）共同海损的牺牲、分摊和救助费用。

（8）运输契约中如订有“船舶互撞责任条款”，根据该条款规定应由货方偿还船方的损失。

2. 水渍险

水渍险（With Particular Average，WA or WPA）的原意是“负责单独海损”，水渍险也是保险业界沿用的俗称。投保水渍险后，保险公司对自然灾害和意外事故造成的全部损失或部分损失，均负责赔偿。简单地说，水渍险就是承保平安险加上自然灾害造成的单独海损。保险公司承保的责任范围具体包括：①平安险所承保的各项责任。②对被保险货物在运输途中由恶劣气候、雷电、海啸、地震、洪水等自然灾害造成的单独海损负赔偿责任。

【例 9-3】我方按 CIF 术语向欧洲出口棉布一批，根据合同规定投保水渍险。海运途中，因舱内食用水管漏水而使其中 30 包遭受水渍。问：保险公司对此损失是否赔偿？为什么？我方应该怎么办？

提示：不需要赔偿；案例中棉布的损失是由食用淡水水管漏水导致的。而合同规定投保水渍险，不包括这一外来风险。出口方向保险公司提出赔付损失要求，是对水渍险的错误理解。所以，我方没有权力向保险公司提出索赔要求。

3. 一切险

投保一切险（All Risks）后，保险公司除担负水渍险的全部责任外，还对被保险货物在运输途中由于一般外来风险而遭受的全部或部分损失负赔偿责任。简单地说，一切险就是承保水渍险加上一般外来风险的全部损失和部分损失。需要注意的是，一切险并非保险公司对一切风险损失均负赔偿责任，它只对水渍险和一般外来原因引起的可能发生的风险损失负责，而对货物内在缺陷、自然损耗以及由于特殊外来原因（如战争、罢工等）所引起的风险损失，概不负赔偿责任。

4. 基本险的除外责任

中国海洋运输货物保险条款，除规定上述基本险的责任范围外，同时还规定了除外责任。除外责任是指保险人不负赔偿责任的风险范围。保险条款中对“除外责任”做出规定主要是为了分清保险人、被保险人等有关方面对损失或费用应负的责任，以使保险人的赔偿责任更加明确。基本险的除外责任主要包括五个方面：①由于被保险人的责任或过失所造成的损失；②属于发货人自身责任所引起的损失；③在保险责任开始前，被保险货物已存在的品质不良或数量短差，由此所造成的损失；④因被保险货物的自然损耗、本质缺陷、特性以及市价跌落、运输延迟所造成的损失或费用；⑤战争险和罢工险条款规定的责任范围和除外责任。

5. 基本险的责任起讫

保险的责任起讫，又称保险期间或保险期限，是指保险人承担责任的起讫时限。同国际保险市场的习惯做法一样，我国相关保险条款对海运货物基本险的责任起止期限，一般也采取“仓至仓”的原则。

“仓至仓”（Warehouse to Warehouse，W/W）原则又称“仓至仓条款”，是规定保险人保险责任起讫的重要条款，它规定保险人承担的保险责任开始于被保险货物从保险单所载明的发货人仓库或储存处所开始运输时，正常运输过程中保险责任持续有效，最后直到货物运至保险单载明的目的地收货人最后仓库或储存处所，保险责任即告终止。

如果途中被保险人将被保险货物用作分配、分派或被转运到非保险单所载明的目的地，保险责任即告终止。

如果未抵达该保险单载明的目的地收货人最后的仓库或储存处所，则保险责任于被保险货物在最后的卸载港全部卸离海轮后满 60 天终止。

当被保险货物遭受承保范围内的损失时，保险索赔时效，是从被保险货物在最后卸载港全部卸离海港后起算，最多不超过 2 年。

（二）附加险

在海运保险业务中，为了满足投保人的需要，保险人在基本险条款之外又制定了各种附加险条款，进出口商在投保货物基本险别的基础上，还可根据货物的特点和实际需要，酌情再选择适当的附加险别（一种或若干种）加保。附加险别不能单独投保，只能在投保平安险或水渍险等的基础上加保。

1. 一般附加险

一般附加险（General Additional Risks）是在投保平安险或水渍险的基础上为了规避一般外来风险而加保的险种。由于被保险货物的品种繁多，货物的性能和特点各异，而一般外来的风险又多种多样，所以一般附加险的种类也很多。一般附加险主要包括：

（1）偷窃、提货不着险（Theft，Pilferage and Non-Delivery Risk，TPND）。

保险人对承保的保险货物因偷窃行为所致的损失和整件提货不着等损失，负责按照保险价值赔偿。

（2）淡水雨淋险（Fresh Water and Rain Damage Risk，FWRD）。

保险人对直接遭受雨淋或其他淡水原因所致的损失负责赔偿。淡水包括船上水管漏水、冰雹融化及舱汗等。

（3）渗漏险（Leakage Risk）。

保险人对承保的保险货物（通常为流质、半流质的液体物质和油类物质）在运输过程中容器损坏而引起的渗漏损失，或因液体的渗漏所引起的货物腐蚀等损失负责赔偿。

（4）短量险（Shortage Risk）。

保险人对承保的保险货物在运输途中因外包装破裂或散装货物发生数量损失和实际重量短缺的损失负责赔偿，但不包括正常的途耗。当然，保险人需查清外包装是否有异常现象，如破口、破袋、扯缝等。短量的计算一般以装船重量和卸船重量的差额为准。

（5）混杂、玷污险（Intermixture and Contamination Risk）。

保险人对承保货物在运输过程中因混进杂质和被玷污所造成的损失负责赔偿。

（6）串味险（Taint of Odour Risk）。

保险人对承保的同舱装载保险货物因受其他商品影响而引起的串味损失负责赔偿，如食品在运输过程中受到一起堆放的樟脑等异味的影响使品质发生变化而遭受到损失。

（7）受潮受热险（Sweat and Heating Risk）。

保险人对承保的保险货物，因船舶航行途中气温骤变，或者由于船上通风设备失灵等使船内水汽凝结，导致发潮、发热而引起的货物损失负责赔偿。

（8）钩损险（Hook Damage Risk）。

保险人对承保的保险货物在装卸过程中因使用吊钩等工具所造成的损失负责赔偿，并负责对包装进行修补或调换的费用。

（9）包装破裂险（Breakage of Packing Risk）。

保险人对承保的保险货物因运输途中装运或装卸不慎致使包装破裂所造成的商品短少和玷污等损失负责赔偿。此外，对运输过程中因安全需要而产生的修补包装或调换包装的费用均由保险人负责。

（10）碰损、破碎险（Clash and Breakage Risk）。

保险人对承保的保险货物在运输过程中因挤压、震动、碰撞所造成的破碎和碰撞损失负责赔偿。

（11）锈损险（Hook Damage Risk）。

保险人对承保的金属或金属制品类货物在运输过程中发生的锈损负责赔偿。

2. 特殊附加险

特殊附加险（Special Additional Risk）依导致风险的原因不同，分为战争险（War Risk）、罢工险（Strikes Risk）和其他特殊附加险。

（1）战争险（War Risk）。

① 保险责任：直接由于战争、类似战争行为和敌对行为、武装冲突或海盗行为所致的损失；

由于上述条款引起的捕获、拘留、扣留、禁制、扣押所造成的损失；各种常规武器，包括水雷、鱼雷、炸弹所致的损失；本条款责任范围引起的共同海损的牺牲、分摊和救助费用。

② 除外责任：由于敌对行为使用原子或热核制造的武器所致的损失和费用；根据执政者、当权者或其他武装集团的扣押、拘留引起的承保航程的丧失和挫折而提出的任何索赔。

③ 责任起讫：仅限于水上危险。即从货物装上海轮时开始，到卸离海轮时为止；或从该海轮到达目的港的当日午夜起算满 15 天为限。

（2）罢工险（Strikes Risk）。

① 保险责任：被保险货物遭受罢工者、被迫停工工人或参加工潮、暴动、民众斗争的人员的行动,或任何人的恶意行为所造成的直接损失以及上述行动或行为所引起的共同海损的牺牲、分摊和救助费用。

② 除外责任：罢工引起的间接损失，即在罢工期间由劳动力短缺或不能履行正常职责所致的保险货物的损失，包括由此引起的动力或燃料缺乏使冷藏机停止工作所致的冷藏货物的损失。

③ 责任起讫：与基本险一样为仓至仓条款。

④ 费用：被保险人在投保战争险后，还要加保罢工险，按国际保险市场习惯，不需另行交付罢工险的保险费。

（3）其他特殊附加险。

特殊附加险是承保由于特殊外来风险所造成的全部或部分损失。中国人民保险公司承保的特殊附加险共有下列几种。

① 黄曲霉素险（Aflatoxin Risk）。

保险人对保险货物所含黄曲霉素超过进口国的限制标准，而被进口国海关拒绝进口、没收或强制改变用途而遭受的损失负责赔偿。

② 交货不到险（Failure to Deliver Risk）。

保险人对保险货物从装上船舶时开始，不能在预定抵达目的地的日期起 6 个月内交货而负责按全部损失赔偿，不管是什么原因造成的。

③ 舱面险（On Deck Risk）。

保险人对保险货物装放于舱面时，除按保险单载明条款负责赔偿外，还包括被抛弃和被风浪冲击落水在内的损失赔偿。

④ 进口关税险（Import Duty Risk）。

当被保险货物遭受保险责任范围以内的损失时，被保险人仍须按照完好货物的价值完税保险公司则对损失部分货物的进口关税负责赔偿。

⑤ 拒收险（Rejection Risk）。

被保险货物在进口报关时，被进口国政府或有关管理部门拒绝进口或没收，保险公司则按货物的保险价值负责赔偿。

⑥ 出口货物到香港（包括九龙在内）或澳门存仓火险责任扩展条款（Fire Risk Extension Clause For Storage of Cargo at Destination Hong Kong，Including Kowloon，or Macao，FREC）。

承保我国内地出口到港澳地区的货物，如果直接卸货到保险单载明的过户银行所指定的仓库时，则延长存仓期间的火险责任。这是因为我国内地出口到港澳的货物，有些是向我国内地在港澳的银行办理押汇。在货主向银行清还货款之前，货物的权益属于银行，因而在这些货物的保险单上注明过户给放款银行。如果保险货物抵达目的地后，货物尚未还款，则往往将其存放在过户银行指定的仓库中。为了使货物在存仓期间发生火灾能够得到赔偿，特设立这一险别。被保险货物运抵目的地香港（包括九龙在内）或澳门卸离运输工具后，如果直接存放于保单载明的过户银行所指定的仓库，承保对存仓火灾的责任至银行收回押款、解除货物的权益为止，或运输险责任中止时起满 30 天为止。如果在存仓期间发生了火灾，则保险人负责赔偿。

【例 9-4】我方按 CIF 术语向中东出口货物一批，根据合同规定投保水渍险附加偷窃提货不着险。海运途中因中东战争货船被扣。而后进口商因提货不着便向保险公司索赔，问：保险公司是否赔付，为什么？

提示：不需要赔偿。导致进口商提货不着的原因是海货途中因中东战争的爆发，所以出口商应该投战争险才能得到保险公司的赔付，而投偷窃提货不着险是不能因为战争而提货，不能向保险公司提出赔付。

（三）其他专门险别

1. 海洋运输冷藏货物保险

海洋运输冷藏货物保险包括冷藏险（Risk for Frozen Products）和冷藏一切险（All Risk for Frozen Products）两种险别，均可单独投保。凡蔬菜、水果、肉类和水产品等货物，为保持其新鲜程度，运输时都需置于专门的冷藏箱。为使这些冷藏货物在运输过程中得到全面保障，就需要投保海洋运输冷藏货物保险的有关险别。冷藏货物保险的保险期限为：

（1）冷藏货物到达保险单载明的最后目的港后，须在 30 天内卸离海轮，否则保险责任终止；

（2）若冷藏货物卸离海轮后不存入冷藏仓库，保险责任至卸离海轮时即终止；

（3）冷藏货物全部卸离海轮并存入冷藏仓库，保险人负责货物卸离海轮后 10 天内的风险。但在上述期限内，货物一经移出冷藏仓库，保险责任即终止。

2. 海运散装桐油保险

桐油因自身特性，在运输过程中容易受到污染、变质等损失，故需提供不同于一般货物保险的特殊保障。为此，保险公司设立了海运散装桐油保险，本险别可以单独投保。

海运散装桐油保险的责任范围包括不论任何原因所致的桐油超过保险单规定免赔率的短少、渗漏损失和不论任何原因所致的桐油的污染或变质损失。

3. 卖方利益险

卖方利益险是一种供出口企业在采用托收方式并按 FOB 或 CFR 术语成交出口时为保障卖方利益而投保的独立险别。在这种险别下，如被保险货物在运输途中由于承保范围内风险造成损失，国外买方既不付款赎单，又拒绝支付货物受损部分的损失时，保险公司对买方拒绝赔付受损或灭失部分的损失负赔偿责任。在这种情况下，卖方应将其向买方或第三方追偿的权利转移给保险公司。如卖方已将这种追偿的权利转让给其他方，则保险公司解除其应负的全部责任。保险人要在卖方利益险下获得赔偿，必须符合两个条件：一是被保险货物的损失必须属于货运保险承保责任；二是买方拒绝支付该受损货物部分的货款。至于卖方拒绝提货而使卖方遭受的其他损失，则不属于保险人承担的责任。

四、伦敦保险协会海运货物保险条款

在国际保险市场上，英国伦敦保险协会制定的“协会货物条款”（Institute Cargo Clauses，ICC）对世界海洋运输有着广泛的影响。自“协会货物条款”于1983年4月1日正式实施以来，世界上许多国家在海运保险业务中直接采用该条款，还有许多国家在制定本国保险条款时参考或采用该条款的内容。该条款最新的版本为“协会货物保险条款”（2009年版）。我国出口企业和保险公司对国外客户投保ICC的要求，一般均可接受。

“协会货物保险条款”（2009）的种类：

（1）协会货物条款（A），一般称为ICC（A），承保范围相当于一切险。

（2）协会货物条款（B），一般称为ICC（B），承保风险与水渍险相近。

（3）协会货物条款（C），一般称为ICC（C），承保风险与平安险相近。

（4）协会战争险条款（Institute War Clauses-Cargo）。

（5）协会罢工险条款（Institute Strikes Clauses-Cargo）。

（6）恶意损害险条款（Malicious Damage Clauses）。

（7）偷窃、提货不着险条款（Institute Theft，Pilferage and Non-delivery Clauses）。前五种险别可以单独投保，后两种属于附加险，不能单独投保。在ICC条款中，上述前五种险别均按条款的性质统一划分为八项主要内容，即承保范围、除外责任、保险期限、索赔、保险利益、减少损失、防止延迟、法律与惯例。

ICC条款的特点主要表现在以下方面：①ICC条款的战争险和罢工险在需要时能单独投保；②ICC条款的各种险别取消了按全部损失与部分损失区分险别的规定；③ICC条款的各种险别赔偿时不计免赔率；④ICC条款规定的保单是一种空白格式的保险单，其内容简洁、明确，不包括保险条件，也取消了附注；⑤ICC条款增加了可保利益条款、续运费条款、增值条款、放弃条款、法律与惯例等5个条款。

（一）ICC（A）条款的主要内容

1. 承保风险（Risks Covered）

（1）风险条款（Risks）：承保保险标的物毁损或灭失的一切风险，但第4条至第7条的规定除外。

（2）共同海损条款（General Average）：承保由避免保险事故所致损失之共同海损及救助费用，但第4条至第7条款除外事项不包括在内，关于其理算或认定应依据运输契约及适用法律与惯例。

（3）船舶互撞责任条款（Both of Blame Collision）：对被保险人在运输契约内“双方过失碰撞条款”所负的责任，按照保单承保风险予以赔偿。当承运人依据该条款要求赔偿时被保险人应立即通知保险人，保险人有权自费向被保险人就该赔偿提出抗辩。

由此可见，ICC（A）承保风险的规定采取“一切风险减除外责任”的概括式规定方式，不列举具体承保风险的名称，即除对于“除外责任”项下所列风险保险人不予负责外，其他风险均予负责。

2. 除外责任（Exclusion）

ICC（A）的除外责任包括一般除外责任，不适航、不适货除外责任，战争和罢工除外责任等。

ICC(A)条款除外责任

3. 保险期间（Duration）

保险期间即保险期限、保险有效期。它具体反映在“运输条款”（第 8 条）（仓至仓条款：自保险标的为了开始运输而立即搬运至运输车辆的目的，开始进入仓库或储存处所时生效，至保险标的进入保险合同载明的目的地仓库完成卸货时终止）、“运输合同终止条款”（第 9 条）、“航程变更条款”（第 10 条）中。

4. 保险索赔（Claims）

协会条款对保险索赔的规定涉及如下四个方面的内容：

（1）可保利益。订立合同时，可以没有可保利益，但发生损失时，必须有可保利益如保险标的在订立合同前已发生损失，但被保险人并不知情，仍然可以获得赔偿（第 11 条）。

（2）续运费（第 12 条）。

（3）推定全损（第 13 条）。

（4）增值（第 14 条）。

5. 保险的利益（Benefit of Insurance）

保障被保险人、根据本保险合同提出索赔的人员或收货人的利益。除非有特别说明，承运人或其他受托人不享受本保险的利益（第 15 条）。

6. 减少损失（Minimizing Losses）与弃权（Waiver）

被保险人应采取避免或减轻上述损失的适当措施；确保对承运人、受托人或其他第三方追偿的所有权利被适当维护和行使；保险人将在赔偿承保责任范围内的任何损失外，还负责赔偿被保险人履行上述义务所产生的任何适当与合理的费用。被保险人或保险人“施救、保护或恢复保险标的所采取的措施，不应视为放弃或接受委付的表示，或损害任何一方的权益”（第 16 条、第 17 条）。

7. 防止迟延（Avoidance Delay）

被保险人在其所能控制的一切情况下，应做合理而迅速的处理以减少损失（第 18 条）。

8. 法律与惯例（Law and Practice）

本保险受英国法律与惯例约束（第 19 条）。

（二）ICC（B）条款的主要内容

ICC（B）比 ICC（A）承保的责任范围要小，大体相当于 CIC 条款的水渍险，采用除外责任之外列明承保风险的方式。

1. ICC（B）的承保风险

ICC（B）条款承保风险的具体情况包括：

（1）毁损或灭失合理归因于：火灾、爆炸；船舶或驳船触礁、搁浅、沉没或倾覆；陆上运输工具倾覆或出轨；船舶、驳船或运输工具同除水以外的外界物体碰撞；在避难港卸货；地震，火山爆发或雷电。

（2）由下列原因造成的毁损或灭失：共同海损牺牲；抛货或浪击落海；海水，湖水或河水进入船舶、驳船、船舱、运输工具、集装箱或储存处所。

（3）货物在装上或卸离船舶、驳船时掉落或从船上落入水中导致的整件货物的全损。

2. ICC（B）的除外责任

ICC（B）与 ICC（A）条款的除外责任基本相同，但有下列两点区别：

（1）ICC（A）对被保险人的故意不法行为所造成的损失、费用不负赔偿责任外，对于被保险人之外的任何个人或数人故意损害和破坏标的物或其他任何部分的损害要负赔偿责任。但在 ICC（B）下，保险人对任何人的故意不法行为所造成的损失不负赔偿责任。

（2）ICC（A）将海盗行为列入保险范围，而 ICC（B）对海盗行为不负保险责任。

（三）ICC（C）条款的主要内容

ICC（C）条款承保的风险范围比 ICC（B）小。其采用承保“除外责任”之外列明风险的办法，对自然灾害的损失不负责。

ICC（C）条款承保风险的具体情况包括：

（1） 毁损或灭失合理归因于：火灾、爆炸；船舶或驳船触礁、搁浅，沉没或倾覆；陆上运输工具倾覆或出轨；船舶、驳船或运输工具同水以外的外界物体碰撞；在避难港卸货。

（2） 由下列原因造成的毁损或灭失：共同海损牺牲；抛货。

ICC（C）条款的除外责任与 ICC（B）条款完全相同。

（四）协会海运货物战争险条款的主要内容

1. 承保风险

战争险主要承保由下列原因造成的标的物的损失：战争、内战、革命、叛乱、造反或由此引起的内乱，或交战国或针对交战国的任何敌对行为；捕获、拘留、扣留、禁止或扣押，以及这些行为的后果；遗弃的水雷、鱼雷、炸弹或其他遗弃的战争武器；上述原因导致的共同海损和救助费用。

战争险的保险范围不包括海盗行为，这一点与中国海运货物战争险条款不同。

2. 除外责任

战争险的除外责任与 ICC（A）的第 4 条、第 5 条的规定基本相同，但增加了一个“航程挫折”条款（Frustration Clause）。其规定：由战争造成航程中止，货物未能到达保险单所载明的目的地而引起的间接损失，保险人不负赔偿责任。

3. 保险期间

战争险采取承保“水上危险”的原则。

（五）协会海运货物罢工险条款的主要内容

1. 承保风险

罢工险主要承保标的物的下列损失：罢工者、被迫停工工人或参与工潮、暴动或民众骚扰者所致的灭失或损害;任何恐怖主义者或任何出于政治动机采取行动的人所引起的灭失或损害;

为避免或有关避免以上承保风险所造成的共同海损或救助费用。

从上述承保风险中可以看出，协会罢工险的承保范围大大超出了罢工的范围。它除负责罢工风险损失外，对于工潮、民众骚扰以及恐怖主义者或出于政治动机采取行动的人所致风险损失，也予负责。由于近年来国际上恐怖主义者活动频繁，经常给国际贸易货物运输的安全造成极大威胁，所以协会罢工险将恐怖主义者的行为所致损失也列入罢工险承保范围，以适应广大贸易商投保的需要。

2. 除外责任

罢工险只负责由承保风险直接造成的损失，因此下列损失或费用保险人不负赔偿责任：

（1）罢工、停工、工潮、动或民众骚扰等造成劳动力缺乏、短少或扣押所引起的损失或费用；

（2）航程挫折引起的损失；

（3）战争、内战、革命、叛乱或由此引起的内乱，或交战国或针对交战国的图敌对行为所造成的损失或费用。

3. 保险期间

与 ICC（A）、ICC（B）、ICC（C）一样，协会罢工险条款采取“仓对仓”原则。

【例 9-5】某年 2 月，山东某公司（简称进口公司）与日本某公司（简称出口公司）签订了进口一批医疗器械的合同，价格条款为 CIF 中国青岛，货值为 48 784 美元。出口公司按 ICC（A）条款在一家日本保险公司投保，目的港为中国青岛，同时，进口公司又与国内某用户公司（简称用户公司）签订国内销售合同，约定货物通关入境后即刻由进口公司将货物运至用户公司驻地北京市，用户公司派人员在约定的时间和地点接货，货物抵目的港经检验放行后，进口公司委托某货运公司用汽车将货物运至北京并在约定的时间和地点交货，不料运输途中因汽车故障使到达时间比约定晚了 5 小时，用户公司接货人员已离去且联络不上。夜幕降临，货运公司驾驶员就近将货车停放在一旅馆的停车场并住宿一夜，次日发现货物部分被盗，价值 5628 美元，用户公司据此向进口公司索赔，进口公司又向货运公司追偿，而货运公司又与旅馆纠缠不清，本案中进口各方受损，你认为本案发生的主要原因是什么？

提示：

本案发生的主要原因在于货运保险方面出了问题：①保险期限：海运保险的责任期间以“仓至仓”条款为依据。日本出口公司按 ICC（A）投保，关于保险的起讫期限未作特殊说明。因此，本合同中的保险期限也就是国际保险业中惯用的“仓至仓”条款，即保险责任自起运地仓库或储存处开始运输生效，直至到达保险单所载明目的地收货人的最后仓库或储存处或被保险人用作分配、分派或分散装运时止。本案中，货物安全抵达青岛并移交进口公司，由进口公司分派而运输时，日本保险公司的保险责任即告终止，其后发生的损失再无赔偿责任。②保险的衔接：在本案中，货物交接时 1CC（A）的保险责任即告终止，国内货物运输缺乏相应的风险保障，出现保险责任脱节现象，不能有效地规避风险。

获得的教训有：①在处理保险业务时，要明确货物运输保险的责任期限，本案中可通过扩展保险责任期限或适当调整保险的目的地来确保各方的利益。②在进口业务中，应规定进口国内陆地运输中出现保险责任脱节的情况，及时有效地衔接保险责任。

五、陆上运输货物保险

（一）陆运风险与损失

货物在陆运过程中，可能遭受各种自然灾害和意外事故。常见的风险有：雷电、洪水、地震、火山爆发、暴风雨以及霜雪冰雹等自然灾害；车辆碰撞、倾覆或出轨，公路、铁路路基坍塌、桥梁折断和道路损坏，以及火灾和爆炸等意外事故；偷窃、货物残损、短少、渗漏、战争、罢工等外来原因所造成的风险。货主为了减少这些风险造成的运输途中货物损失，就需要办理相应的陆运货物保险。

（二）陆运货物保险的险别

根据中国人民财产保险股份有限公司制定的《陆上运输货物保险条款》（2009年版）的规定，陆运货物保险的基本险别分为陆运险和陆运一切险两种。此外，还有适用于陆上输冷藏货物的陆上运输冷藏货物险和陆上运输货物战争险。

1. 基本险：限于火车与汽车运输

（1）陆运险。

陆运险（Overland Transportation Risks）指由于自然灾害或意外事故等的全部或部分损失，还包括抢救、减少损失等发生的合理费用。陆运险的承保责任范围同海洋运输货物保险中的水渍险相似。保险公司承保的风险主要包括：

① 被保险货物在运输途中遭受暴风、雷电、洪水、地震等自然灾害造成的全部和部分损失；

② 被保险货物由于运输工具遭受碰撞、倾覆、出轨，或遭受隧道坍塌、崖崩或失火、爆炸等意外事故所造成的全部和部分损失；

③ 被保险人对遭受承保责任内的危险货物采取抢救、防止或减少货损的措施而支付的合理费用，但以不超过该批被毁货物的保险金额为限。

（2）陆运一切险。

陆运一切险（Overland Transportation All Risks）的承保责任范围同海洋运输货物保险中的一切险相似。保险公司除承担上述陆运险的责任范围外，还负责被保险货物在运输途中一般外来原因所造成的全部和部分损失。

陆运险和陆运一切险的除外责任和责任起讫，与海洋运输货物保险中的除外责任和责任讫基本相同。

2. 陆上运输冷藏货物险

根据中国人民财产保险股份有限公司《陆上运输冷藏货物保险条款》（2009版），陆上运输冷藏货物险的承保范围、除外责任及责任起讫如下：

（1）承保范围。

① 被保险货物在运输途中由于下列原因造成的全部或部分损失：暴风、雷电、地震、洪水；陆上运输工具遭受碰撞、倾覆或出轨；在驳运过程中驳运工具的搁浅、触礁、沉没、碰撞；隧道坍塌、崖崩、失火、爆炸。

② 被保险货物在运输途中冷藏机器或隔温设备的损坏或者车厢内储存冰块的溶化所造成的解冻溶化而腐败的损失。

③ 被保险人对遭受承保责任内危险的货物采取抢救、防止或减少货损的措施而支付的合理费用，但以不超过该批被救货物的保险金额为限。

（2）除外责任。

① 被保险人的故意行为或过失所造成的损失；

② 属于由发货人责任所引起的损失；

③ 被保险货物在运输过程中的任何阶段，因未存放在有冷藏设备的仓库或运输工具中，或辅助运输工具没有隔温设备或没有在车厢内储存足够的冰块所致的货物腐败；

④ 被保险货物在保险责任开始时因未保持良好状态，包括整理加工和包扎不妥，冷冻上的不合规定及骨头变质所引起的货物腐败和损失；

⑤ 被保险货物的自然损耗、本质缺陷、特性及市价跌落、运输延迟所引起的损失和费用；

⑥ 因战争或罢工而引起的货物腐败和损失。

（3）责任起讫。

保险责任自被保险货物运离保险单所载明的起运地点的冷藏仓库装入运送工具开始运输时生效，包括正常陆运和与其有关的水上驳运在内，直至该项货物到达保险单所载明的目的地收货人仓库时为止。但最长保险责任以被保险货物到达目的地车站后 10 天为限。

3. 陆上运输货物战争险

中国人民财产保险股份有限公司《陆上运输货物战争险条款（火车）》（2009 版）对陆上运输货物战争险的规定如下：

（1）责任范围。

本保险负责赔偿：战争、类似战争行为和敌对行为、武装冲突所致的损失；各种常规武器，包括地雷、炸弹所致的损失。

（2）除外责任。

本保险对下列各项不负赔偿责任：

① 敌对行为使用原子或热核武器所致的损失和费用；

② 根据执政者、当权者或其他武装集团的扣押、拘留引起的承保运程的丧失和挫折而提出的任何索赔要求。

（3）责任起讫。

① 本保险责任自被保险货物装上保险单所载起运地的火车时开始到卸离保险单所载目的地的火车时为止。如果被保险货物不卸离火车，本保险责任最长期限以火车到达目的地的当日午夜起算满 48 小时为止；

② 如在运输中途转车，不论货物在当地卸载与否，保险责任以火车到达该中途站的当日午夜起算满 10 天为止，如货物在上述期限内重新装车续运，本保险恢复有效；

③ 如运输契约在保险单所载目的地以外的地点终止时，该地即视为本保险目的地，仍依照前述第①款的规定终止责任。

六、空运货物保险

（一）空运风险与损失

货物在空运过程中，可能遭受自然灾害、意外事故和各种外来风险而导致的货物全部或部分损失。常见的风险有：雷电、火灾、爆炸，飞机遭受碰撞、倾覆、坠落、失踪、战争破坏以及被保险物由于飞机遇到恶劣气候或其他危难事故而被抛弃等。货主为了分散这些风险造成的运输途中货物损失，就需要办理相应的航空运输货物保险，以便当货物遭到承保范围内的风险损失时，可以从保险公司获得赔偿。

（二）空运货物保险险别

根据中国人民财产保险股份有限公司《航空运输货物保险条款》（2009 版），航空运输基本险分为航空运输险和航空运输一切险两种，航空运输战争险为附加险。被保险货物遭受损失时，保险人按保险单上订明承保险别的条款负赔偿责任。

1. 航空运输基本险

（1）责任范围。

航空运输险对以下情况负责赔偿：

① 被保险货物在运输途中遭受雷电、火灾、爆炸或由于飞机遭受恶劣气候或其他危难事故而被抛弃，或飞机遭受碰撞、倾覆、坠落或失踪等意外事故所造成的全部或部分损失；

② 被保险人对遭受承保责任内危险的货物采取抢救、防止或减少货损的措施而支付的合理费用，但以不超过该批被救货物的保险金额为限。

航空运输一切险，除包括上列航空运输险的责任外，本保险还负责外来原因所致的货物全部或部分损失。

（2）除外责任。

本保险对下列损失，不负赔偿责任：被保险人的故意行为或过失造成的损失；属于发货人责任引起的损失；保险责任开始前，被保险货物已存在的品质不良或数量短差造成的损失；被保险货物的自然损耗、本质缺陷、特性以及市价跌落、运输延迟引起的损失或费用；战争或罢工引起的货物损失。

（3）责任起讫。

本保险负“仓至仓”责任，自被保险货物运离保险单所载明的起运地仓库或储存处所开始运输时生效，包括正常运输过程中的运输工具在内，直至该项货物运达保险单所载明目的地收货人的最后仓库或储存处所或被保险人用作分配、分派或非正常运输的其他储存处所为止。如未运抵上述仓库或储存处所，则以被保险货物在最后卸载地卸离飞机后满 30 天为止。如在上述 30 天内被保险的货物需转运到非保险单所载明的目的地时，则以该项货物开始转运时终止。

2. 航空运输货物战争险

（1）责任范围。

本保险负责赔偿：战争、类似战争行为和敌对行为、武装冲突所致的直接损失；上述条款引起的捕获、拘留、扣留、禁制、扣押所造成的损失；各种常规武器，包括炸弹所致的损失。

（2）除外责任。

本保险对下列损失不负赔偿责任：由于敌对行为使用原子或热核武器所致的损失和观武器，包括炸弹所致的损失和费用；根据执政者、当权者或其他武装集团的扣押、拘留引起的承保航程的丧失和挫折而提的任何索赔要求。

（3）责任起讫。

本保险责任自被保险货物装上保险单所载起运地的飞机时开始，到卸离保险单所载目的地的飞机时为止。如果被保险货物不卸离飞机，本保险责任最长期限以飞机到达目的地的当日午夜起算满 15 天为止。如被保险货物在中途港转运，保险责任以飞机到达转运地的当日午夜起算满 15 天为止，待装上续运的飞机时再恢复有效。

七、邮包运输货物保险

中国人民保险公司参照国际保险市场的通行做法，结合我国邮政包裹业务的实际情况，制定了邮包运输保险条款，包括邮包险条款和邮包战争险条款。邮包险条款对邮包险（Parcel Post Risks）和邮包一切险（Parcel Post All Risks）做了具体规定。邮包战争险（Parcel Post War Risks）是特殊附加险，只能在投保了邮包险或邮包一切险的基础上加保。

1. 邮包险和邮包一切险的责任范围

邮包险的承保责任范围包括：被保险邮包在运输途中由自然灾害或意外事故所造成的全部或部分损失。另外，还负责被保险人对遭受承保责任范围内风险的邮包采取抢救、防止或减少货损的措施而支付的合理费用，但以不超过该批被救邮包的保险金额为限。邮包切险，除包含邮包险的责任外，还负责赔偿被保险邮包由被偷窃、短少等一般外来原因所产生的全部或部分损失。

邮包险和邮包一切险的除外责任包括：被保险人的故意行为或过失造成的损失；战争、敌对行为、海盗行为、工人罢工造成的损失；运输延迟、被保险货物本质上的缺陷或自然损耗造成的损失；寄件人责任和被保险邮包在保险责任开始前已经存在的品质不良或数量短差造成的损失。

2. 邮包险和邮包一切险的责任起讫

邮包险和邮包一切险的责任起讫是自被保险邮包离开保险单所载起运地点寄件人的处所运往邮局时开始生效。直至被保险邮包运达保险单所载目的地邮局发出通知书给收件人当日午夜起满 15 天为止，但在此期限内，邮包一经递交至收件人的处所时，保险责任即终止。保险索赔时效从被保险邮包递交收件人时算起，最多不超过 2 年。

3. 邮包战争险

加保邮包战争险后，保险公司负责赔偿在邮包运输过程中由战争、类似战争行为、敌对行为、武装冲突、海盗行为以及各种常规武器导致的损失。此外，还负责被保险人对遭受承保责任范围内风险的邮包采取抢救、防止或减少货损的措施而支付的合理费用。但是，不包括原子或热核武器所致的损失。

邮包战争险的责任起讫是，自被保险邮包经邮政机构收讫后自储存处所开始运送时生效，直到邮包运达保险单所载目的地邮政机构送交收货人为止。

邮包运输罢工险的责任范围和海洋运输罢工险的责任范围相同。在加保战争险的前提下，加保罢工险不另行收费。若仅要求加保罢工险，则按战争险费率收费。

任务实施

1. 国际贸易进出口商在选择保险险别时，应考虑哪些因素？请归纳总结。

2. 我方某公司出口花生糖一批，投保一切险。由于货轮陈旧，速度慢，加上沿途揽载，结果航行 3 个月才到达目的港。卸货后，花生糖因受热时间过长全部潮解，无法销售。这种情况保险公司是否应赔偿？为什么？

3. 一艘满载货物的船舶在海上航行途中，由于船上的老鼠把船舶的一条管道咬破，海水从管道的破洞处渗了进来，浸湿了管道下货舱内的货物，造成损失。货主向保险人索赔，但保险人拒赔。保险人拒赔的理由是货损的近因是鼠害，而不是海水进舱。因为保险标的直接由鼠害造成的损害属于承运人未保管好货物的责任，货主应该向承运人索赔。英国初审法院同意保险人的观点，并做出货主败诉的判决。英国上议院却做出保险人败诉的判决。请分析：英国上议院的判决是否正确？

4. 1994 年 2 月，中国某纺织进出口公司与大连某海运公司签订了运输 1000 件丝绸衬衫到马赛的协议。合同签订后，纺织进出口公司又向保险公司就该批货物的运输投保了平安险单。2 月 20 日，该批货物装船完毕后启航，2 月 25 日，装载该批货物的轮船在海上突遇罕见大风暴，船体严重受损，于 2 月 26 日沉没，3 月 20 日，纺织品进出口公司向保险公司就该批货物索赔，保险公司以该批货物由自然灾害造成损失为由拒绝赔偿，于是，进出口公司向法院起诉，要求保险公司偿付保险金。请问：本案中保险公司是否应负赔偿责任？

5. 我国 A 公司与某国 B 公司于 2001 年 10 月 20 日签订购买 52500 吨化肥的 CFR 合同。A 公司开出信用证规定，装船期限为 2002 年 1 月 1 日至 1 月 10 日，由于 B 公司租来运货的“顺风号”轮在开往某外国港口途中遇到飓风，结果装船至 2002 年 1 月 20 日才完成。承运人在取得 B 公司出具的保函的情况下签发了与信用证条款—致的提单。“顺风号”轮于 1 月 21 日驶离装运港。A 公司为这批货物投保了水渍险。2002 年 1 月 30 日，“顺风号”轮途经巴拿马运河时起火，造成部分化肥烧毁。船长在命令救火过程中又造成部分化肥湿毁。由于船在装货港口的延迟，使该船到达目的地时遇上了化肥价格下跌。A 公司在出售余下的化肥时价格不得不大幅度下降，给 A 公司造成很大损失。请根据上述事例，回答以下问题：

（1）途中烧毁的化肥损失属什么损失，应由谁承担？为什么？

（2）途中湿毁的化肥损失属什么损失，应由谁承担？为什么？

（3）A 公司可否向承运人追偿由化肥价格下跌造成的损失？为什么？

6. 外贸公司进口散装化肥一批，曾向保险公司投保海运一切险。货抵目的港后，全部卸至港务公司仓库。在卸货过程中，外贸公司与装卸公司签订了一份灌装协议，并立即开始灌装。某日，由装卸公司根据协议将已灌装成包的半数货物堆放在港区内铁路边堆场，等待铁路转运至他地以交付不同买主。另一半留在仓库尚待灌装的散货，因受台风袭击，遭受严重湿损。外贸企业遂就遭受湿损部分向保险公司索赔，被保险公司拒绝。对此，试予以评论。

学习任务二 合同保险条款制定

学习目标

知识目标

1. 掌握保险险别的选择，确定投保人与保险公司。
2. 理解保险索赔与理赔。
3. 理解各种类型保险单据。

能力目标

1. 能够正确计算保险金额及保险费。
2. 能够正确、合理订立国际贸易货物保险条款。

素养目标

1. 具备社会实践能力，能操作国际贸易海运货物投保与索赔事宜。
2. 具备团队合作意识与协作能力，能够与他人沟通协商，共同完成国际贸易货物保险事务。

建议学时

学习任务二建议 3 学时。

相关知识点

国际货物买卖双方在洽谈一项交易时，肯定要进行关于保险条款的谈判。在国际货物运输保险的投保过程中，需要涉及诸多环节的内容。一个完整的保险条款包括保险险别确定、保险金额（Insurance Amount）计算、保险索赔等一系列内容，买卖双方只有事先对这些内容进行详细而完整的规定，才能有效地避免争议的发生。

一、出口货物和进口货物运输保险

按 CIF 或 CIP 术语订立的出口合同，由出口方负责投保。按我国保险公司的有关规定，出口货物的投保一般需逐笔填写投保单，向保险公司提出书面申请，投保单经保险公司接受后由保险公司签发保险单。

凡按 FCA、FOB、CPT、CFR 术语订立的进口货物，由进口方负责投保。我国外贸企业为了防止漏保和延误投保，也为了简化手续，大都采用预约保险的做法，即由我方外贸企业与保险公司事先签订各种不同运输方式的进口预约保险合同（Open Cover），又称预约保单（Open Policy），按照预约保险合同规定，外贸企业无须逐笔填送投保单。在进口货物时，只需将国外客户的装运通知送交保险公司，即为货物办理了投保手续，保险公司对该批货物自动承担承保责任。对于不经常有货物进口的单位，也可逐笔办理投保。

二、货物运输保险实务

货物运输保险是国际贸易中的主要交易条件之一，关于保险条款的谈判内容主要有：货物的投保人、双方同意的保险人（即保险公司）及采用的保险条款、保险的险别、保险的全额以及保险单的形式等。

（一）保险险别的选择

1. 保险投保人

国际货物运输保险的投保人可以是买卖双方中的任何一方，只要本国保险公司手续简单、条件便利，除非对方坚持，买卖双方都会争取由自己办理保险。这一方面可以促进本国保险业的发展，另一方面可避免由对方提供假保单而造成的欺诈，自己对货物投保可靠性更强。在实际业务中，买卖双方由谁投保须通过双方协商，并在合同中以术语的形式表现出来。根据《2000年国际贸易术语解释通则》中对买卖双方权利和义务的解释，可以通过贸易术语了解谁是一个特定合同项下的投保人。例如，在 CIF 术语中，卖方主要承担包括交货、运输保险在内的责任，所以，卖方自然就是以该术语成交的所有合同中的投保人；在 FOB 术语中，卖方的责任就是在装运港把货交到买方派来的船上，并没有规定卖方有投保的义务，所以，在以 FOB 术语成交的合同中，买方自然就成为货物的投保人。

但贸易术语本身并不是法律，贸易术语所规定的各项内容是可以变化的。根据“合同优先”的原则，在某些特殊交易中，当买卖双方对某些术语的规定不能接受时，在双方认可的情况下可以任意修改术语内容。例如，在一个以 CIF 术语成交的合同中，买卖双方就可以规定“以 CIF 术语成交，但保险由买方自理”。这样，合同的规定改变了贸易术语的内容，买卖双方就要按照合同执行。因此，一般来说，除非合同另有规定，一份合同的投保人以贸易术语的解释确定。但为了更好地明确规定买卖双方的责任，在合同中关于保险的条款上还是写明具体投保人为好。

2. 保险公司与保险条款

保险公司的实力和资信直接影响货物投保的安全性和理赔的便利性，因此，挑选合适保险人对于合同的签订和顺利进行十分重要。

根据所使用的贸易术语的不同，保险的受益人一般会在保险公司的挑选中掌握决定权。例如，在 CIF 术语成交的合同中，根据《2000年国际贸易术语解释通则》的解释，卖方投保是为买方采取的行为，最终的受益人是买方，所以一般是由卖方推荐保险公司，由买方最终决定；在送货上门的交货条件下，卖方投保是为了自身的利益，所以卖方就有选择保险人的决定权。但不论由谁决定，在合同中最好明确写明由某个具体的保险公司作为该合同的保险人。一旦保险公司确定下来，则保险条款也随之确定了。

3. 保险险别选定原则

在海运货物的保险中，都要明确承保责任的范围和保险的险别，这是保险人和被保险人履行权利与义务的依据。保险人制订了多种保险险别供投保人选择，不同的险别意味着货物运输中受损后得到保险公司偿的结果不同，即保险人承保的风险越大，投保人要缴纳的保险费越多，货物受损后得到保险人的赔偿就越多；如果保险人承保的风险越小，投保人缴纳的保险费越少，货损后得到保险人的赔偿就越少。因此，投保人对保险险别的选择要科学，并且要在合同中加以明确规定，确定投保人和保险人的权利义务关系。我国的进出口公司通常采用的保险条款是中国保险条款，有时也采用伦敦保险协会的货物保险。

科学选定保险险别的原则包括货运的风险有保障，保费的支出尽量少。根据货物的品性、包装方式、运输工具、运输地区、港口状况等条件来选择保险险别。例如：五谷杂粮易受水分条件影响，经过长途运输，水分可能会蒸发，易导致商品短量；同时也会吸收空气中的水分，被海水浸入、淡水渗入，易引起霉烂。在针对这类商品选择险别时，一般在水渍险的基础上加保短量险和受潮受热险。以中国保险条款为例，在平安险、水渍险和一切险三个基本险中，平安险的承保范围最小，费用最低；一切险的保障范围最大，保费最高。但保费直接关系到买方的进口成本，所以也要恰当选择投保的险种。通常由卖方替买方投保（如 CTF 术语下），在货物运输保险中存在以下习惯做法：

（1）当合同中有明确规定时，卖方须按合同规定为买方投保，保险费在索取货款时一并向买方收取。

（2）如果合同中没有明确规定保险的险别，则卖方通常按最低的险别投保，即如果向中国人民保险公司投保，就可以投平安险，并且可以根据商品特点，选择一个或几个针对性强的一般附加险。

（3）不管在什么情况下，卖方没有义务为买方投保战争险等特殊附加险，除非在买方要求并且支付费用的情况下。在这种情况下，双方需要明确特殊附加险的保险费的支付事宜。总之，在办理货物运输保险时，当事人应根据货物的性质与特点、货物运输的工具与路线、货物的残损规律、国际上政治经济形势的变化以及自然气候等因素全面考虑，合理选择。

（二）确定保险金额

1. 保险金额的定义

保险金额是指保险人承担赔偿或者给付保险金责任的最高限额，也是保险人计算保险的基础。保险金额一般是根据保险价值确定的。保险价值一般包括货价、运费、保险费以及预期利润等。在国际贸易中，保险金额通常还需在发票金额的基础上增加一定的百分率，保险加成。

《跟单信用证统一惯例》（UCP600）第 28 条规定：“信用证对于投保金额为货物价值、发票金额或类似金额的某一比例的要求，将被视为对最低保额的要求；如果信用证对投保金未做规定，投保金额必须至少为货物的 CIF 或 CIP 价格的 110%；如果从单据中不能确定 CIF 价格还是 CIP 价格，投保金额必须基于要求承付或议付的金额，或者基于发票上显示单货物总值来计算，两者之中取金额较高者。”

2. 保险金额的计算公式

保险金额的计算公式为

$$保险金额=CIF 价\times（1+投保加成率）$$

国际贸易合同中仅有 CFR 或 CPT 价格时，应先将该价格转换为 CIF 或 CIP 价格，其公式为

CIF=CFR/[1–保险费率×（1+投保加成率）]

在我国进口贸易中，如果贸易合同中只有 FOB（FCA）价格，可以按照与保险公司约定的平均运费率和平均保险费率来计算保险金额。

（三）交付保险费

办理投保时，应填写投保单，并交付保险费。投保人交付保险费是保险合同生效的前提条件，保险费是保险公司经营保险业务的基本收入，也是保险公司所掌握的保险基金，即损失赔偿基金的主要来源。计收保险费的公式为

保险费=保险金额×保险费率

如果按照 CIF 或 CIP 价格加成投保，则上述公式应改为

保险费=CIF（或 CP）价格×（1+投保加成率）×保险费率

保险费率是计算保险费的依据。我国进出口货物保险费率是在货物的损失率与赔付率的基础上，参照国际保险费率水平制订的。出口货物保险费率分为一般货物费率和指明货物加费费率。进口货物保险费率分为进口货物保险费率和特约费率。进口货物保险费率分为一般货费率和指明货加费费率。

【例 9-6】某外贸公司按 CIF 术语出口一批货物，CIF 总值为 50 000 美元，按发票金额加成 15%投保一切险、战争险、应付保险费多少？（一切险费率为 0.3%，战争险费率为 0.04%）

提示：保险金额 = CIF 总值×115% = 50 000×115% = 57 500（美元）

保险费= 保险金额×保险费率 =57 500×（0.3%+0.04%）= 195.5（美元）

（四）取得保险单证

保险单据是保险人与被保险人之间权利和义务的契约，是被保险人或受让人索赔和保险人理赔的依据，是进出口贸易结算的主要单据之一。在国际货物贸易中，保险单据可以背书转让。我国常用的保险单证主要有保险单、保险凭证、预约保单等。

1. 保险单

保险单（Insurance Policy）俗称“大保单”，是保险人根据被保险人的要求，表示已经接受承保责任而出具的一种正式文件，具有完整独立的承保形式。保险单正面内容包括保险当事人的名称和地址，保险金额、保险险别和保险期限，保险标的物名称、数量（或重量）和唛头，运输工具，出立保险单的日期和地点，保险人签章，保险人与被保险人约定的其他事项等内容。保险单背面的内容包括保险合同条款、保险人和被保险人的权利义务等方面的保险条款。目前，我国国内的保险公司大都出具大保单。

2. 保险凭证

保险凭证（Insurance Certificate）俗称“小保单”，是一种简化的保险合同（背面不载明保险人与被保险人之间的权利义务）。在法律上与保险单具有同等法律效力。它是保险人根据被保险人的要求，表示已经接受承保责任而出具的一种单据。虽然效力与保险单相同，但它不具有完整独立的承保形式。保险凭证的正面内容与保险单相同，即保险当事人的名称和地址、

保险金额和保险险别、保险标的物名称等，但是保险凭证的背面没有列入保险条款，而是规定与同类正式保险单所载明的条款相同，具有同等的法律效力。实际上，保险凭证是简化形式的正式保险单，投保手续简便。按照《跟单信用证统一惯例》规定，除非信用证另有规定，银行应接受保险凭证信用证要求提交保险凭证时，可以以保险单代之；但是当信用证要求提交正式保险单时，不得以保险凭证代之。

3. 预约保险单

预约保险单又称开口保险单（Open Cover），是一种长期性的保险单，它是由保险公司与投保人双方在没有确定船名航次的条件下预先签订的不规定保险总金额，但规定了其他保险条件的保险合同。在此范围内的保险标的物一经起运，保险公司即自动承保，投保人每次发运货物后根据具体数据申报，并换取保险人签发的保险凭证，凭此交货或向银行提交。我国目前的进口货物大都使用预约保险单，当货物出运后，被保险人将国外客户的装运通知书送交保险公司即可。这种保险单对于经常进口的单位来说极为方便，一方面可以防止漏保造成的损失，另一方面又可以大大简化保险手续。

《跟单信用证统一惯例》中规定："除非信用证另有规定，银行将接受保险人或其代理人预签的预约保险单下的保险证明书或投保声明书。如果信用证明确要求预约保险单下的保证明书或投保声明书，银行可接受保险单作为替代。"投保人办理投保时，尚无法确定船舶的名称、航次的，就是船名未定保险单。

4. 联合凭证

联合凭证（Combined Insurance Certificate）又称"联合发票"或"承保证明"，是一种将发票和保险单结合、比保险凭证还要简单的保险单据。联合凭证的具体做法是让保险公司在出口商签发的商业发票上，以加盖印章的方式注明保险人和理赔代理人的名称地址、保险险别、保险金额、保险期限、保险编号、保险运输工具、理赔地点等事项，其他未注明事项均认可商业发票上所列的内容，从而使保险公司无须另行出具保险单。联合凭证具有与保险单相同的效力，但是不可转让，使用上受到一定限制。目前，我国内地对港澳地区出口时，时常会使用这种将发票与保险单相结合的"联合发票"，即联合凭证。

5. 保险批单

保险单出立后，投保人如需要补充或变更其内容时，可根据保险公司的规定，向保险公司提出申请，经同意后即开出一种凭证，注明更改或补充的内容，这种凭证即批单。保险单据的转让无须取得保险人的同意，也无须通知保险人。即使在保险标的物发生损失后，保险单据仍可有效转让。保险单据的出单日期不得迟于运输单据所列货物装船、发运或承运人接受监管的日期。因此，办理投保手续的日期也不得迟于货物装运日期。

（五）保险索赔

保险索赔是指保险标的物在保险责任有效期内发生承保责任范围内的损失，被保险人向保险人提出的损害赔偿要求。当被保险货物到达目的地后，如获悉或发现保险货物已遭受损失，应立即通知保险人，提出索赔申请。

1. 索赔方式

我国按 FOB 或 CFR 术语出口的货物，由国外买方负责办理货物运输保险，有关向保险人索赔事项自然应由买方自行办理。

对于我国进口货物在运抵目的地后，如果发现有货损货差的情况，国内买方应立即通知保险公司或其代理人并提出索赔要求。同时，买方还应向保险单上注明的检验代理人或理赔代理人申请检验，一般情况下，检验代理人或理赔代理人负责对受损保险货物进行检验，确定损失原因和损失程度，并出具有关货损货差的检验报告。被保险人据此向保险公司办理索赔。

2. 索赔所需单证

索赔所需单证包括：保险单或保险凭证正本；运输合同；发票；装箱单或重量单或磅码单；如果损失涉及承运人等第三者责任，还应提供向承运人等第三者责任方请求赔偿的函电或其他单证和文件；货损、货差证明；海事报告；索赔清单。

3. 赔偿金额的计算

（1）全损赔偿金额的计算。

国际运输货物保险通常采用以约定的全部保险价值作为保险金额办理投保。部分保险的情况并不多见。在保险货物遭受全部损失的情况下，不论实际全损还是推定全损，均以保险单载明的保险金额为准，全额赔付。如一份保险单按货物或品种分别列明保险金额，其中一种货物或一个品种遭受全损，也按其保险金额全额赔付。

（2）部分损失赔偿金额的计算。

① 数量损失赔偿金额的计算。

其计算公式为

赔偿金额=保险金额×损失数量（重量）/保险货物总数量（重量）

② 质量损失赔偿金额的计算。

其计算公式为

赔款金额=保险金额×（货物的完好价值-货物受损后的价值）/货物的完好价值

在实际业务中，往往由于一时难以确定当地的市场价格，经协议也可按发票价值计算。

其计算公式为

赔款金额=保险金额×按发票价值计算的损失额/发票金额

③ 有关费用损失的赔偿计算。

有关费用损失，如出售受损货物支付的费用，一般只要在保险金额限度内，均可加入损失之内由保险人补偿。其计算公式为

赔款金额=保险金额×（货物损失的价值+出售的费用）/货物的完好价值

另外，对易碎和易短量的货物的索赔，还应了解是否有免赔的规定：

① 无免赔率的规定。不论损失程度，均予以赔偿。

② 有免赔率的规定。如果损失额没有超过免赔率，保险公司不予赔偿；如果超过免赔率，

则分为以下两种情况：

相对免赔率：不扣除免赔率全部予以赔偿；

绝对免赔率：扣除免赔率，只赔偿超过部分（PICC 采用绝对免赔率）。

在保险业务中，为了防止被保险人双重获益，保险人在履行全损赔偿或部分损失赔偿后，在其赔付金额内，要求被保险人转让其对造成损失的第三者责任方要求全损赔偿或相应部分赔偿的权利。这种权利称为代为追偿权，或称为代位权。在实际业务中，保险人需要首先向被保险人进行赔付，才能取得代位追偿权。

（六）几点注意事项

（1）如果买方委托卖方代办保险，则应明确保险金额、投保险别、按什么保险条款保险以及保险费由买方负担，同时规定保险费的支付时间和方法。

（2）以 CIF 和 CIP 成交的合同，应明确规定，办理保险、投保险别、保险金额的确定方法及按什么保险条款保险，并注明该条款的生效时间。

（3）在保险条款中，应避免使用通常险、惯常险或海运保险等笼统的规定方法。

合同保险条款示例

任务实施

1. 有一批出口货物的发票金额为 CIF 价值 USD 12 000，试问：这批货物的保险金额是多少？投保一切险费率为 0.6%，罢工险费率为 0.04%，试计算保险费应为多少？

2. 某货代公司接受货主委托，安排一批茶叶海运出口。货代公司在提取了船公司提供的集装箱并装箱后，将整箱货交给船公司。同时，货主自行办理了货物运输保险。收货人在目的港拆箱提货时发现集装箱内异味浓重，经查明，该集装箱前一航次所载货物为精茶，致使茶叶受精茶污染。请问：（1）收货人可以向谁索赔？为什么？（2）最终应由谁对茶叶受污染事故承担赔偿责任？

3. 有一份 CIF 合同，卖方甲投保了一切险，自法国内陆仓库起，直到美国纽约的买方仓库为止。合同中规定，投保金额是按发票金额点值另加 10%。卖方甲在货物装船后，已凭提单、保险单、发票、品质检验证书等单证向买方银行收取了货款。后来，货物在运到纽约前遇险而全部损失。当买方凭保险单要求保值的 10%的部分应该属于他，但卖方的保险公司拒绝了这个要求。请问：卖方甲有无权利要求保险公司支付发票总值 10%的这部分金额？为什么？

强化训练

1. 深圳 HL 公司向美国 Fashion 公司出口女士手提包，双方约定 CIF 术语成交，信用证方式支付。按照惯例，保险应该由谁负责？保险如何购买？

2. 12 月，HL 公司准时装运后，通过银行完成议付。第 3 天，收到买方 Fashion 公司来电，称装船的海轮由于触礁，船身破漏，450 箱货物，损毁了 200 箱，要求 HL 公司出面向中国人民保险公司索赔，否则要求 HL 公司承担这 200 箱货物的损失。

项目九课后自测

学习项目十
订立合同支付条款

学习目标

知识目标

1. 掌握国际结算工具汇票、本票、支票的种类、概念和特点。
2. 掌握国际支付方式汇付、托收、信用证的概念、特点、当事人及主要内容。
3. 掌握国际公约及惯例对支付条款的相关规定。

能力目标

1. 能绘制汇付、托收与信用证结算流程图。
2. 能分析比较各种支付方式的优缺点，正确、灵活地选择合适的结算工具和支付方式。

素养目标

1. 具备创新意识，能够在国际贸易合同支付环节中，有独特的见解和解决方案。
2. 能运用相关知识分析实际有关合同支付的案例。

建议学时

学习项目十建议 15 学时。

工作情景描述

深圳 HL 公司向美国 Fashion 公司出口女士手提袋。买卖双方都十分关注货款的收付问题，哪种方式的手续简便？哪种方式的费用相对较低？买（卖）方能接受哪种方式？特别是作为卖方，HL 公司李林最关心到底怎样才能安全收回货款？

学习任务与活动

学习任务一　结算票据认知
学习任务二　汇付与托收支付
学习任务三　信用证支付
学习任务四　支付方式的选择与综合应用

项目十思维导图

学习任务一　结算票据认知

学习目标

知识目标

1. 了解汇票、本票和支票的概念与特点。
2. 掌握汇票、本票和支票的区别。

能力目标

1. 能操作汇票的出票、背书和承兑等业务环节。
2. 能运用相关知识分析实际案例。

素养目标

具备资源整合能力和管理能力，在国际贸易合同支付环节中，正确使用资金票据。

建议学时

学习任务一建议 3 学时。

相关知识点

考虑到买卖双方的公平性，对一般交易而言，双方最为简单、稳妥、安全的货款结算方式就是“一手交钱，一手交货”，无须用任何复杂的工具。但在当代国际贸易结算业务中，由于绝大多数国际贸易涉及款项数额较大，几百万、上千万甚至上亿美元的业务屡见不鲜，如采用现金方式进行一手交钱一手交货的简单支付结算，一则运输不便，二则安全系数低。因此，绝大多数国际贸易买卖除支付定金、预付款等小额款项外，均采用非现金结算方式。在非现金结算中，票据是最基本的信用工具，充分发挥了货币支付作用、结算作用、流通作用和信用保证作用。因此，国际贸易结算离不开票据。

一、票据概述

票据（Negotiable Instrument）指以支付一定金额为目的，可以流通转让的有价证券，仅用于债权债务的清偿和结算的凭证。

一般而言，票据具有以下特征：

（1）流通性。票据通过直接交付或背书后交付完成转让。票据流通时的特点是：第一，票据转让不必通知债务人；第二，正当持票人的权利不受前手票据权利缺陷的影响；第三，票据受让人获得全部票据权利，能以自己的名义提出起诉。

（2）无因性。票据产生的原因是权利与义务关系存在，如商品交易、金融交易、资金借贷等。但是票据一旦做成，票据权利和义务的执行就与票据原因相分离，如在票据转让过程中，不需要调查票据原因是否合理、合法。

（3）要式性。票据的存在不重视其原因，但非常强调其形式和内容。只有形式和内容都不符合法律规定的票据，才是合格的票据。票据的形式必须符合法律规定，票据上的记载项目必须齐全并符合规定。要素：出票的日期，票据出票人的名称和签章，受票人的名称和地址，收款人的名称和地址，票据的金额。

（4）提示性。票据上的债权人向债务人做出提示，请求其付款，如果持票人不提示票据，那么付款人是没有履行付款的义务的。

（5）可追索性。票据遭到拒付，正当持票人可以向票据债务人追索，要求取得票据权利。

（6）返还性。持票人支取款项之后，它应该将已经兑付的票据交还给付款人。

【例 10-1】甲向乙购货，给乙签发一张本票，但乙未按约如期交货。

（1）当乙提示本票要求甲付款时，甲拒付。请问：甲拒付有理吗？

（2）若乙已把给了丙，丙是付了对价的善意受让人当丙凭本票要求甲付款时，甲以乙未如期交货拒付。请问：甲此时拒付有理吗？

提示：（1）甲可以向乙提出同时履行的抗辩，即“你不交货，我拒不付款”。

（2）如果乙已把货给了丙，丙是付了对价的善意受让人，那么当丙凭本票要求甲付款时，甲就不能以乙不交为由而拒绝向丙支付本票规定的金额。因为甲、乙之间的买卖关系是本票的原因关系，甲不能以原因关系有缺陷（乙方不交货）为由来对抗丙，这就是原因关系与票据关系相脱离的具体表现。其主要的作用是保护乙的受让人和票据的流通。

二、汇票

汇票（Bill of Exchange，Draft）是国际贸易结算中使用最为广泛的一种信用工具和支付工具。在票汇、托收或信用证的结算方式中，通常需要提交使用汇票。

（一）汇票的含义

汇票是由出票人（Drawer）以书面形式签发的，要求付款人（Payer）在见票（提示）时或在将来的指定时间支付确定金额给持票人或收款人（Payee）的无条件支付命令。我国《票据法》将汇票的定义确定为“汇票是出票人签发的，或委托付款人在见票时或在指定日期无条件支付确定金额给收款人或持票人的票据”。

电子银行承兑汇票图示

（二）汇票的必要记载事项与其他事项

汇票作为票据必须具备要式性，各国票据法及国际法都会对票据记载事项进行严格规定，将法定内容记载于汇票之上，才能产生票据的效力，若欠缺法律规定的必要记载事项，该汇票就不能视为有效。我国《票据法》第二十二条明确规定了汇票必须记载的下列事项。

1. 表明“汇票”的字样

我国《票据法》要求在汇票票面上明确表明“汇票”字样，以便当事人易于辨认，避免与本票、支票等其他票据混淆。

2. 无条件支付的委托

无条件支付的委托是票据无因性的体现。汇票的付款必须是无条件的，如果在汇票上规定收款人必须完成某行为或履行某项义务才予以付款，该汇票便为无效票据。通常在票面上以“凭票支付”“于到期日无条件支付”等文字来体现。

3. 确定的金额

汇票上注明的支付内容必须是金钱，且数额必须确定。如果以文字和数字同时表述金额，则二者金额须相等。若二者不符，根据《日内瓦统一票据法》的规定以文字为准。如果金额同时有大小写表示，则二者必须一致，大小写金额不一致的汇票无效。在国际贸易中，汇票的金额原则上应在合同或信用证金额的范围内，如无特殊规定，其具体金额和货币一般必须与发票金额和货币一致，否则受票人有权拒付。

4. 付款人名称

付款人是汇票债务的承担者。汇票可以指定银行或其他受托人为付款人，也可指定出票人自己为付款人，即所谓“对己汇票”（例如本票实质上就是对己汇票）。汇票的付款人一般是一个，但也可载明一个以上的付款人，任何一个付款人均须承担支付全部汇票金额的责任，当其中一人付款后，其余付款人即可解除付款义务。

5. 收款人名称

汇票收款人即有权最终得到汇票金额的权利人。《日内瓦统一票据法》和《中华人民共和国票据法》都规定不记载收款人名称的汇票无效。汇票的收款人一栏有以下几种写法：

（1）限制性抬头：写明收款人具体名称，不能背书转让，英文为 Pay A only；

（2）来人式抬头：写明收款人是来人，不需要背书就可转让，英文为 Pay bearer；

（3）指示性抬头：写明收款人具体名称，但通过其背书就可转让，英文为 Pay A or order，Pay to the order of A。

6. 出票日期

出票日期即出票人开出汇票的确切日期，它影响汇票提示、追索等操作的有效时限。

7. 出票人签章

出票人须在汇票上签名或盖章或二者皆为，表示出票人承诺负担出票责任。出票人签章可以是一人签章，也可以是多人签章，后者的所有签章人须对票据义务承担连带责任。

以上七条事项是我国《票据法》规定的汇票必要记载事项，若汇票未记载以上任意一条，则汇票无效。除此之外，我国《票据法》还规定了以下选载事项，缺少以下事项不影响汇票的效力：

（1）付款日期。付款日期可以按以下方式填写：①见票即付；②定日付款；③出票后定期付款；④见票后定期付款。

若汇票上未记载付款日期的，则视为见票即付。

（2）付款地点：汇票上未记载付款地的，付款人的营业场所、住所或者经常居住地付款地。

（3）出票地点：汇票上未记载出票地的，出票人的营业场所、住所或者经常居住地出票地。

（4）其他事项：汇票上可以记载《票据法》规定事项以外的其他出票事项，但不具有汇票上的效力。

（三）汇票的种类

根据不同标准，汇票通常可分为以下四种。

1. 按出票人不同，分为银行汇票（Banker's Bill）和商业汇票（Commercial Draft）

由银行开立的汇票即银行汇票，银行汇票的出票人和付款人都是银行。国际贸易中，它一般是银行应汇款人的要求，开立以汇入行为付款人的汇票。这种汇票一般由汇款人直接寄交收款人，凭票向汇入行取款。

商业汇票则是指出票人是工商企业或个人的汇票，付款人可以是企业、个人或者银行。在国际贸易中，凡由出口商签发，向进口商或银行收取货款或其他款项的汇票都属商业汇票。

2. 按有无附属单据，分为光票汇票（Clean Bill）和跟单汇票（Documentary Bill）

光票汇票本身不附带以海运提单为代表的货运单据，银行汇票多为光票。这种汇票无法从事实上约束付款人付款，其能否顺利流通、发挥功能取决于出票人、付款人或出让人的信用，因此在国际贸易中除少量用于货款结算外，一般仅用于从属费用、货款尾数、佣金等的托收或支付。

跟单汇票，又称信用汇票、押汇汇票，是需要附带提单、仓单、保险单、装箱单、商业发票等单据，才能进行付款的汇票。商业汇票多为跟单汇票，在国际贸易中经常使用。跟单汇票的付款人即进口人要取得货运单据提取货物，必须接受汇票并按其要求付清货款或进行承兑，这就遵循了钱款与单据对流的原则，对进出口双方都有利。

3. 按付款时间不同，分为即期汇票（Sight Draft）和远期汇票（Usance Draft）

即期汇票（Sight Draft），又称见票即付汇票，指持票人向付款人提示后对方立即付款。其付款日期的填写方法多为：Pay … at sight。

远期汇票（Usance Draft），指在出票一定期限后或特定日期付款。在远期汇票中，记载一定的日期为到期日，于到期日付款的，为定期汇票，表示为 Pay at Fixed Date；记载于出票日后一定期间付款的，为计期汇票，表示为 At … days after date；记载于见票后一定期间付款的，为注期汇票，表示方法为 At … days after sight；将票面金额划为几份，并分别指定到期日的，为分期付款汇票。也可写为提单签发后若干天付款，表示方法为 At … days after date of Bill of Lading。

4. 按承兑人不同，分为商业承兑汇票（Commercial Acceptance Bill）和银行承兑汇票（Banker's Acceptance Bill）

这两种汇票需经过承兑环节再付款，因而都属于远期汇票。

商业承兑汇票是以银行以外的任何工商企业或个人为承兑人的远期汇票。其付款人能否按期付款建立在商业信用基础上。

银行承兑汇票，指兑人是银行的远期汇票。通常由出口人签发，银行对汇票承兑后即成为该汇票的主债务人，由于银行信用一般高于商业信用，银行承兑汇票在票据市场上有比商业承兑汇票更强的流通性。

注意：以上汇票的定义分类依据不同标尺，因为存在相互交叉的范围，一份汇票可能同时具备几种特性，如一份商业汇票同时又是即期跟单汇票，一份远期商业跟单汇票同时又是银行承兑汇票等。

（四）汇票的票据行为

一般而言汇票使用过程中要经历一些共同环节，但不同种类汇票所经过的环节不尽相同，例如，即期汇票仅有出票、提示、付款三个简单环节，而远期汇票则还需要经过承兑。此外，根据情况不同还可能出现背书、拒付、追索等环节。

1. 出票

出票（Issue）是指出票人签发票据并将其交付给收款人或持票人。该环节是汇票效力产生的初始，包括两项内容：出票人写成汇票并签字；出票人将汇票交给收款人或其指定的持票人。

出票人签发汇票后便需要承担保证该汇票必然会被承兑和/或付款的责任，否则，被拒付的收款人有权要求出票人清偿汇票金额、自汇票到期日或提示付款日至清偿日的利息，以及取得拒绝证书等的费用。

2. 提示

提示（Presentation）是收款人或持票人将票据提交付款人要求付款或承兑的行为。付款人见到汇票即见票（Sight）。提示分为以下几种：

（1）提示付款（即期汇票、远期汇票承兑后）；

（2）即期汇票、见票后定期付款须在出票日一个月内向付款人提示付款；

（3）已承兑的远期汇票，自到期日起 10 日内须向承兑人提示付款；

（4）提示承兑（远期汇票）；

（5）定日付款/出票后定期付款：汇票到期日前须提示承兑；

（6）见票后定期付款：自出票日起一个月内须提示承兑。

汇票未按照规定期限提示承兑的，持票人丧失对其“前手”的追索权。

3. 承兑

承兑（Acceptance）是指持票人或收款人向远期汇票付款人提示后，付款人接受出票人的付款委托，表明同意承担支付汇票金额给持票人或者收款人的行为（见票后 3 日内）。它的做法通常是付款人在远期汇票上表明“承兑（Accepted）”，签名、署上日期并交还持票人，若付款人签字而未写“承兑”字样，则一般也构成承兑。须注意远期汇票承兑之前，出票是第一债务人，承兑之后，承兑人是第一债务人。

4. 付款

即期汇票见票时立即付款（Payment），已承兑远期汇票在到期时付款。收款人或持票人获得后，在汇票上签字并交给付款人，作为付款人的付款收据。汇票一经付款，则汇票上的权债务关系即告终止。

5. 背书

背书（Endorsement）指如果需要，持票人可在汇票背面签名，将其转让给其他受让人的行为。但不是所有的汇票都可以背书转让。背书可分为以下三种情况：

（1）限制性背书（Restrictive Endorsement）。只能由指定的个人或企业作为汇票的收款人，不得背书转让，无法流通。该种情况对应的汇票的收款人一栏为限制性抬头，即收款人为特定的企业或个人。例如，汇票上收款人注明“Pay to BE company only，not transferable”。

（2）记名背书（Special Endorsement）。背书人先在汇票上记载被背书人（即汇票的受让人）再签字，表明将汇票的权利义务转让给被背书人。记名背书不仅要求背书人签名盖章，还要求记载被背书人的姓名。汇票的收款人一栏则对应指示性抬头。例如，汇票上收款人栏填写“Pay to BE company or order”用以表明款项可付给 BE 公司或其指定的汇票转让人。

我国《票据法》第三十一条规定，以背书转让的汇票，背书应当连续（指在票据转让中，转让汇票的背书人与受让汇票的被背书人在汇票上的签章依次前后衔接）。持票人以背书的连续，证明其汇票权利；非经背书转让，而以其他合法方式取得汇票的，须依法举证，证明其汇票权利。汇票经过背书转让之后，“前手”对“后手”均有保证汇票会被承兑或付款的担保责任，当出现付款人拒绝承兑或拒付的时候，后手可以找任一前手以及出票人行使追索权。

（3）空白背书（Blank Endorsement）。背书人转让汇票时，仅需背书人在汇票背面签字而不记载被背书人的名称即可完成背书转让过程。经过空白背书后，受让人可以不经背书，仅凭交付再继续转让汇票。我国《票据法》不承认空白背书汇票的效力。

此外，关于背书，我国《票据法》还规定背书不得附有条件。背书时附有条件的，所附条件不具有汇票上的效力。将汇票金额的一部分转让的背书或者将汇票金额分别转让给两人以上的背书无效。背书人在汇票上记载“不得转让”字样，其后手再背书转让的，原背书人对后手的被背书人不承担保证责任。

6. 拒付（Dishonor）

以下情况均可称为汇票遭到拒付：①持票人提示汇票要求承兑时遭到付款人拒绝；②提示汇票要求付款人付款时遭到拒绝；③付款人拒不见票；④付款人死亡或宣告破产。

汇票发生拒付时，持票人可以凭拒绝证书（付款地的公证机构制作）向汇票的任一前手或出票人追索（期限 6 个月），当然也可向承兑人或付款人要求偿付。此外，我国《票据法》第三十六条规定，汇票被拒绝承兑、被拒绝付款或者超过付款提示期限的，不得背书转让；背书转让的，背书人应当承担汇票责任。

有时候汇票出票人或某个背书人为了避免承担汇票遭到拒付后被后手追索的责任，会在出票时或在背书时加注“不受追索（Without Recourse）”字样，这种汇票在市场上较难流通。

7. 贴现

贴现（Discount）是指远期汇票承兑后尚未到期，由银行或者贴现公司以票面金额按照一定贴现率计算利息后，将余额付给持票人并获得汇票。贴现一般要求是银行承兑汇票。

贴现银行取得汇票后，可以向中央银行办理再贴现，也可以等票据到期后要求付款人付款。

三、本票（Promissory Note）

（一）本票的含义和内容

根据我国《票据法》第七十三条规定，本票是出票人（Maker）签发的，承诺自己在见票时无条件支付确定的金额给收款人或持票人的票据。第七十四条规定，本票的出票人必须具有支付本票金额的可靠资金来源，并保证支付。根据《英国票据法》的规定，本票是一个人向另一个人签发的，保证于见票时或定期或在可以确定的将来的时间，对某人或其指定人或持票人支付一定金额的无条件的书面承诺。

银行本票图示

简言之，本票是出票人对收款人承诺无条件支付一定金额的票据。可以明显地看出，本票本质上是特殊的汇票，即出票人和付款人是同一人的汇票。

各国票据法对本票内容的规定各不相同。我国《票据法》第七十五条规定，本票必须记载下列事项：

（一）表明“本票”字样；

（二）无条件的支付承诺；

（三）确定的金额；

（四）收款人的名称；

（五）出票日期；

（六）出票人签章。

本票上未记载前款规定事项之一的，本票无效。

（二）本票的种类

按照《日内瓦统一法》与《英国票据法》，本票可按出票人的不同，分为一般本票和银行本票两种。一般本票（General Promissory Note）的出票人是工商企业或个人，又称为商业本票。银行本票（Bank’s Promissory Note）的出票人是银行。一般本票按付款时间的不同又分为即期本票和远期本票两种。即期本票就是见票即付的本票。而远期本票则是承诺于未来某一规定的或可以确定的日期支付票款的本票。银行本票都是即期的。按我国《票据法》第七十九条规定，我国只允许开立自出票日起，付款期限不超过 2 个月的银行本票。

值得注意的是，根据我国《票据法》第七十三条“本法所称本票，是指银行本票”的规定，我国不承认银行以外的企事业、其他组织和个人签发的本票。该法第七十五条还规定：“本票出票人的资格由中国人民银行审定，具体管理办法由中国人民银行规定。”按此规定，只有符合中国人民银行规定且经其审定的银行方可签发本票。

我国《票据法》之所以要对本票出票人的资格作如此严格的限制，主要是因为本票属于自付证券，由出票人自己支付本票金额，负绝对的付款责任，签发本票具有提供信用的性质，实质上相当于信用货币。如果各种企事业单位、机关、社会团体和个人都可以签发本票，就等于扩大了流通中的货币量。有可能引发通货膨胀，扰乱金融秩序。而且我国的信用基础尚不十分稳固，人们的票据法律意识和信用观念尚待加强。本票的广泛推行和使用还需要一个逐步发展的过程，而签发本票必须具有相应的经济实力和高度的信用。因此，在现阶段对签发本票的主体做出限制是必要的。当然，从长远看，随着市场经济的发展和票据的广泛使用和流通，适当放宽对本票出票人资格的限制也是可能的。

（三）本票的票据行为

本票本质上是特殊的汇票，因此在本票的票据行为中，对于出票、背书、付款与汇票类似，但本票在其使用环节中有一些特定的规定和性质。

1. 出票

本票的出票行为既适用本票出票的规定，又适用汇票出票的规定（因为本票本质上也是一种以出票人为付款人的汇票）。此外，由于本票出票人也是本票付款人，所以本票出票人必须具有支付本票金额的可靠资金来源并保证支付该数量的金额给收款人。

本票持票人未按规定期限提示见票的，丧失对出票人以外的前手的追索权。

2. 背书

汇票背书的规定同样可以约束本票背书行为。具体有：

（1）本票背书的方式以记名背书为限；

（2）本票背书的记载事项按照汇票背书记载事项进行；

（3）本票背书的效力与汇票背书相同；

（4）本票背书连续的确定按照汇票背书连续确定的方式进行。

3. 保证

如果需要，本票收款人的权利也可由本票债务人以外的第三者进行保证（同样适用于汇票保证的场合），保证人对合法取得本票（汇票）的持票人所享有的票据权利承担保证责任。保证人必须在本票（汇票）或粘单上记载下列事项：①表明“保证”的字样；②保证人名称和住所；③被保证人的名称；④保证日期；⑤保证人签章。

此外，根据我国《票据法》，被保证的本票（汇票），保证人应当与被保证人对持票人承担连带责任，本票（汇票）到期后得不到付款的，持票人有权向保证人请求付款，保证人应当足额付款，保证人为两人以上的，保证人之间承担连带责任。保证人清偿汇票债务后，可以行使持票人对被保证人及其前手的追索权。

4. 付款

本票的付款行为与汇票的规定基本相同。

（四）本票与汇票的区别

作为支付工具，本票与汇票都属于票据的范畴，且本票实质上属于付款人是出票人的汇票。但两者又有所不同，其主要有以下区别：

（1）当事人。汇票是委托式票据，所以汇票有三个基本当事人，即出票人、付款人和收款人；而本票是承诺式票据，所以本票的基本当事人只有出票人和收款人两个。本票的付款人就是出票人自己。

（2）份数。汇票能够开成一式多份（银行汇票除外）；本票只能一式一份，不能多开。

（3）承兑。远期汇票都要经付款人承兑。规定有具体付款日期的汇票，经承兑后就使付款人做了进一步的付款保证；见票定期付款的汇票，只有在承兑后才能把付款到期日定下来。

而本票的出票人就是付款人，远期本票由本人签发，就等于本人已承诺在本票到期日付款，此无须承兑。见票后定付款日期的本票，持票人也只需向出票人提示“签见”（即“签字确见票”）。

（4）责任。汇票在承兑前由出票人负责，在承兑后则由承兑人负主要责任，出票人负次要责任；而本票则自始至终由出票人负责到底。

四、支票（Cheque，Check）

（一）支票的含义与内容

支票图示

我国《票据法》第八十二条规定，支票是出票人签发的，委托办理支票存款业务的银行或者其他金融机构在见票时无条件支付确定金额给收款人或持票人的票据。按《英国票据法》规定，支票是以银行为付款人的即期汇票，即存款人对银行的无条件支付一定金额委托或命令。出票人在支票上签发一定的金额，要求受票的银行于见票时立即支付一定额给特定人或持票人。

支票的基本当事人同样包括出票人、付款人和收款人。出票人就是支票的签发人，在银行已经开设存款账户并且订有支票协议。付款人是出票人的开户银行。付款人可以在支票上注明，也可以不注明。可见，从本质上来说支票也是一种特殊汇票，即票据付款人是出票人办理支票存款业务的银行或者其他金融机构的即期汇票。

出票人在签发支票后，应承担票据上的责任和法律上的责任。前者是指出票人对收款人担保支票的付款；后者是指出票人签发支票时，应在付款银行存有不低于票面金额的票款，如存款不足，支票持有人在向付款银行提示支票要求付款时，就会遭到拒付。这种支票叫作空头支票。开出空头支票的出票人要负法律责任。

我国《票据法》规定，出票人必须按照签发的支票金额承担保证向该持票人付款的责任。出票人在付款人处的存款足以支付支票金额时，付款人应当在当时足额付款。《票据法》还规定，支票的出票人所签发的支票金额不得超过其付款时在付款人处实有的存款金额。出票发的支票金额超过其付款时在付款人处实有的存款金额，为空头支票。禁止签发空头支票。

我国《票据法》第八十五条规定，支票必须记载下列事项：

（一）表明“支票”字样；

（二）无条件的支付委托；

（三）确定的金额；

（四）付款人名称；

（五）出票日期；

（六）出票人签字。

支票上未记载前款规定事项之一的，支票无效。

注意支票上不会注有付款日期，因为支票限于见票即付，不得另行记载付款日期。另行记载付款日期的，该记载无效。

（二）支票的种类

支票种类大致可以分为以下八种。

1. 记名支票（Check Payable to Order）

记名支票须在支票收款人一栏写明收款人姓名，如“支付某某人或指定人”（Pay somebody or order）；取款时须有收款人签章，方可支取。

2. 不记名支票（Check Payable to Bearer）

不记名支票，又称空白支票。支票上不记载收款人姓名，只写“付来人”（Pay Bearer）。取款时持票人无须在背面签章，即可支取。

3. 现金支票

现金支票是只能去付款行领取现金的支票。

4. 转账支票

转账支票是只能通过转账得到款项的支票。

5. 划线支票（Crossed Cheque）与非划线支票（Uncrossed Cheque）

划线支票是在支票正面划两道平行线的支票，又称平行线支票。划线支票不同于一般支票。一般支票可委托银行收款入账（转账支票），也可由持票人自行提取现款（现金支票）。在实际操作中，许多国家允许持票人自由选择提取现金还是转账，并不规定现金支票还是转账支票，而以划线与否作为标志。非划线支票是既可以在付款银行领取现金，也可去付款行或往来银行要求转账代收：划线支票持票人不得要求银行支付现款，只能委托付款行或往来银行收款入账（可以在平行线间加注委托取款的银行的名字）。划线支票制度最早起源于英国，后来欧美各国亦相继采用。划线支票的作用主要是为了减少支票遗失、被窃的风险，如被他人冒领，还有可能通过银行代收的线索追回票款。

6. 保付支票（Certified Check）

保付支票是指由付款银行在支票上加盖“保付”戳记并签字的支票。支票一经保付，付款银行就负有绝对付款的义务。保付支票具有更好的信誉，可靠性增强，身份也随之提高，更有利于流通。

7. 空白支票

票据上有一项或几项应当记载的事项是空白，授权收款人根据授权范围自行补记的票据。例如，票据金额、收款人、出票日期等。

8. 空头支票

出票人签发的支票金额超过其付款时在其办理支票付款业务的付款银行或金融机构实有的存款金额，包括事前空头和事后空头，这种支票叫空头支票。空头支票为我国和世界绝大部分国家法律所禁止。

（三）支票的票据行为

在支票的票据行为中，对于出票、背书、付款行为和追索权的行使，适用《票据法》中关于汇票的相应行为权利行使的规定，但对支票的特殊规定除外。例如，我国《票据法》规定：支票的持票人应当自出票日起 10 日内提示付款；异地使用的支票，其提示付款的期限由中国人民银行另行规定，超过提示付款期限的，付款人可以不予付款；付款人不予付款的，出票人仍应当对持票人承担票据责任。

（四）支票与汇票、本票的区别

支票、汇票和本票虽然都具有票据的一般特性，其票据行为除票据法特定的以外，均适用于汇票的规定，但也存在明显差别，主要表现在以下方面：

（1）当事人。汇票和支票均有三个基本当事人，即出票人、付款人和收款人：而本票的基本当事人只有两个，即出票人和收款人。本票的付款人即出票人自己。

（2）证券的性质。汇票与支票均是委托他人付款的证券，故属于委托支付证券；而本票是由出票人自己付款的票据，故属于支付证券或承诺证券。

（3）到期日。支票均为见票即付，而汇票和本票除见票即付外，还可做出不同到期日记载，如定日付款、出票后定期付款和见票后定期付款。

（4）承兑。远期汇票需要付款人履行承兑手续。本票由于出票时出票人就负有担保付款的责任，因此无须提示承兑，但见票后定期付款的必须经出票人见票才能确定到期日，所以又有提示见票即“签见”的必要。支票均为即期，故也无须承兑。

（5）出票人与付款人的关系。汇票的出票人对付款人没有法律上的约束，付款人是否愿意承兑或付款，是付款人自己独立的行为，但一经承兑，承兑人就应承担到期付款的绝对责任。本票的付款人即出票人自己，一经出票，出票人即应承担付款责任；支票的付款人只有在出票人在付款人处有足以支付支票金额存款的条件下才负有付款义务。

任务实施

1. 请比较汇票、本票与支票。

2. 请计算票据的具体付款日期。

（1）At 60 days after sight（承兑日为 15th，April）；

（2）At 4 months after date（出票日为 5th，April）；

（3）On 25th，June。

3. A 公司为支付 B 公司的贷款，于 6 月 5 日给 B 公司开出一张 20 万元的银行承兑汇票。B 公司获此汇票后，因向 C 公司购买一批钢材而将该汇票背书转让给 C 公司，但事后不久，B 公司发现 C 公司根本无货可供，完全是一场骗局，于是，便马上通知付款人停止向 C 公司支付票款。C 公司获此票据后，并未向付款人请求支付票款，而是将该汇票又背书转让给了 D 公司，以支付其所欠之工程款。D 公司获此汇票时，不知道 C 公司以欺诈方式从 B 公司获得该汇票、B 公司已通知付款人停止付款的情况，于 7 月 1 日向付款人请求付款。付款人在对该汇票进行审查之后拒绝付款，理由是：（1）C 公司以欺诈行为从 B 公司获得票据的行为为无效票据行为，D 公司已通知付款人停止付款；（2）该汇票未记载付款日期，为无效票据。随即，付款人作成退票理由书，交付于 D 公司。

要求：根据票据法律制度的规定，分别回答以下问题：

（1）付款人能否以 C 公司的欺诈行为为由拒绝向 D 公司支付票款并说明理由。

（2）A 公司开出的汇票未记载付款日期，是否为无效票据并说明理由。

（3）D 公司被拒绝付款后，可以向本题中的哪些当事人行使追索权？

4. 甲交给乙一张经付款银行承兑的远期汇票，作为向乙订货的预付款，乙在票据上背书后转让给丙以偿还原先欠丙的借款，丙于到期日向承兑银行提示取款，恰遇当地法院公告该行于当天起进行破产清理，因而被退票。丙随即向甲追索，甲以乙所交货物质次为由予以拒绝，并称 10 天前通知银行止付，止付通知及止付理由也同时通知了乙。在此情况下丙再向乙追索，乙以汇票系甲开立为由推诿不理。丙遂向法院起诉，被告为甲、乙与银行三方。你认为法院将如何依法判决？理由何在？

5. 甲开立 100 英镑的支票给乙，叫乙向丙银行取款，乙拿到支票后拖延很久不去取款，恰在此时，丙银行倒闭，甲在丙银行的账户里的存款分文无着。乙在未获支票款项的情况下，找到了甲，要甲负责。甲以支票已过期为由拒绝对乙负责。请问：甲拒付是否有理？为什么？

学习任务二　汇付与托收支付

学习目标

知识目标

1. 掌握汇付、托收的含义、基本当事人及性质特点。
2. 掌握汇付、托收的方式。
3. 掌握汇付、托收在国际贸易中的使用与风险防范。
4. 了解合同中的汇付、托收条款。

能力目标

1. 能绘制各种方式的汇付与托收流程图。
2. 能运用相关知识分析实际案例。

素养目标

具备专业性，能以专业的视角分析汇付与托收方式在实际应用中的注意事项，正确使用不同方式的汇付与托收方式，降低风险与成本的同时安全收汇。

建议学时

学习任务二建议 3 学时。

相关知识点

汇付和托收都是国际贸易中经常采用的支付方式。

按资金的流向与支付工具的传递方向，支付方式分为顺汇和逆汇两种。顺汇是指资金的流动方向与支付工具的传递方向相同，即债务人主动将资金交给银行，并委托银行使用某种支付工具主动向债权人付款的支付方式；逆汇是指资金的流转方向与支付工具的传递方向相反，债权人出具支付工具委托银行主动向债务人收取款项的支付方式。汇付采用的是顺汇方法，托收采用的是逆汇方法。

在国际贸易实务中常见的债权人是出口商，而债务人是进口商。

一、汇付

（一）汇付的含义及其当事人

汇付（Remittance）又称汇款，指付款人（债务人）主动通过银行或其他途径将款项收款人（债权人）的结算方式。国际货款的收付如采用汇付，一般是由进口方按买卖合同约定的条件（如收到单据或货物）和时间，将货款通过银行汇交给出口方。汇付这种支付方式不但被用于国际贸易支付，而且，由于其当事人关系清晰，涉及业务简单，在国内交易中也经常被债权债务双方使用。

在汇付业务中，通常涉及四个当事人：

（1）汇款人（Remitter），即汇出款项的债务人，在进出口交易中，汇款人通常是进口人。

（2）收款人（Payee or Beneficiary），即收取款项的债权人，在进出口交易中，收款人通常是出口人。

（3）汇出行（Remitting Bank），即受汇款人的委托汇出款项的银行，通常是在进口地的银行。

（4）汇入行（Paying Bank），即接受汇出行委托解付汇款的银行，故又称解付行，在对外贸易中，通常是出口地的银行。

汇款人在委托汇出行办理汇款时，要出具汇款申请书。此项申请书是汇款人和汇出行之间的一种契约。汇出行一经接受申请，就有义务按照汇款申请书的指示并使用一定的传递方式（如电报、电传、信件、票据等）通知汇入行。汇出行与汇入行之间事先订有代理合同，在代理合同规定的范围内，汇入行对汇出行承担解付汇款的义务。

汇付中的资金流向与支付工具的传递方向相同，所以汇付采用的是顺汇方式。在汇付方式下，卖方能否按时按量收回约定的款项，完全取决于买方信誉的好坏，因此汇付的性质为商业信用。国际贸易中，汇付常用于订金、运杂费、佣金、小额货款或货款尾款的支付。

（二）汇付的基本流程

采取汇付方式进行结算的流程简单，基本步骤是：

（1）汇款人向汇出行提交汇款申请并交付费用；

（2）银行将汇款受理回执交汇款人，同时根据汇款金额借记汇款人的账户；

（3）汇出行以各种方式向汇入行发出付款指示；

（4）汇入行通知并将款项拨付给收款人；

（5）汇入行借记汇出行账户或直接索要头寸（也可解付前汇出行已将资金拨付至汇入行）。

（三）汇付的种类

按资金转移方式或支付工具的不同，汇付可分为电汇、信汇和票汇三种形式。

1. 电汇

电汇（Telegraphic Transfer，T/T）是指汇出行应汇款人的申请，通过加押电报（Cable）、电传（Telex）或 SWIFT 方式给国外汇入行，指示其解付一定金额给收款人的一种汇付方式。与其他汇付方式相比，电汇方式的特点是资金调拨速度快且安全可靠，银行无法占用资金所以费用比较高。目前使用最普遍的是采用 SWIFT 系统的电汇方式。

SWIFT（Society For Worldwide Interbank Financial Telecommunication）是环球银行间金融电讯协会的缩写，简称环银电协。SWIFT 现已成为世界上最大的金融清算与通讯组织，也是国际金融与国际结算的主体网络。中国银行于 1983 年 2 月在国内同业中率先加入 SWIFT 组织。

电汇结算业务流程如图 10-1 所示。

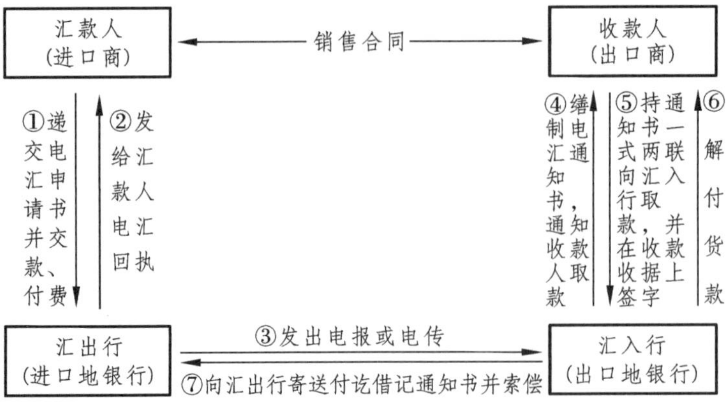

图 10-1 电汇结算业务流程

2. 信汇

信汇（Mail Transfer，M/T）是指汇出行应汇款人的申请，将信汇委托书邮寄给汇入行，授权解付一定金额给收款人的一种汇款方式。信汇方式的优点是费用较为低廉，但资金在途时间长，收款人收到汇款的时间较迟。

信汇结算业务流程如图 10-2 所示。

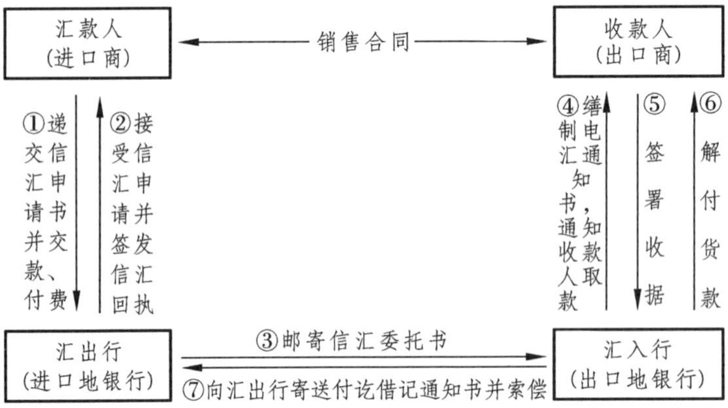

图 10-2 信汇结算业务流程

3. 票汇

票汇（Remittance by Banker’s Demand Draft，D/D）是指汇出行应汇款人的申请，代汇款人开立以其分行或代理行为解付行的银行即期汇票（Banker' s Demand Draft），支付一定金额给收款人的一种汇款方式。

票汇的汇入行无须通知收款人取款，而由收款人持票登门取款（汇款人取得汇票后自行通过各种方式将汇票交付收款人）。这种汇票除有限制转让和流通的规定外，经收款人背书，可以转让流通，而电汇、信汇的收款人则不能将收款权转让。因此票汇具有较大的灵活性，且具有融资作用，使用也比较方便。

票汇结算业务流程如图 10-3 所示。

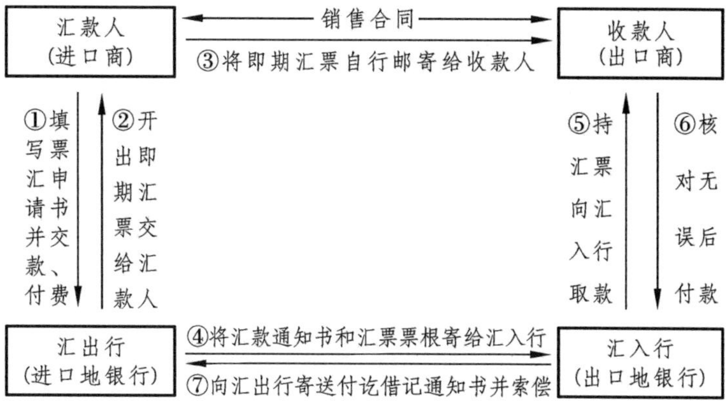

图 10-3　票汇结算业务流程

须注意，上述三种通知汇付方式在时间花费上差异较大，电汇最快，信汇其次，票汇最慢，这意味着这三种通知汇付方式下收款人从确定有外汇收入至最后收到外汇的时间是不同的，其面对的汇率、利率风险也不同。例如，若本国本币在近期处于升值趋势，则出口商要求进口商采取较慢的票汇方式，最终收到的外汇兑换为人民币的数量就可能出现较大幅度减少，其流转期间利息的损失也较大。当然，若选择较快的汇付方式，所需支付的费用同样也较高。

（四）汇付方式在国际贸易中的应用

由于汇付是纯粹的商业信用，债权方无法约束债务方按时足额汇款。在国际贸易中，汇付方式通常用于货到付款、赊销、预付货款及随订单付现等业务。

1. 货到付款

货到付款（Payment after Arrival of the Goods）是指出口商在收到货款前，先交出单据或货物然后由进口商主动汇付货款的方法。如交货付现（Cash on Delivery，COD），其本质是一种赊账业务（Open Account Transaction），进口方尚未付款便取得了对货物的控制权，对进口商较为有利。而出口商在发货后能否按时顺利地收回货款，完全取决于进口商的信用。若进口商拒不履行或拖延履行付款义务，出口商就会被迫面对货款两空或晚收款的利息损失。因此除非进口商的信誉可靠或进出口商是母子公司，否则出口商一般不宜轻易采用汇付方式收款。

但若汇付方式运用得当，对进出口双方都有利。对进口方来说，先取得代表货物的装运单据或货物再付款显然更有利于资金周转，并可节省费用（当然若出口商同意进口商采取汇付方式结算，通常其货物单价要高于信用证等其他支付方式）；对出口方来说，在进口方商誉可靠或与出口方有特殊密切关系的条件下，采用汇付方式有利于降低贸易成本、减少结算步骤从而扩大出口。

目前，我国货到付款汇付方法主要用于下述方面业务：

（1）在我国对某些地区的供应中，为了方便客户，巩固和扩大市场，作为一种特殊做法，对一些长年供应的鲜活商品，大部分采取汇付方式结算货款。

（2）在空运进出口买卖合同中，采用凭出口方电报或电传发货通知，进口方汇付货款的做法，以适应空运货物到货迅速的特点。

（3）在寄售出口业务中，为适应寄售业务先出货由代销商凭实货向买方进行现货销售的特点，通常采用“先出后结”的汇付方法。

（4）出口商为推销滞销商品或试销新产品，或者为打开国际市场，可酌情采用货到付款的结算方式。

在出口业务中，如果采用汇付方式预付货款的，应在买卖合同中明确规定使用何种方式（电汇、信汇还是票汇）和货款汇到的期限。汇到期限应结合合同中确定的装运期，并有适当余地，以免影响对外按时交货。

值得注意的是，对于在出口业务中采用票汇预付货款的交易，为保证收汇安全，除确实可靠的银行汇票、银行本票经我国银行审查认可同意收受的以外，均应先持票向付款银行收取票款，如果付款银行在国外，则应先将收到的票据交给当地银行，并委托其通过国外的代理行向付款行收款，在接到收款通知后，方可对外发运货物，以防止遇国外不法商人伪造票据（出票行破产倒闭、签发空头支票或其他原因收不到票款而蒙受损失）的情况。

2. 预付货款

预付货款（Payment in Advance）是指进口商先将全部或部分货款汇付给出口商，出口商收到货款后再发货的方法。例如，订货时汇付（Cash with Order）或交货前汇付货款。这种做法多应用于客户提出特殊加工要求或专门为客户加工的特殊商品，或一些市场畅销而又稀缺，处于明显卖方市场的商品。采用预付货款结算的买方一般可优先取得供应。当然，汇付货款不一定要全部付清货款，可以先采用汇付方式支付一定比例的货款，其余部分货款采取其他方式支付。

预付货款对出口商较为有利，因为进口方预先履行全部或部分付款义务，货物的所有权并没有在付款时转移，在 CIF 等装运港交货的条件下，出口方在没有交出装运单据以前，货物的所有权仍归其所有。由此可见，预付货款使进口方过早地垫出资金，并承担出口方延迟交货和不交货的风险。为了降低风险，进口商也会采取相应措施，如要求出口商提供银行保函或者备用信用证等担保，以便督促出口商履行合同义务。

此外，在预付货款的交易中，进口人为了减少预付风险，也使用凭单付汇的做法。凭单付汇（Remittance Against Documents）是进口人先通过当地银行（汇出行）将货款以信汇或电汇的方式汇给出口地银行（汇入行），指示汇入行凭出口人提供的某些指定的单据和装运凭付款给出口人。汇入行根据汇出行的指示向出口人发出汇款通知书，作为有条件付汇的依据。出口人根据汇款通知书向汇款行提交与通知书规定相符的单据并凭此向汇款行取得汇款。凭单付汇较之一般的汇付方式更易为买卖双方所接受，因为对进口人来说，预付货款多了一层保障，可以防止发生出口人支取汇款后不交货、不交单或不按合同规定如期交货、交单的情况。对出口人来说，只要及时按合同交货、交单，便可立即向汇入行凭货运单据支取全部货款。但是，由于汇款在尚未被收款人支取前是可以被撤销的，按一般的银行惯例，汇款人有权在收款人支款前随时通知银行将汇款退回，所以，出口人在收到汇款行的汇款通知书后，应尽快发运货物，并从速向汇款行交单汇款，以防货已发运而汇款被撤，造成被动的情况。因此，凭单付汇通常只适用于现货交易。

（五）汇付的特点

汇付方式步骤简单，优势与劣势明确，主要表现为以下四点。

1. 汇付是一种商业信用

汇付虽是以银行为媒介进行国际结算的，但银行在此过程中仅承担收付委托款项的责任并收取一定服务费用，而对买卖双方在履行合同中的义务并不提供任何担保，因此是一种商业信用而非银行信用。

2. 汇付的交易风险相对较大

如前所述，汇付是纯粹的商业信用，双方都有毁约的可能。一般用于小额从属费用支付，或者相互信任的公司之间，例如子母公司之间或子公司之间的支付。对于货到付款的卖方或对于预付货款的买方来说，能否按时收汇或能否按时收货，完全取决于对方的信用，可能出现钱货两空的糟糕局面，因此，买卖双方必定有一方要承担较大的风险。这就要求经营者加强信用风险管理，如交易前进行详细有效的资信调查。

3. 双方资金负担不平衡

就本质而言，汇付方式对货到付款的卖方或预付货款的买方来说属于一种赊账业务，资金负担较重，整个交易过程中需要的部分甚至全部资金在一定时期内由卖方或由买方承担，资金负担极为不平衡。

4. 费用低廉、手续简便

汇付结算的手续比较简单，相对托收、信用证而言，须支付银行的手续费用较低。因此，在交易双方相互信任的情况下，或在跨国公司的子母公司或各子公司之间，或公司内的贸易结算，均可以采用汇付方式。

（六）合同中的汇付条款

合同中的汇付条款，举例如下：

“卖方应于×年×月×日前将全部货物运抵至目的地，在货到后 15 天内，买方将全部货款用电汇（信汇/票汇）方式汇付给卖方。”

“合同签署后 30 天内，买方应以电汇方式付给卖方合同价格的 10%的金额。”

二、托收

（一）托收的含义

托收（Collection）是委托收款的简称，简单地说就是债权人（出口商）出具汇票和各类单据委托银行向国外债务人（进口商）收取款项的方式。国际商会制定的《托收统一规则》（URC522）对托收做了较为正规的定义：托收是指由接到托收指示的银行根据所收到的指示处理金融单据（Financial Documents）和/或商业单据（Commercial Documents），以便取得付款/承兑，或凭付款/承兑交出商业单据，或凭其他条款或条件交出单据。这里的金融单据又称资金单据，是指汇票、本票、支票、付款收据或其他类似用于取得付款的凭证。商业单据是指发票、运输单据、物权单据或其他类似单据，或除金融单据以外的其他单据。

国际贸易实践中，银行是为客户办理托收业务的最常见机构。银行托收的基本做法是：出口人根据买卖合同先行发运货物，然后开立汇票（作为无条件付款命令书，此汇票的出票人是出口人，付款人是进口商；当然也可不开汇票）连同各类金融、商业单据，向出口地银行提出托收申请，委托出口地银行（托收行）通过其在进口地的代理行或往来银行（代收行）向进口人收取货款，视托收方式不同授权进口地银行在进口商对汇票承兑或支付货款后将单据交出，便于其及时获取货物。

（二）托收当事人

托收方式所涉及的当事人主要有以下各方：

1. 委托人

委托人（Principal 或 Consignor）即委托银行向国外付款人代收货款的人，通常为出口商。

2. 托收行

托收行（Remitting Bank）即接受出口商委托代为收款的出口地银行。托收行有义务按照委托人的指示办事，它与委托人之间是委托代理关系。托收行对单据的正确性、真实性不负责任。对于因委托人的指示利用外国银行服务而发生的一切费用和风险，托收行也不负责。

3. 代收行

代收行（Collecting Bank）是指接受托收行委托向付款人收取票款的进口地银行，它通常是托收银行的国外分行或代理行。代收行应遵照托收行的指示，尽快向付款人提示汇票，要求其付款或承兑，并在付款或承兑后，及时通知托收行。

4. 提示行

提示行（Presenting Bank）是指向付款人提示汇票和单据的银行。代收行可以自己兼任提示行，当然也可委托与付款人有账户往来的银行作为提示行。

5. 付款人（Drawee）

付款人是指根据托收指示应支付货款作为接受代收行出具的各类单据对价的人，如使用汇票，即汇票的受票人是付款人，通常为进口人。

在托收业务中，如发生拒付，委托人可指定付款地的代理人代为料理货物存仓、转售、运回等事宜，这个代理人叫作“需要时的代理”（customer’s representativein case of need）。委托人如指定需要时的代理人，必须在托收委托书上写明此代理人的权限。

（三）托收委托书

按照国际商会《托收统一规则》（URC522）的规定，一切托收业务都必须附有托收委托书（Collection Order），以便对银行办理托收的有关事项作出明确指示，并注明该托收按照《托收统一规则》（URC522）办理。所谓托收委托书，是约束委托人与托收行之间权利和义务的法律文件。根据惯例，委托人应填写托收委托书，并详细说明要求，银行将只据托收委托书给予的指示办理托收事宜。

托收委托书包括以下内容：

（1）托收涉及当事人的具体信息，例如，托收行、委托人、付款人、提示行的情况包括全称、邮编和 SWIFT 地址、电话、电传及传真号码等；

（2）委托托收的总金额及使用货币种类；

（3）所附单据种类及其份数；

（4）光票托收时据以取得付款和/或承兑的条款及条件，跟单托收时据以交单的条件，包括付款和/或承兑，以及其他条件和对单据的要求；

（5）应收费用，同时须注明该费用是否可以放弃；

（6）应收利息（如果有），同时须注明该项是否可以放弃，并应包括利率、计息期和计算方法（如一年是按 360 天还是按 365 天计算）；

（7）付款方式及付款通知的形式；

（8）意外事件，例如，发生拒付、不承兑和/或执行其他批示情况下的处理。

URC522 上述规定托收指示仅具有指导性质，实际托收业务中的托收指示不一定仅局限于上述内容，可在买卖双方同意的前提下由委托方与银行协商确定。

（四）托收的种类

根据委托人签发的汇票是否附有票据，托收可以分为光票托收和跟单托收。

1. 光票托收

光票托收（Clean Collection）是指委托人仅签发金融单据（例如汇票）不附有商业单据的托收，即提交金融单据委托银行代为收款。由于光票托收委托人（即出口方）手中没有约束进口方支付货款的商业单据，无法约束进口方支付货款以取得对货物的控制权。因此在国际贸易中，光票托收仅用于收取货款的尾数、佣金、样品费以及其他贸易从属费用等小额款项。根据出口人签发汇票的种类，有即期光票托收和远期光票托收之分。

2. 跟单托收

跟单托收（Documentary Collection）是指委托人签发的金融单据附有商业单据或不附有金融单据的商业单据，作为进口方买单对价的托收。在实务中，跟单托收主要有提单、保险单、装箱单等。跟单托收如以汇票作为收款凭证，则使用跟单汇票。由于附有提单等重要单据得以约束进口人，使其不付款或不承兑就无法获得对货物的控制权，所以在国际贸易中货款的收取大多采用跟单托收方式。在跟单托收的情况下，按照货物单据和货款的支付是否同时进行，即根据向进口人交单条件的不同，又可分为付款交单和承兑交单两种。

（1）付款交单。

付款交单（Documents against Payment，D/P）是指出口商的交单是以进口商的付款为条件，即出口商发货后，取得装运单据，委托银行办理托收，并指示银行只有在进口商付清货款后，才能把商业单据交给进口商。一言蔽之，即“进口商付款，托收行或代收行才能交付进口商商业单据”。

在付款交单情况下，如按付款时间的不同，又可细分为即期付款交单和远期付款交单。

① 即期付款交单。

即期付款交单（Documents against Payment at sight，D/ P at sight）即出口商发货后开具一张即期汇票，连同其他商业单据，通过银行向进口商提示付款，进口商见票后立即付款，进口商在付清货款后才可向银行领取商业单据。在所有托收业务中，相对而言，即期付款交单对于出口商收汇而言是最为安全快速的。

即期付款交单的业务流程如图 10-4 所示。

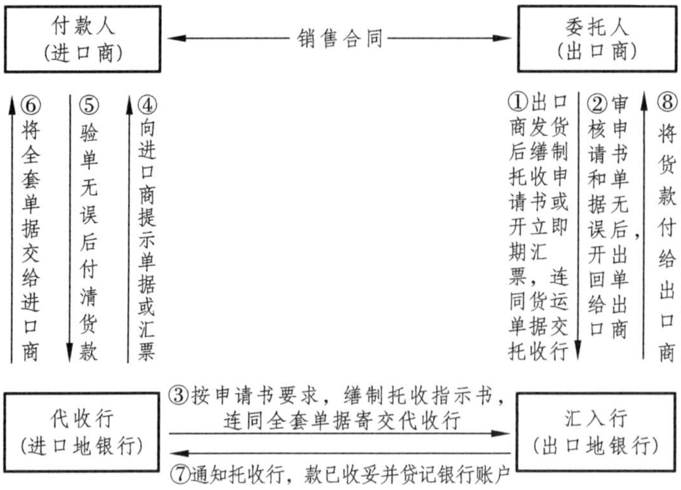

图 10-4　即期付款交单的业务流程

② 远期付款清单。

远期付款交单（Documents against Payment after sight，D/P after sight）即出口商发货后开具一张远期汇票，连同其他商业单据，通过银行向进口商提示承兑，进口商审核无误后即在汇票上进行承兑，但代收银行此时并不向进口商交付商业单据，进口商须于汇票到期日付清货款后再向代收行领取商业单据。

远期付款交单流程如图 10-5 所示。

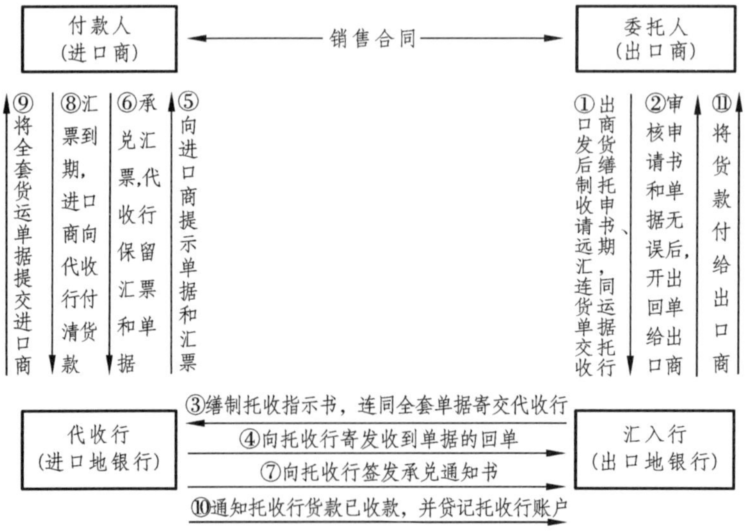

图 10-5　远期付款交单流程

在远期付款交单的条件下，如付款日和实际到货日基本一致，则不失为对进口商的一种资金融通。但如果应付款日期晚于到货日期且该产品在进口地市场行情很好，则进口商为了抓住有利时机想先行获得货物，可以采取以下两种做法：

① 在付款到期日之前付款赎单，扣除提前付款日至原付款到期日之间的利息作为进口商享受的一种提前付款的现金折扣。

② 对于资信较好的进口商，代收行允许进口商凭自己开立的信托收据（Trust Receipt）先行向代收行借取货运单据以便先行提货，于汇票到期时再向代收行付清货款，称为远期付款交单凭信托收据借单（D/P·T/R）。这里，信托收据指进口商借单时向代收行提供的书面信用担保文件，表明进口商愿意以代收行委托人身份代为提货、报关、存仓、保险或出售，并承认货物所有权仍属代收银行。货物售出后所得的货款，应于汇票到期时交代收行。

须注意的是，若代收行未经托收委托人（即出口商）同意，擅自向进口商提供 D/P·T/R 的信用便利，则其行为实质上属于越权代理的一种。因此若代收行借出单据后，进口商未能如约在汇票到期时将货款付清（例如，货物销售情况不如意导致进口商资金困难，或是进口商倒闭等），则损失应由代收行负责，即由代收行负责向出口商支付货款。因此，采用这种做法时，代收行往往要求进口商提供担保或抵押品。但若 D/P·T/R 是出口商主动授权代收行在进口商承兑但未付款的情况下先行借单提货，则如果进口商到期拒付，其损失应由出口商自己承担，银行并无过错。此时的 D/P·T/R 本质上就是下文所述的承兑交单，安全系数便下降一个等级。

（2）承兑交单。

承兑交单（Documents against Acceptance，D/A）是指出口商的交单是以进口商在汇票上承兑为条件，即出口商在装运货物后开具远期汇票，连同商业单据，通过银行向进口商提示，进口商承兑汇票后，代收银行即将商业单据交给进口商，在汇票到期时履行付款义务。承兑交单方式只适用于远期汇票的托收。由于承兑交单是在进口商承兑汇票后，即可取得货运单据，并凭以提货，这对出口商来说，已交出了物权凭证，其收款的保障只能取决于进口商的信用，一旦进口商到期不付款，出口商就有可能蒙受货物与货款两空的损失。所以，如采用承兑交单这种做法，必须从严掌握。

承兑交单流程如图 10-6 所示。

【例 10-2】我方某公司与外商达成一项出口合同，付款条件为付款交单，见票后 90 天付款。当汇票及所附单据通过托收行寄抵进口地代收行后，外商及时在汇票上履行了承兑手续。货抵目的港时，由于用货心切，外商出具信托收据向代收行借得单据，先行提货转售。汇票到期时，外商因经营不善，失去偿付能力。代收行以汇票付款人拒付为由通知托收行，并建议我公司径向外商索取货款。请问：你认为我公司应如何处理？

提示：我公司应追究代收行责任。这是代收行凭进口商“信托收据”（T/R）给予进口商提货便利，从而向进口商融通资金的银行业务。它与“付款交单凭信托收据借单”（D/P·T/R）不同，这种做法是出口人在办理托收申请时，指示银行允许进口商承兑汇票后可以凭信托收据借单提货，即凭信托收据向进口商借单是由出口商授权的；日后进口商到期拒付时，则与银行无关，一切风险由出口人自己承担。本案例中，外商出具信托收据向代收行借得单据，先行提货转售，因此应该由代收行凭该进口商的担保，向进口商追讨货款。

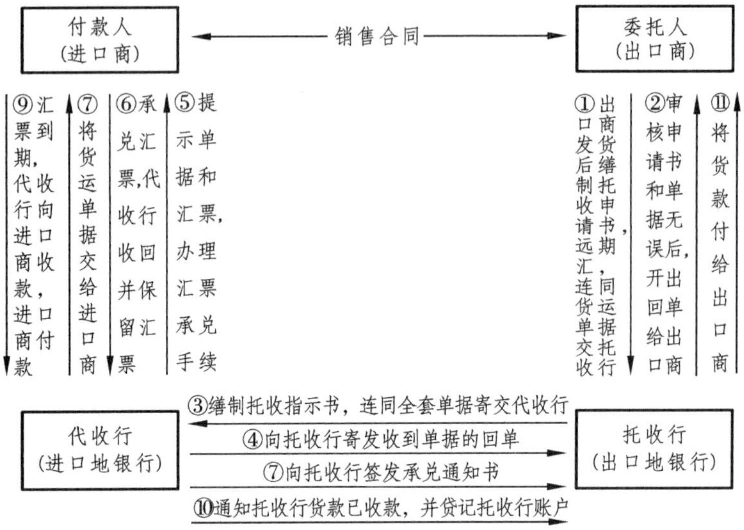

图 10-6　承兑交单流程

（五）托收的特点

1. 托收相对汇付较为安全

从上述托收业务的流程可以看出，相对汇付而言托收是较为安全的一种收汇方式，因为就出口商而言其手中掌握了进口商必须付款（或必须承诺付款）的对价一海运提单等，是进口商用以提货的商业单据。若进口商拒绝付款或承诺付款，则无法获得货物控制权，这就可以避免采用汇付方式下较容易出现的“钱货两空”的局面。就安全系数而言，“付款交单>承兑交单>汇付”。

2. 托收是商业信用，仍然存在风险

必须清醒地看到，托收的性质仍然是商业信用，也存在相当的风险。托收虽然通过银行办理，但是银行只是按照卖方的指示办事，不承担付款的责任，不过问单据的真伪，如无特殊约定，对已运到目的地的货物不负提货和看管责任。因此，卖方交货后，在付款交单下买方是否如约买单付款，在承兑交单下买方是否如约对汇票承兑，以及提货、到期后能否如约付款，则完全取决于买方的信誉。所以，托收的支付方式是建立在商业信用基础上的。如果出现以下情况，采取托收方式的出口商仍然可能遭受损失：

（1）行市突变，进口地市场该货物销量不如意，诱使进口商采取各种理由拒绝对汇票承兑或付款，或要求（要挟）出口商降低合同价格。

（2）按照 FOB 出口，货物在海运途中发生损失，进口商已知情，由于进口商未投保相应保险，借故拒不赎单或承兑。

（3）出口商发货后，进口商破产或丧失清偿债务的能力。

（4）承兑交单方式下，进口商对汇票承兑并提货后到期借故不付款或干脆逃之夭夭。

即使采用托收方式，付款交单也可能出现“货走（但在控制之中）钱不到”的局面，承兑交单则可能出现“钱货两空”的局面。此时，卖方一方面要承担无法按时收回货款或货款落空的损失，另一方面要承担货物到达目的地后提货、存仓、保险的费用和变质、短量的风险，以及转售可能发生的价格损失。当然，上述第（1）、（2）、（4）种情况是由进口商违约造成的损失，出口商可以通过诉讼或仲裁方式得到赔偿，但费时费力费财（若是不法进口商提货后逃之夭夭则更为麻烦），现实中一旦出现这样的情况，很多出口商可能会被追责妥协退让、采取降价的办法让进口商买单付款，损失可能更小一些。而对于第（3）种情况，卖方即使可以根据企业破产法从进口商处追回一些赔偿，也往往不足以弥补全部损失。因此即使采用托收方式，出口商也须做好对进口商的资信调查工作，尤其是在该产品市场行情下跌的时期。

3. 托收是出口方对进口方提供的一种资金融通

托收方式对卖方来说是先发货后收款，因此是一种卖方信用。如果是远期托收，卖方还可能要在货到后甚至更晚才能收回全部货款，因此在资金收回时间方面，托收与“货到付款”的汇付方式是类似的。

4. 托收对于进口方的风险

托收对于进口方来说虽然不失为一种资金融通的方法，但同样也有一定的货物与信用风险，特别是使用付款交单的情形：由于付款交单强调了货物单据化的重要性，即代收行提交给进口商表面合格的单据（托收行、代收行无须对单据的真实性及货物的真实情况负责），进口商就应当付款买单，之后才能提取货物，这样就有可能在买方付款赎单提货后发现货物与合同不符，同时也存在单据被出口商伪造的可能性，从而使买方同样遭到“钱货两空”的危险。

（六）托收风险的防范

在我国的出口业务中，为加强对外竞争力和扩大出口，可针对不同商品、不同贸易对象、不同国家与地区的习惯，适当和慎重地使用托收方式。但是，在使用此种方式时，应注意下列问题。

（1）若为大额交易、初次交易，必须对进口商进行详细切实的资信调查，并根据进口商的具体情况妥善掌握成交金额，不宜超过其信用程度。

（2）对于合同货物在进口地市场价格变化波动较大，尤其是处于行市下降行情的，慎用托收，防止进口商寻找借口不赎单并要求降价。

（3）对于贸易管理和外汇管制较严的进口国家与地区，不宜使用托收方式，以免货到目的地后，不准进口或收不到外汇而造成损失（可使用信用证）。

（4）仔细了解进口国家关于托收的商业惯例，以免由于当地习惯做法，影响安全迅速收汇。例如，有些拉美国家的银行，对远期付款交单的托收，按当地的法律和习惯，在进口商承兑远期汇票后立即把商业单据交给进口商，即把远期付款交单（D/P 远期）改为按承兑交单（D/A）处理。因而会使出口商增加收汇的风险，并可能引起争议和纠纷。

（5）出口合同应争取按 CIF 或 CIP 术语成交，由出口商办理货运保险，必要时也可酌情投保出口信用保险。在不采用 CIF 或 CIP 术语时，则可酌情投保卖方利益险。所谓卖方利益险，指如被保险货物在运输途中由承保范围内风险造成损失，国外买方既不付款赎单，又拒绝支付货物受损部分的损失时，保险公司对买方拒绝赔付受损或灭失部分的损失负赔偿责任。

（6）采用托收方式收款时，要建立健全管理制度，定期检查，及时催收清理，如发现，应迅速采取应对措施，以避免或减少可能发生的损失。

（7）根据进口商资信情况和产品行情，合理选择不同托收方式，例如承兑交单、付款交单及其期限。

（七）国际商会《托收统一规则》

从上述内容可以得知，在托收业务流程中银行是主要执行者。国际贸易实际操作中，各国银行办理托收业务时，往往可能由于当事人各方对权利、义务和责任的不同解释及各银行业务习惯差异导致争议和纠纷。为调和托收业务进出口双方，尤其是托收行、代收行与进出口人之间可能出现的矛盾、问题，国际商会早在 1958 年即草拟了《商业单据托收统规则》，并建议各国银行采用该规则。在总结实践经验的基础上，于 1978 年对该规则进行了修订，改名为《托收统一规则》（*The Uniform Rules for Collection*，CC Publication No.322），并于 1995 年再次修订，称为《托收统一规则》国际商会第 522 号出版物（简称 URC522），于 1996 年 1 月 1 日实施。《托收统一规则》自公布实施以来，被各国银行所采用，已成为托收业务的国际惯例。URC522 共 26 条，包括七部分内容：A. 总则及定义；B. 托收的形式及结构；C. 提示方式；D. 义务与责任；E. 付款；F. 利息、手续费及费用；G. 其他规定。现将主要内容介绍如下：

（1）银行办理托收业务应以托收指示为准。一切寄出的托收单据均须附有托收指示，并注明该项托收按照 URC522 办理。托收指示是银行及有关当事人办理托收的依据。

（2）不提倡 D/P 远期。URC522 第 7 条规定：托收不应含有远期汇票而又同时规定商业单据要在付款后才交付。如果托收含有远期付款的汇票，托收指示书应注明商业单据是凭承兑（D/A）交付款人还是凭付款（D/P）交付款人。如无此项注明，商业单据仅能凭付款交付，代收行对因迟交单据产生的任何后果不负责任。如果托收单据中含有远期付款汇票，且托收指示注明凭付款交付商业单据，则单据只能凭付款交付，代收行对于因任何迟交单据所产生的后果概不负责。

（3）银行不接受或处理货物。除非事先征得银行同意，货物不应直接运交银行，不应以银行或其指定人为收货人。银行对跟单托收项下的货物没有义务采取任何行动，对此项货物的风险和责任由发货人承担。

（4）银行代制单据。在托收行指示，或者是代收行或者是付款人应代制托收中未曾包括的单据（汇票、本票、信托收据、保证书或其他单据）时，这些单据的格式和词句应由托收行提供，否则，代收行对由托收行和/或付款人所提供任何该种单据的格式和词句将不承担责任或对其负责。

（5）银行对收到单据的处理。银行必须确定它所收到的单据与托收指示中所列表面相符，如果发现任何单据有短缺或非托收指示所列，银行必须以电讯方式，如电讯不可能时，以其他快捷的方式通知从其收到指示的一方，不得延误；如果单据与所列表面不相符，托收行对代收行收到的单据种类和数量应不得有争议;银行将按所收到的单据办理提示而无须做更多的审核。

（6）银行对单据有效性的免责。银行对于任何单据的形式、完整性、准确性、真伪性或法律效力，或对于单据上规定的或附加的一般性和或特殊条件，概不承担责任；银行对于任何单据所表示的货物的描述、数量、重量、质量、状况、包装、交货、价值或存在与否，对于发货人、承运人、运输行、收货人或保险人或其他任何人的诚信、行为和/或疏忽、偿付能力、行为能力，也概不负责。

（7）“需要时的代理”的职责。如果委托人在托收指示中指定一名代表，在遭到拒绝付款或拒绝承兑时作为“需要时的代理”，应在托收指示中明确而且完整地注明此项代理的权限。所谓“需要时的代理”，指委托人指定的在付款地的代理人，如托收发生拒付，此代理人便可代替委托人处理货物存仓、保险、转售、运回等事宜。如委托人指定需要时的代理人，必须在托收指示中明确代理人的权限，如是否有权提货、指示减价转售货物等。否则，银行将不接受该需要时的代理的任何指示。

（8）银行对托收被拒付的处理。托收如被拒付，提示行应尽力确定拒绝付款和/或拒绝承兑的原因，并须毫不延误地向发出托收指示的银行送交拒付的通知。委托行收到此项通知后，必须对单据如何处理给予相应的指示。提示行如在发出拒付通知后 60 天内仍未收到此项指示，则提示行可将单据退回发出托收指示的银行，而不再负任何责任。

此外，URC522 还对托收的提示方式，付款、承兑的程序，利息、托收手续费和费用的负担，托收被拒付后作成拒绝证书等事宜分别做了具体规定。

经过长时间的发展，目前《托收统一规则》是国际贸易托收业务具有一定影响的国际惯例，并已被各国银行采纳和使用。但必须明确的是，与《国际贸易术语解释通则》的性质一样，URC522 也只是商业惯例，不具有法律上的约束力，只有在有托收业务相关当事人事先在合同中约定的条件下，或在合同中无约定，但在诉讼或仲裁过程中引用国际惯例时，该惯例才对各当事人起到实质上的约束力。

（八）合同中的托收条款

合同中有关托收条款举例如下：

1. 即期付款交单

买方应凭卖方开具的即期跟单汇票，于见票时立即付款，付款后交单。

Upon First presentation，the buyers shall pay against documentary draft drawn by the sellers at sight.The shipping documents are to be delivered against payment only.

2. 远期付款交单

买方对卖方开具的见票后 45 天付款的跟单汇票，于提示时应即予承兑，并应于汇票到期日即予付款，付款后交单。

The buyers shall duly accept the documentary draft by the sellers at 45 days sight upon first presentation and make payment on its maturity. The shipping documents are to be delivered against payment.

3. 承兑交单

凭付款日为提单装船日后 60 天的汇票付款，承兑交单。

Payment by draft payable 60 days after on board B/L date，documents against acceptance.

任务实施

1. 在汇付和托收业务中，通常都有 4 个基本当事人，一般都是出口商、进口商，以及进出口商当地的银行，请确定他们在汇付与托收中的名称。

2. 我方某公司向日本出口一批土特产品。合同价值 300 万日元，采用 D/P 6 个月远期付款。签约后，日本政府公布的统计数字显示，日本前一季度的财政赤字规模大幅度上升，国际收支逆差明显加大，而且通货膨胀也显著加剧。问：为了减少外汇风险，我方公司应如何争取调整货款的收取时间？为什么？

3. 广东 YYM 集团向阿根廷某公司出口一批工艺品，采用的支付方式是“T/T 30% deposit, balance against B/L”。YYM 集团按照合同收取定金备货、发货。货装运后，YYM 集团给阿商发了一封邮件：“The goods were shipped. Pls find the copy of B/ L in attachment and balance the payment by T/T to our bank account，then send us the bank slip”。阿商的回复是：

“Pls send me all the original documents asap. We need the B/L，invoice，packing list and C/O urgently. As soon as I receive them，I will settle the payment immediately”。你认为 YYM 集团该不该按照客户的要求去做？为什么？从这个案例我们可以学到什么？

4. 中山 GYY 公司向日本出口一批仿古红木家具，付款条件为即期付款交单（D/P at sight），对方可以接受，但付款须按以下条件：“付款交单见票后 90 天”（D/P at 90 days after sight），并通过 A 银行代收。按一般情况，货物从我国运至日本最长不超过 10 天。分析该进口商为什么提出此项条件？这会为出口商造成什么样的风险？

知识拓展—汇付方式缺陷的一种改进——第三方支付（交易）平台

学习任务三　信用证支付

学习目标

知识目标

1. 理解信用证的含义、基本当事人和性质、作用。
2. 掌握信用证的种类。
3. 了解信用证的基本内容。
4. 了解信用证的作用。

能力目标

1. 能绘制信用证的业务流程图。
2. 能运用相关知识分析信用证相关的实际案例。

素养目标

1. 具备团队协作精神，小组能够协调分工完成各项任务。
2. 具备创新意识，能够在实际案例分析中有独特的见解，并付诸实际应用。

建议学时

学习任务三建议 3 学时。

相关知识点

信用证（Letter of Credit，L/C），是指开证银行应申请人的要求并按其指示向第三方（信用证受益人）开立的载有一定金额的、在一定期限内凭符合规定的单据向其付款的书面保证文件。由于相比汇付、托收等支付方式优点明显，对买卖双方而言安全系数高，信用证是目前国际贸易中最主要、最常用的支付方式。

国际货物贸易中，尤其是双方初次贸易时，进出口双方互不信任。若采取汇付方式，出口商担心发货后进口商不付款，进口商担心预付货款后出口商不发货；即使采取相对安全的托收方式，也有可能出现进口方借故拒不付款赎单的行为。而若如同国内贸易一样进出口双方采用一手交钱、一手交货的当面货款交割方式，在时间、安全问题、运输难度等方面可行性很差。随着这些问题的出现，就需要有一种更为安全、更为公平的支付方式进行调和。最简单的思路，是有一位财力丰厚、信誉卓著的第三者作为中间人为买卖双方提供资金保证和资金垫付，保证出口方履行义务后可以从其处先得到货款，而进口商在向该第三者交付货款后也能按质按量得到出口商提供的货物。这是信用证产生和运作的最基本机理。

1926 年 3 月，美国建议国际商会制定关于信用证的国际统一规则并在获得授权后负责起草工作。1929 年形成《商业跟单信用证统一规则》(*Uniform Regulations for Commercial Documentary Credit*),并于 1930 年由国际商会以第 74 号出版物的形式公布。1933 年又由国际商会重新修订并更为《商业跟单信用证统一惯例》(*Uniform Customs and Practice for Commercial Letter Credit*),即 UCP,后来经过多次修订完善,UCP 系列成为规范信用证支付方式的主要国惯例,目前最新的版本是 UCP600。UCP600 是国际商会经过三年多的广泛咨询和充分酝酿,于 2006 年 11 月在全球范围内正式发布的有关信用证领域的最新国际惯例——《跟单信用证统一惯例(2007 年修订本)》,并于 2007 年 7 月 1 日起全面取代实施了长达 13 年的《跟单信用证统一惯例(1993 年修订本)》(简称 UPC500)。

一、信用证的定义与性质

(一)信用证的定义

UCP600 在第 2 条“定义”中规定:“信用证意指一项不可撤销的安排,不论其如何命名或描述,该项安排构成开证行对相符交单予以承付的确定承诺。”换句话说,信用证是一种银行开立的凭装运单据付款的书面承诺。信用证结算方式的特点之一就是凭单付款。进口方作为申请人在申请开证行开立信用证时需要递交开证申请书,进口商填写开证申请书就是有效地将买卖合同条款转化为对进口商(受益人)提交单据的要求。以 CIF 买卖合同为例,出口方按买卖合同和信用证规定,通过向保险公司投保、商检机构报检、将货物装发运等履约过程,获取了信用证通常要求的保险单据、商检证书、海运提单,并连同自己制的汇票、发票、装箱单等有关单据,在规定期限内送银行办理结汇手续。这些单据是出口方按买卖合同及信用证要求履约的证据,其中,海运提单通常是买方在目的地据以提货的凭证,所以银行及进口方才肯凭单付款,从本质上讲,信用证是买卖合同条款的单据要求加银行的付款保证。

由此可见,信用证是开证银行对受益人的一种保证,只要受益人履行信用证所规定的条件,即受益人只要提交符合信用证所规定的各种单据,开证行就保证付款。因此在信用证支付方式下,开证行成为首先付款人,属于典型的银行信用。

(二)信用证的性质

信用证支付方式主要有以下三个方面的性质与特点。

1. 信用证是一种银行信用

信用证支付方式是一种银行信用,是开证行以自己的信用作出承付的保证,作为区别于汇付、托收方式的根本优势,一旦出口人提供了信用证上要求提供的各种单据且单据合格,无论进口人最终付款与否,开证银行均有义务先行向出口人垫付货款,即开证行处于第一付款人的地位。

2. 信用证是一项单据业务

在信用证方式之下,实行的是凭单付款的原则。UCP600 在第 5 条中规定“银行处理的是单据,而不是单据可能涉及的货物、服务或履约行为”,所以信用证业务是一种纯的单据业务。UCP600 第 14 条“审核单据的标准”中的 a 项规定“按照指定行事的被指定银行、保兑行(如有)以及开证行必须对提示的单据进行审核,并以单据为基础,以决定单据在表面上看来是否构成相符交单”,因此银行对任何单据的形式、完整性、准确性、真实性以及伪造或法律效力,或单据上规定的或附加的一般和/或特殊条件概不负责。按照 UCP600 的规定，在信用证结算方式下，受益人所提交的单据不仅要做到“单证相符”（受益人提交的单据在表面上与信用证规定的条款相符合），还要做到“单单不得互不致”（受益人提交的各种单据之间的表面上不得互不一致）。UCP600 在第 2 条“定义”中也明确规定“相符交单是指信用证条款、本惯例的相关适用条款以及国际标准银行实务相一致的交单”。

单据不符合导致拒付是信用证支付方式下一种极为普遍的现象，这降低了信用证的适用范围，也导致信用证的诉讼案激增。因此，UCP600 在第 14 条“审核单据的标准”中的 d 项中规定“单据中的数据，在与信用证、单据本身以及国际标准银行实务参照解读时无须与该单据本身的数据，其他要求的单据或者信用证中的数据等同一致，但不得矛盾”。

可见，UCP600 即使在单证之间也不要求“等同”（Identical），而仅要求“不得矛盾”（Must not conflict with），从而体现了审单标准宽松化的倾向。

3. 信用证是独立于合同之外的一种自足的法律文件

虽然信用证是依据买卖双方之间的买卖合同和其他合同（如开证申请书、运输合同保险合同）开立的，但信用证并不依附于买卖合同和其他合同，而是独立于买卖合同之外的银行信用凭证。银行只对信用证负责，不受买卖合同或其他合同的约束。即使信用证中自含有关合同的任何援引文句，银行也与该合同完全无关。

【例 10-3】我方某出口企业与非洲某公司成交一批货物。开来的信用证规定，按合同规定的日期 9 月装运，但计价货币与合同规定不符。加上备货不及，直至 11 月对方来电催装，我方才向其答复提出改证，同时要求展期。次日非洲公司复电：证已改妥。我方据此发运货物，但信用证修改书一直未到。我方某出口企业将货运单据寄抵开证行时遭到拒付。我方为及时收回货款，避免在进口地的仓储费用支出，遂接受进口人要求改按 D/P、T/R 提货要求。最终进口人未能如约付款使我方遭受重大损失。试分析：我方在该笔交易中是否有失误？为什么？

提示：根据《跟单信用证统一惯例》的规定，信用证虽是根据买卖合同开出的，但一经开出就成为独立于买卖合同的法律关系。银行只受原信用证条款约束，而不受买卖双方之间合同的约束。合同条款改变，但信用证条款未改变，所以银行只能按照原信用证条款办事。买卖双方达成修改信用证的协议未通知银行并得到银行同意，银行可以拒付。作为卖方律师，当银行拒付时，可要求买方通知银行修改信用证展期，或依据修改后的合同条款，直接要求买方履行付款义务。信用证修改书未收到就先行发货，或只有进口方口头同意但书面修改未到，并不等于开证行同意修改信用证。因此，开证行仍按原信用证执行。

二、信用证的当事人

信用证支付方式涉及的当事人较多，其中最为简单、最为基本、最为核心的信用证当事人包括信用证的开证申请人（国际贸易中多为进口商）、开证行、受益人（国际贸易中多为出口商）三者。随着国际贸易业务广泛开展，为了更方便信用证支付方式的使用，实践中又产生了通知行、议付行、保兑行、偿付行等辅助性当事人。

（一）开证申请人（Applicant）

按照 UCP600 的定义，申请人是指要求开立信用证的一方。在实际业务中，申请人常为进口商。另外，UCP500 和 UCP600 均规定，允许开证行以自身名义开证。在信用支付方式下，进口商须对开证行提交不同类型信用证的申请书。为保证出口商在收到信用证后有充足的备货装运时间，进口商应该在买卖合同规定的期限之前及时申请开立信用证。申请书的内容应当基于双方贸易合同，列明出口商应当提交的各类单据及要求，用词应当明确、简洁，不能前后矛盾。

（二）开证行（Issuing Bank）

按照 UCP600 的定义，开证行是指应开证申请人的要求或代表自己开出信用证的银行。在实际业务中，开证行一般为进口地的银行。开证行和开证申请人（通常为进口商）之间的契约是开证申请书。进口商在申请开证时，应根据开证行的要求，交付押金及手续费；开证行应根据申请书条款，正确、及时地开出信用证。信用证开出后，开证行便要对信用证独立负责，承担第一性付款责任。开证行不能因进口商拒绝赎单或无力付款而拒绝承担保证承付的责任。

一方面，开证行是进口商货款的垫付者，因此开证行资信对信用证受益人即出口商安全收回货款而言至关重要。若进出口双方在买卖合同中指定了开证行，则进口商必须至此开证行开证，若未指定，进口人可以自行选择开证行，一般会选择与进口商有密切往来或其开户的银行作为开证行。

另一方面，开证行若向受益人履行了付款义务后，根据开证申请书这个契约，进口商便有义务向开证行付款赎单（当然前提是开证行提交给进口商的单据满足单证相符、单单相符的要求）。因此，为保障自身资金安全，开证行必须在开证进行之前对进口商进行充分的资信调查，或同时要求进口商提供一定形式的担保，例如，要求进口商缴纳合同金额一定比重的现金，或其他动产或不动产等，其数量由开证行根据进口商的资信状况自行决定。

（三）受益人（Beneficiary）

按照 UCP600 的定义，受益人是指有权使用信用证的人。在实际业务中，受益人通常是出口商或实际供货人。受益人是信用证权益的受益者，由于信用证业务是纯单据业务，其对受益人的要求源于合同但独立于合同，所以信用证受益人必须提交的各类单据必须与信用证上记载的要求相同（即使这些要求与进出口买卖合同不符），才能最终从开证行处取得货款。

因此受益人在收到信用证后必须将信用证内容（尤其是对各类单据的要求）与进出口买卖合同条款进行仔细核对，发现信用证条款与买卖合同条款不符，或信用证条款无法履行时（这属于进口商违约的表现），受益人有权要求进口商指示开证行修改或重新开立信用证，也可拒绝接受与合同条款要求不符的信用证。反之，受益人发现信用证要求与合同不符或无法履行，但受益人并不通知进口商改证，仅保持沉默拒不发货，则可能会被视为出口商违约。

（四）通知行（Advising Bank）

在信用证业务实践中，由于开证行往往在进口商所在地，直接将信用证传递给出口商在距离上较为遥远不便，所以信用证当事人中往往有一个通知行的角色来便利信用证的传递。通知行指应开证行要求通知信用证的银行，通常是出口地银行，而且一般是开证行的代理行（Correspondent Bank）。

开证行开立信用证后，首先通过各种方式（最常见的是电开）将其传递给出口商所在地的通知行，通知行在收到开来的信用证后必须核对密押，确认无误后缮制通知书（往往附加翻译服务）通知受益人，确保受益人收到真实的信用证。但必须提出的是，就责任义务而言通知行的责任仅限于通知信用证及保证信用证本身的真实性，而对于信用证上任何信息的错误（真实性问题以外），或者其他信函、单据传递过程中的延误、残缺或其他差错并不负责，通知行对专门性术语的翻译或解释上的错误也不负责，且保留仅仅传递、通知信用证而不翻译的权利。只不过在通知业务实践中，为了扩展业务面或树立良好的服务形象争取更多的潜在客户，通知行往往代客户审核信用证的电传打错、缺行、漏字等问题，作为一种非价格竞争手段。

需要指出的是，UCP600 新增了“第二通知行”（Second Advising Bank）的概念，即通知行可以通过另一银行（“第二通知行”）向受益人通知信用证及其修改。第二通知行的责任是核实所收到的通知书的表面真实性及其准确性。另外，经由通知行或第二通知行通知信用证的银行必须经由同一银行通知其后的任何修改。

（五）代付行（Payment Bank）

按信用证支付的基本理念，信用证受益人一般是向开证行提交单据，并由开证行直接向信用证受益人付款。但开证行也可指定一家银行作为开证行的付款代理人，为其向受益人代为支付货款。开证行通常委托通知行为代付行，当然也可委托其他银行进行代付。开证行和代付行的关系属于委托代理关系，代付行仅仅是作为开证行代理向受益人先付款，之后只能向开证行索偿，而不得向受益人进行追索。

（六）议付行（Negotiation Bank）

信用证的最终付款人从理论上讲必为信用证开证行。但开证行往往远在进口地而信用证受益人往往在出口地，受益人向开证行交单获取款项存在着距离和语言等方面的不便。为了出口商更快更方便地获得出口款项，议付行成为现代信用证系统中十分重要的一部分。议付行是指买入或贴现受益人按信用证规定提交的汇票及或单据的银行。信用证受益人在准备好信用证要求的各类单据文件后，可以不直接向开证行提交，而是向信用证上所邀请的出口所在地的议付行提交（信用证中邀请特定银行为议付行的，称为限制议付信用证，受邀请银行可以拒绝议付；可由任何银行议付的信用证称为公开议付信用证，或称自由议付用证），议付行对受益人提交的单据进行审核，若符合信用证条款，则对受益人进行垫款，向信用证开证行或其规定的偿付行寄送单据要求偿付。UCP600 首次明确规定：“议付意指授权议付的银行对汇票及或单据给付对价，仅仅审核单据未给付对价不构成议付。”

议付行需要对受益人提交的单据对照信用证进行严格审核，确实无误后才能通过跟单汇票的购买获得单据并向受益人垫付货款。由于议付行是根据信用证上开证行的付款承诺向开证行索偿的，而开证行对议付行寄送的单据是否偿付取决于单据本身是否符合信用证的要求，如发现不符则可以拒绝对议付行偿付。所以议付行必须严格审单，以如期收回货款，保全自己的利益。尽管根据各国票据法的基本精神，若开证行（即受益人开出的跟单汇票付款人）拒付，作为汇票背书人和持有人的议付行可以向其前手（即作为汇票出票人的受益人）追偿，但实践中只有在单证严格相符但开证行无力付款（例如倒闭）的情况下，议付行才可向受益人要求追偿。此外议付行为了尽量减小损失，往往要求受益人签署质押书，在开证行拒付的情况发生时，议付行有权处理单据，甚至变卖单据下的货物以补偿拒付的损失。

必须注意的是，UCP600 对议付的定义做出了重大修改。按照 UCP600 的规定，议付是指议付行在相符交单下，在其应获偿付的银行工作日当天或者之前向受益人预付或同意预付款项，从而购买汇票或单据的行为。另外，汇票的付款人必须是银行，但不能做成以议付行为付款人。

（七）偿付行（Reimbursement Bank）

偿付银行又称清算银行（Clearing Bank），是指信用证指定的代开证行向议付行或代付行清偿垫款的银行。偿付行的出现往往是由开证行的资金调度或集中在该银行的缘故。一般来说，当开证行与议付行或代付行之间无账户结算关系时，为了方便向它们汇付其预先支付给受益人的款项，开证行往往委托另一家与其有账户关系的银行向代付行或议付行支付，这家银行就是偿付行。信用证中如有规定有关银行向指定偿付行索偿时，开证行应及时向该偿付行提供照付该索偿的适当指示或授权，并且不应以索偿行向偿付行提供单证相符的证明为先决条件。如索偿行未从偿付行获得偿付，开证行并不能解除其自身偿付的任何义务。除非另有规定，偿付费用应由开证行承担。

具体操作时，开证行开出信用证后立即向偿付行发出偿付授权书，通知授权付款的金额、有权索偿的银行（例如代付行、议付行）的名称等内容，出口地银行在议付或代付款项后，把单据寄给开证行，同时向信用证上规定的偿付行发出索偿书，偿付行核对索偿书的金额和开出人无误后，立即向索偿行付款。偿付行付款后，开证行便有义务向偿付行付款。

需要指出的是，由于偿付行并不接受单据，也不审查单据，与受益人无直接联系，所以若开证行收到单据发现与信用证不符，只能向议付行追索货款而不能向偿付行索偿，因为偿付行仅仅是按其命令付款，并不接受单据也不审查单据，自然不必背负单证不符的责任。

（八）保兑行（Confirming Bank）

按照 UCP600 的定义，保兑行是指根据开证行的授权或者要求在信用证上加具保兑的银行。保兑行在信用证上加具保兑后，即对信用证独立负责，承担必须对相符交单承付或议付的第一性付款责任。受益人提交符合信用证要求的单据后，可以自由选择向开证行（或其指定的议付行、代付行）或保兑行要求付款，汇票、单据一经保兑行承付或议付，即使开证行倒闭或无理拒付，保兑行也必须履行付款责任，同时，付款后无权向受益人追索款项。这样，保兑信用证下的受益人可获得开证行和保兑行的双重独立保证，保兑行可以由通知行兼任，也可以由其他银行加具保兑。

（九）受让人（Transferee）

受让人又称第二受益人（Second Beneficiary），是指接受第一受益人转让有权使用信用证的人，大多是出口人的实际供货商。在可转让信用证下，受益人有权要求将该证的全部或部分转让给第三者，该第三者为信用证的受让人。

三、信用证的流转程序

虽然不同类型信用证的流转程序在具体细节上有所不同，但其基本环节大致相同。现以议付信用证为例，简要介绍信用证业务的一般流转程序，如图 10-7 所示。

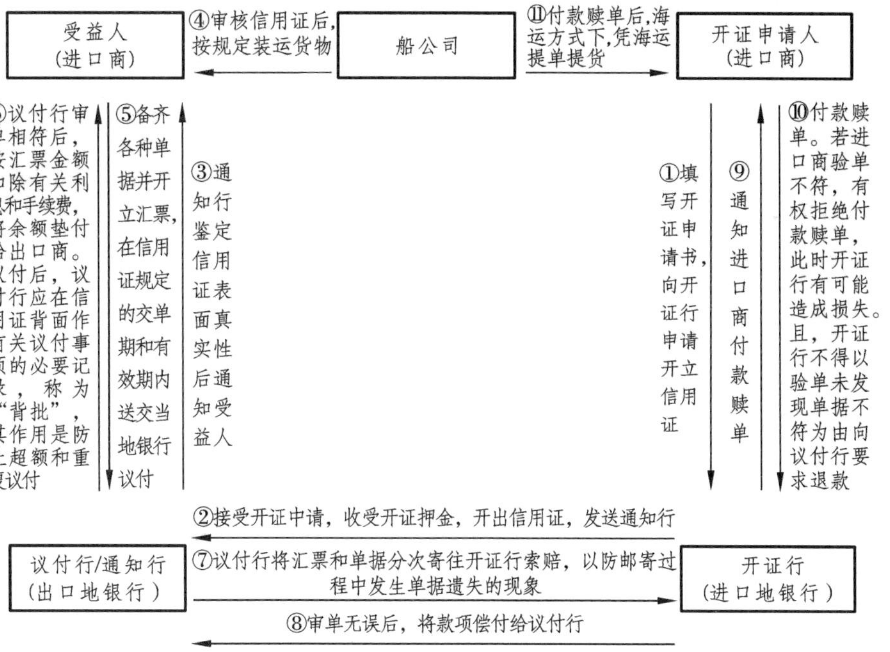

图 10-7　信用证业务的一般流程程序

四、信用证的内容与形式

信用证的内容虽然不多，但由于没有一个统一的格式，各国银行均按本行需要自行设计，所以各不相同，形式纷杂，不仅处理费时，还易引起误解，影响业务的顺利进行。为此，国际商会曾先后以 268、323、416 号出版物介绍了几种标准格式，为适应 UCP500 的需要，国际商会出版了 516 号小册子，即《为 UCP500 制定的新版标注跟单信用证格式》(*The Ne Documentary Credit Forms for the UCP500*)，该 516 号出版物中的开证申请和开证格式对即期或延期付款，承兑、议付四种信用证同样适用，目的是减少信用证各当事人的不熟练、不准确和错误操作给信用证业务带来的风险，以期给跟单信用证业务带来新的澄清和一致性。

（一）信用证的主要内容

简而言之，信用证的内容主要是买卖合同条款上对于出口商提交的单据要求以及银行的付款保证。其目的是提供一个出口商履约的衡量标准，并通过单据来证明其已经履约，作为开证行予以付款的证明。信用证的主要内容如下：

（1）对信用证本身的说明。对信用证的说明包括信用证的种类、性质、信用证号码、开证日期、有效期和到期地点、交单期限等。

（2）对汇票的说明。在信用证下，如使用汇票，要明确汇票的付款人、汇票金额、汇票期限、主要条款等内容。

（3）对装运货物的说明。在信用证中，应列明货物名称、规格、数量、单价等，且这些内容应与买卖合同的规定一致。

（4）对运输事项的说明。在信用证中，应列明装运港（地）、目的港（地）、装运期限以及可否分批、转运等项内容。

（5）对装运单据的说明。在信用证中，应列明所需的各种装运单据，主要规定应提交的各种单据（如发票、提单、保险单、装箱单、重量单、产地证及商检证书等），各种单据的份数，以及这些单据应表明的货物的名称、品质规格、数量、包装、单价、总金额、运输方式、装卸地点等。

（6）其他事项，例如：①开证行对议付行的指示条款；②开证行保证付款的文句；③开证行的名称及地址；④其他特殊条款，例如，限制由××银行议付、限制船舶国籍和船舶年龄、限制航线和港口等。这些特殊条款根据进口国政治经济情况的变动可以有所不同。

（7）根据《跟单信用证统一惯例》开立（Subject to UCP...）的文句。

（二）信用证开立的形式

信用证开立的形式主要有信开本和电开本两种。

1. 信开本（To Open by Airmail）

信用证的英文名称“Letter of Credit”，这是因为初创时采用“Letter”（信函）的形式开立的。信开本是指开证银行采用印就的信函格式的信用证，开证后以航空邮寄送通知行。这种形式现已很少使用。

2. 电开本（To Open by Cable）

电开本是指开证行使用电报、电传、传真、SWIFT 等各种电讯方法将信用证条款传达给通知行。电开本又可分为以下三种类型：

（1）简电本（Brief Cable），即开证行只是通知已经开证，将信用证主要内容，如信用证号码、受益人名称和地址、开证人名称、金额、货物名称、数量、价格、装运期及信用证有效期等预先通告通知行，详细条款将另航寄通知行。由于简电本内容简单，在法律上是无效的，所以不足以作为交单议付的依据。该简电通知中必须注明“详情后告”（Full Details to Follow）等类似用语，或声明以邮寄确认书为有效信用证或修改的文本，借以表明该简电仅作预先通知之用，而不是信用证或信用证修改的有效文本。除非开证行在其预先通知书中另有规定，否则，发出预先通知的开证行应不可撤销地保证不延误地开出信用证或修改的文本，且条款不能与预先通知书相矛盾。

（2）全电本（Full Cable），即开证行以电讯方式开证，把信用证全部条款传达给通知行。全电开证本身是一个内容完整的信用证，因此是交单议付的依据。有些银行在电文中注明“有效文本”（Operative Instrument），借以明确该全电本性质。未标明“详情后告”或“随寄证实书”等字样的电开信用证或修改文本，应视为有效电开信用证或修改文本，即全电本。

（3）SWIFT 信用证。SWIFT 是“全球银行金融电讯协会”（Society for Worldwide Interbank Financial Telecommunication）的简称。该机构于 1973 年在比利时布鲁塞尔成立，设有自动化的国际金融电讯网，其成员银行可通过该电讯网办理信用证业务以及外汇买卖、证券交易、托收等。目前，该组织已有 1000 多家成员银行，凡参加 SWIFT 组织的成员银行，均可使用 SWIFT 办理信用证业务。

凡按照国际商会所制定的电讯信用证格式，利用 SWIFT 系统设计的特殊格式（Format），通过 SWIFT 系统传递的信用证的信息（Message），即通过 SWIFT 开立或通知的信用证称为 SWIFT 信用证，也称“全银电协信用证”。

采用 SWIFT 信用证，必须遵守 SWIFT 使用手册的规定，使用 SWIFT 手册规定的代号（Tag）。

采用 SWIFT 信用证后，使信用证具有标准化、固定化和统一格式的特性，且传递速度快捷，成本也较低。现在已被西北欧、美洲和亚洲等国家与地区的银行广泛使用。我国银行在电开信用证或收到的信用证电开本中，SWIFT 信用证已占很大比重。

五、信用证的种类

信用证根据其性质、期限、流通方式等特点从不同角度分类可分为以下几种。

（一）根据是否附货运单据，分为跟单信用证和光票信用证

1. 跟单信用证

跟单信用证（Documentary Credit）指开证行凭跟单汇票或仅凭单据付款的信用证。国际贸易中所使用的信用证，绝大部分是跟单信用证。

2. 光票信用证

光票信用证（Clean Credit）指开证行仅凭不附单据的汇票付款的信用证。在采用信用证方式预付货款时，通常是采用光票信用证。

（二）根据是否能被开证行随意撤销，分为不可撤销信用证和可撤销信用证

不可撤销信用证（Irrevocable Letter of Credit）是指信用证一经开出，在有效期内，未经受益人及有关当事人的同意，开证行不得片面修改和撤销，只要受益人提供的单据符合信用证规定，开证行必须履行付款义务。这种信用证对受益人较有保障，在国际贸易中使用最为广泛，根据 UCP500 第 6 条规定，信用证上应明确注明可撤销的或不可撤销的，如无此项注明，应视为不可撤销的信用证。由于在实际业务中，开立可撤销信用证（Revocable Letter of Credit）的情形极少，故 UCP600 便删除了可撤销信用证的概念及相关规定。

（三）根据是否得到另一银行保兑，分为保兑信用证和不保兑信用证

1. 保兑信用证

保兑信用证（Confirmed Letter of Credit）指开证行开出的信用证，由另一银行保证对符合信用证条款规定的单据履行付款义务。对信用证加保兑的银行，称为保兑行。保兑行一经保兑，就和开证行一样承担兑付责任，并在承付或议付后，对受益人或其他前手银行无追索权。

信用证的“不可撤销”是指开证行对信用证的付款责任，“保兑”则是指开证行以外的银行保证对信用证承担兑付责任。保兑信用证，意味着该信用证不但有开证行不可撤销的承付保证，而且又有保兑行的兑付保证，两者都负第一性付款责任。所以，这种有双重保证的信用证对出口商最为有利。保兑行的保兑责任，是以规定的单据在到期日或之前向保兑行或信用证的指定银行提交，并符合信用证的条款为条件。保兑行通常是通知行，有时也可以是出口地的其他银行或第三国银行。保兑的做法一般是由保兑银行在信用证中加列下述保兑文句：“兹对此证加具保兑，并保证于提示符合此条款的单据时履行兑付。”

2. 不保兑信用证

不保兑信用证（Unconfirmed Letter of Credit）是指开证银行开出的信用证没有经另一家银行保兑。当开证银行资信好和/或成交金额不大时，一般都使用这种不保兑的信用证。

（四）根据兑付方式，分为议付信用证、即期付款信用证、延期付款信用证、银行承兑远期信用证

UCP500 和 UCP600 均规定，任何一份信用证均须明确表示其适用于何种兑付方式。按照兑付方式的不同，信用证可分为议付信用证、即期付款信用证、延期付款信用证和银行承兑远期信用证四种，后两种被合称为远期信用证。需要指出的是，UCP600 首次引入了“承付”（Honour）的概念。所谓“承付”是指：①如果为即期付款信用证，则即期付款；②如果为延期付款信用证，则承担延期付款责任并于到期日付款；③如果为承兑信用证，则承兑受益人开出的汇票并于到期日付款。可见，“承付”一次包括“即期付款”“承兑”和“延期付款”三类信用证项下与支付有关的行为，从而使得 UCP600 的条文更加统一和简洁。

1. 议付信用证

注明“议付兑付”（Available by negotiation）的信用证称为议付信用证（Negotiation Credit）。议付信用证是指开证行在信用证中，邀请其他银行预先买入汇票及/或单据的信用证，即允许受益人向某一指定银行或任何银行交单议付的信用证。通常在单据符合信用证条款的条件下，议付银行扣除获得偿付前的利息和手续费后，将款项垫付给受益人。按照 UCP500 和 UCP600 的规定，保兑行的议付没有追索权。

需要指出的是，UCP600 规定：信用证不得开成凭以申请人为付款人的汇票兑付。开证行通常在议付信用证中加列如下述保证条款：“我行同意出票人、背书人及善意持票人在其适时提交符合信用证条款和条件的汇票/单据时即予以承付。”（We hereby agree with the drawers, endorsers an bona fide holders of Drafts/documents drawn under and in compliance with the terms and conditions of the Credit that such Draft/documents will be duly honoured on due presentation.）

议付信用证根据银行是否可以自由参加议付，分为公开议付与限制议付两种。

（1）公开议付信用证。

公开议付信用证（Open Negotiation Credit）又称自由议付信用证（Freely Negotiation Credit; Open Negotiation L/C），是指开证行对愿意办理议付的任何银行作公开议付邀请和普通付款承诺的信用证，即任何银行均可按信用证条款自由议付的信用证。

（2）限制议付信用证。

限制议付信用证（Restricted Negotiation Credit）指开证行指定某一银行或开证行本身进行议付的信用证。在限制议付信用证中，通常有下列限制议付文句：“本证限××银行议付。”

公开议付信用证和限制议付信用证的到期地点都在议付行所在地。这种信用证经议付后，如因故不能向开证行索得票款，议付行有权对受益人行使追索权。任何议付行（除保兑行以外）有议付的权利，但没有议付的义务。

议付信用证在我国出口业务中应用最为普遍。在出口时，受益人应要求议付信用证中的行由出口地一家或任何银行担负，此时信用证的交单地点也在该议付处。目的是就近议付能较快地收回货款，单据出现问题也可就近洽商解决，因为出口商应向信用证指定的议付行交单议付。UCP600 规定，除规定的交单地点外，开证行所在地也是交单地点。

2. 即期付款信用证

注明“付款兑付”（Available by Payment）的信用证为付款信用证。按付款期限的不同，付款信用证又可分为即期付款信用证（Sight Payment Credit）和延期付款信用证。

注明“即期付款兑付”（Available by Payment at sight）的信用证称为即期付款信用证。因有些国家规定票据须征收印花税，为逃避印花税，即期付款信用证通常不要求受益人开立汇票，付款行或开证行仅凭与信用证条款相符的单据付款。开证行通常在不要汇票的即期付款信用证中加列下述保证条款：“我行保证凭符合信用证条款的单据付款。”（We hereby engage that payment will be dully made against documents presented in conformity with the terms and conditions of this credit.）即期付款信用证也可要求受益人出具以被指定银行（即议付银行）为付款人的即期汇票。即期付款信用证要求汇票的原因有两个：一是履行付款的银行以受益人出具的即期汇票作为证明自己已履行付款义务的凭据；二是以汇票作为保护有关各方在票据法下所享有的权利。开证行通常在要求即期汇票的即期付款信用证中加列下述保证条款：“我行保证凭符合本信用证条款之汇票及单据付款。”（We hereby engage that all drafts drawn under and documents presented hereunder will be duly honoured by us vided that the terms and conditions of the credit are complied with.）

出口人作为受益人，在利用即期付款信用证作为出口结算方式时，应注意以下问题：

按 UCP600 规定，信用证必须规定可在其所在地兑付的银行，或者是否可在任何银行兑付。规定在指定银行兑付的信用证同时也可在开证行兑付。除非信用证规定只能由开证行办理即期付款，信用证须指定一付款行办理即期付款，该付款行即是信用证中“available with” 后紧接着的被指定银行。信用证中规定的最迟交单期及信用证有效期的到期地点，通常也在该被指定付款行处。因此，如国外开立的即期付款信用证中的被指定付款行与受益人同处一地，对受益人来说具有以下便利：①交单方便，如单据有问题，受益人可就近与付款行协商解决；②交单付款是在本地的付款行，因此，受益人交单可节省一个寄单邮程，收汇也较快；③与议付信用证不同，本地付款行付款后对受益人无权追索，受益人可放心使用资金，无后顾之忧。

上述付款行与受益人同处一地的即期付款信用证在实践中应用较为普遍，对受益人最为有利。相反，如信用证中规定付款事项仅由开证行或国外某家被指定银行办理，这就要求受益人必须在信用证规定的交单期及信用证有效期内将单据寄交国外开证行或指定付款行，这样受益人不仅须承担单据邮寄国外途中遗失的风险，单据出现差错时也不易解决，且收汇需延迟一个寄单邮程。因此，受益人在出口业务中应力争买方开立付款行在受益人当地的即期付款信用证。

3. 延期付款信用证

注明“延期付款兑现”（Available by Deferred Payment）的信用证称为延期付款信用证（Deferred Payment Credit）。为逃避印花税，同时也由于某些国家对远期汇票的期限有所限制，延期付款信用证不要求受益人出具远期汇票。延期付款信用证必须在信用证中明确规定在到期日付款（不能为即期付款），以及该到期日如何确定，如装运日后 45 天付款或交单日后 30 天付款。如延期付款信用证需要汇票，则开证行只能要求受益人在延期付款到期日提示即期汇票，以作为有关银行已履行付款义务的凭证。

需要指出的是，延期付款信用证不要求远期汇票，也就没有“银行已承兑汇票”融资工具，因此，受益人不能根据已贴现汇票融资，这对受益人相当不利。此时，作为出口人的受益人可通过向银行申请打包货款和出口押汇等其他途径解决其资金占压问题。

4. 银行承兑远期信用证

注明“承兑兑付”（Available by Acceptance）的信用证称为银行承兑远期信用证（Acceptance

Credit），简称承兑信用证。承兑信用证必须要求受益人提供以被指定银行为付款人的远期汇票，不得要求出具以进口人等商号或非银行机构为付款人的汇票。远期汇票期限可定为："见票后×天付款""装运日后×天付款"等。因此，承兑信用证属于远期信用证。开证行在承兑信用证中通常加列下述保证条款："我行保证对按信用证条款开立之汇票提示时即予承兑，并于到期时付款。"（We hereby engage that drafts drawn in conformity with the terms of this credit will be duly accepted on presentation and honoured at maturity.）

受益人在使用承兑信用证时应注意以下问题：

① 按 UCP500 规定，除非信用证规定只能由开证行办理，否则，承兑信用证须指定一承兑行办理承兑汇票事项。除非被指定银行同时又是保兑行，否则，它对是否办理承兑汇票事项有自主决定权。承兑信用证中被指定的承兑行即"available with"后紧接着的被指定银行，该行通常也是信用证中规定的最迟交单期及信用证有效期的到期地点。

② 承兑信用证下受益人将符合信用证要求的远期汇票及有关单据向承兑行提交后，便可获得承兑行已承兑的银行承兑汇票，受益人据此获得票据法要求的承兑行到期付款的承诺。另外，受益人获得银行承兑汇票后可将其出售，以提前取得垫款，这项业务称为贴现。贴现业务是指贴现行或贴现公司为购得已承兑汇票，按汇票票面金额扣除至汇票到期日的利息及其他有关费用后，将余额提前垫付给受益人，从而成为汇票正当持有人的业务。通过贴现汇票，受益人可获得融资便利。但应注意，如贴现行或贴现公司到期未能从汇票付款人处取得票款，它享有向受益人索回已垫付款项的权利。

可见，承兑信用证一般用于远期付款的交易。但有时，买方为了便于融资或利用银行承兑汇票以取得比银行放款利率更低的优惠贴现率，在与卖方订立即期付款的买卖合同后，要求开立银行承兑信用证，信用证中规定"远期汇票即期付款、所有贴现和承兑费用由买方负担"。此种做法对受益人来说有利，他虽然开出的是远期汇票，却能即期收到全部货款。

UCP500 并没有提及开证行对承兑信用证和延期付款信用证项下的指定银行的垫付融资有偿付责任，由此在实践中常引发纠纷。鉴于此，UCP600 首次明确规定，开证行指定一银行承兑汇票或作出延期付款承诺，即为授权该指定银行预付或购买其已承兑的汇票或作出延期付款的承诺。可见，UCP600 保障了指定银行的上述融资权力。

（五）根据信用证可否被转让，分为可转让信用证与不可转让信用证

可转让信用证（Transferable Credit）是指信用证的受益人（第一受益人）可以要求授权付款、承担延期付款责任、承兑或议付的银行（统称"转让银行"），或当信用证是自由议付时，可以要求信用证中特别授权的转让银行，将信用证全部或部分转让给一个或数个受益人（第二受益人）使用的信用证。

不可转让信用证（Non-transferable Credit）是指受益人不能将信用证的权利转让给其他人的信用证。凡信用证中未注明"可转让"的，就是不可转让信用证。UCP500 和 UCP600 均规定，只有明确指明"可转让"（Transferable）的信用证方可转让。UCP500 进一步规定，使用诸如"可分割"（Divisible）、"可分开"（Fractionable）、"可让渡"（Assignable）和"可转移"（Transmissible）之类的措辞并不能使信用证成为可转让信用证。如使用此类措辞，则不予理会。

UCP500 和 UCP600 均规定，受益人可通过款项让渡及信用证转让两种方式将其权利转让于第三者。两种方式的不同之处在于：在款项让渡项下，受益人是根据现行法律规定，将信用

证项下应得款项让渡或转让于第三者；而在可转让信用证项下，受益人是将信用证项下执行权力转让给实际供货商，由实际供货商（即第二受益人）装运出口、交单取款。

UCP600对可转让信用证的主要规定有以下几点。

1. 关于转让次数及受让人

（1）除非信用证另有规定，可转让信用证只能转让一次。因此，信用证不能应第二受益人的要求转让给任何其后的第三受益人，即禁止“垂直转让”。但允许第二受益人将收到的可转让信用证重新回转给第一受益人，此做法不属于二次转让。也就是说，第一受益人不视为其后受益人。

（2）如可转让信用证不禁止分批装运/分批付款，则可转让信用证可分为若干个部分在总和不超过信用证金额的情况下，分别办理转让，即可转让给多个第二受益人，这些转让的总和被认为是构成该信用证的一次转让，属允许之列。

2. 对转让行的限制

转让行意指办理信用证转让的被指定银行，或当信用证规定可以在任一银行兑付时，转让行是指由开证行特别授权并实际办理转让的银行。UCP600还规定，开证行也可担任转让行，除上述银行外，其他银行一概无权办理信用证的转让。

另外，办理可转让信用证的转让是转让行的权利而非义务。在第一受益人提出的转让范围（如第二受益人的名称及转让金额）和转让方式（如转让行责任、是否替换单据、是否保留修改拒绝权）为转让行明确同意，且有关转让费用已由第一受益人付讫后，转让行才受理信用证的转让。

3. 对原证条款处理的规定

转让必须按照原证条款办理，但以下几点除外：

（1）信用证金额和单价可以降低，差价为第一受益人的利润；

（2）有效期、运输单据签发日后的交单期和装运期可以缩短；

（3）保险加成比例可以增加；

（4）除非原信用证特别要求申请人名称出现于发票以外的任何单据中，第一受益人的名称可替换申请人的名称。

4. 对修改通知的规定

若申请转让是在信用证转出之前，第一受益人须明示转让行自己是否允许转让行将随后收到的对原证的修改通知第二受益人。如转让行同意第一受益人的这种要求，则该行在办理转让时，须将第一受益人关于修改的指示通知第二受益人，以保护第二受益人的利益。

当第二受益人为多数时，因第二受益人的立场不同，对于随后的信用证修改事项采取的态度可能并不一致，将会有同意及拒绝修改两种情形。对此，不同第二受益人要分别单独表示是否同意修改。同意修改的第二受益人，修改对其生效；不同意修改的第二受益人，该修改对其无效，以原证为准。

5. 对第二受益人交单的规定

为避免第二受益人绕过第一受益人直接交单给开证行，从而损害第一受益人的利益，UCP600明确规定，第二受益人必须同时向转让行交单。

另外，为保护无过错的第二受益人的利益，UCP600 规定：若第一受益人换单时提交的发票导致了第二受益人在交单中出现原本不存在的不符点，而其未能在第一次要求时修正，转让行有权将从第二受益人处收到的单据照交开证行，并不再对第一受益人承担责任。

可见，在有中间商充当中介的交易中，作为第一受益人的中间商可通过向实际供货商（第二受益人）转让信用证，借以向实际供货商提供付款的银行凭证，同时又不占用中间商自己的资金。如此，利用可转让信用证，有利于增强实际供货商的履约信心，保证中间商从实际供货商处获取货物，赚取差额利润，同时简化了交易及货款支付手续。但信用证的转让，并不等于买卖合同的转让，如第二受益人不能按时交货或单据有问题，第一受益人（原出口人）仍要负买卖合同上的卖方责任。所以，第一受益人在选择信用证受让人时，应注意对其资信及履约能力进行审查。

可转让信用证基本流程图示

【例 10-4】 A 与 B 两家食品进出口有限公司共同对外成交出口货物一批，双方约定各交 50%，各自结汇，由 B 公司对外签订合同。事后，外商开来以 B 公司为受益人的不可撤销信用证，证中未注明“可转让”字样，但规定允许分批装运。B 公司收到信用证后及时通知了 A 公司，两家公司都根据信用证的规定各出口了 50%的货物并以各自的名义制作有关的结汇单据。问：两家公司的做法是否妥当？为什么？

提示：A、B 两家公司的做法不妥当。

根据 UCP600 第 38 条 b 款的规定：可转让信用证系指特别注明“可转让（transferable）”字样的信用证。本案中，B 公司收到的不可撤销信用证未注明“可转让”字样，则该证是一份不可转让的信用证。两家公司可根据双方的约定各出 50%，但结汇单据的制作必须符合信用证的规定，即以 B 公司的名义制作整套结汇单据，否则，银行将以单证不符为由拒付货款。

（六）对背信用证

对背信用证（Back to Back Credit）又称转开信用证，是指受益人要求原证的通知行或其他银行以原证为基础，另开一张内容相似的新信用证。

对背信用证盛行于第二次世界大战后。因战后物资严重不足，出现卖方市场，商品制造商的地位较高，出口商作为中间商即使根据海外寄来的信用证订货，制造商也要求预付货款或提供某种确保付款的方法。此时，出口商不是向制造商预付货款，而是以国外寄来的信用证做抵押并提交其通知行，请该行为制造商重新开立一张新证，由于该新证起初附在原证的背面，对背信用证的名称由此而来。

对背信用证通常适用于以下几种情况：①当中间商收到以自己为受益人的信用证为不可转让信用证时，为向实际供货商提供付款保证，获得所需货物，遂以原证为抵押请求原证通知行或另家银行重开一张以实际供货商为受益人的新证（即对背信用证），以解决不可转让信用证禁止转让的局限性。对背信用证的受益人可以是国外的，也可以是国内的。对背信用证的开证行只能根据不可撤销信用证来开立。②信用证虽规定“可转让”，但因按《跟单信用证统一惯例》的规定，可转让信用证只能转让一次，当该笔交易有两个以上的中间商存在时，第一中间商将可转让信用证转让给第二中间商后，第二中间商以及此后的中间商可通过依次开立对背信用证直至到达实际供货商的办法，来解决可转让信用证只能转让一次的局限性。

对背信用证基本流程图示

对背信用证的内容除开证人、受益人、金额、单位、装运期限、有效期限等可有变动外，其他条款一般与原证相同。由于对背信用证的条款修改时，新证开证人需得到原证开证人和开证行的同意，所以受益人使用对背信用证时必须特别慎重。

对背信用证与可转让信用证虽同样适用于存在中间商的交易，但二者仍有以下区别：

（1）可转让信用证允许将开给出口商（第一受益人）的信用证转让给作为第二受益人的供货商，并允许其直接利用该信用证；而对背信用证则是独立于原信用证的另开立的一张新证，二者相互并存。

（2）可转让信用证流转程序所涉及的银行是为一套相互关联的可转让信用证服务的银行，主要包括开证行、通知行、转让行；而对背信用证的流转程序要涉及为两套独立并存的信用证服务的银行，主要包括原证开证行以及通知行/指定银行、对背信用证（新证）开证行及通知行/指定银行。

（3）可转让信用证的转让，要以开证申请人及开证行的明确指示为前提；而对背信用证的开立，则与原开证申请人及开证行无关。

（4）可转让信用证的受让人与原受益人一样，可以得到开证行的承付保证；而对背信用证的受益人对原证的申请人及开证行无任何债权，它仅能得到对背信用证开证行的承付保证。

（5）可转让信用证对转让行有一定的限制：而对开立对背信用证的银行无任何限制。另外，对背信用证的开证行要比转让行承担更大的责任和风险。

（6）在可转让信用证项下，第一受益人只能有权替换第二受益人的发票及/或汇票；而在对背信用证下，通常要将供货商提交的几乎所有的单据全部替换为卖方（中间商）的单据以便符合原证要求。

（七）对开信用证

对开信用证（Reciprocal Credit）是指两张信用证的开证申请人互以对方为受益人而开立的信用证。对开信用证的特点是：第一张信用证的受益人（出口人）和开证申请人（进口人）就是第二张信用证的开证申请人和受益人，第一张信用证的通知行通常就是第二张信用证的开证行。两张信用证的金额相等或大体相等，两证可同时互开，也可先后开立。对开信用证多用于易货交易、来料加工和补偿贸易业务，交易的双方都担心对方凭第一张信用证出口或进口后，另外一方不履行进口或出口的义务，于是采用这种互相联系、互为条件的开证办法，用以此约束。

对开信用证基本流程图示

（八）循环信用证

循环信用证（Revolving Credit）是指信用证按全部或部分使用后，其金额又恢复到原金额，可再次使用，直至达到规定的次数或规定的总金额为止。循环信用证与一般信用证的不同之处在于：一般信用证在使用后即告失效，而循环信用证则可多次循环使用。这种信用证通常在分批均匀交货的情况下采用。

循环信用证又分为按时间循环信用证和按金额循环信用证。

1. 按时间循环信用证

按时间循环信用证是受益人在一定时间内可多次支取信用证规定的金额。例如，信用证规定："本证按月循环，信用证每月可支金额 50 000 美元，于每个日历月的第一天被自动恢复。本行在此循环信用证项下的最大责任不超过 6 个月的总值 300 000 美元，每个月未使用的余额不能移至下个月合并使用。”

2. 按金额循环信用证

按金额循环信用证是指在信用证金额议付后，仍恢复到原金额可再使用，直至用完规定的总额为止。在按金额循环的信用证的条件下，恢复到原金额的具体做法有以下三种：

（1）自动式循环使用。受益人按规定时间装运货物交单议付一定金额后，信用证即自动恢复到原金额，可再次按原金额使用。例如，信用证中规定“本证将再次自动恢复每月期，每期金额 50 000 美元，总金额为 150 000 美元”。

（2）非自动式循环使用。受益人按规定时间装运货物交单议付一定金额后，必须等待开证银行的通知到达后，才能使信用证恢复至原金额，再次使用。例如，信用证中规定“本金额须在每次议付后，收到开证银行本证可以恢复的通知方可恢复”。

（3）半自动式循环使用。受益人每次装货交单议付后，在若干天内开证银行未提出中止循环的通知，信用证即自动恢复至原金额，并可再次使用。例如，信用证中可规定如下条款：“议付银行在每次议付后 7 天内未被通知中止恢复，则信用证余额恢复至原金额。”

循环信用证的优点在于：进口方可以不必多次开证，从而节省开证费用，同时也可简化出口方的审证、改证等手续，有利于合同的履行。

（九）预支信用证

预支信用证（Anticipatory L/C）是指允许受益人在货物装运交单前预支货款的信用证，有全部预支和部分预支两种。在预支信用证项下，受益人预支的方式有两种：一种是向开证行预支，出口人在货物装运前开具以开证行为付款人的光票，由议付行买下向开证行索偿；另一种是向议付行预支，即由出口地的议付行垫付货款，待货物装运后交单议付时，扣除垫款本息，将余额支付给出口人。如货未装运，由开证行负责偿还议付行的垫款和利息。为引人注目，这种预支货款的条款常用红字，故习称“红条款信用证”（Red Clause L/C）。

六、信用证的作用

采用信用证支付方式，在很大程度上缓解了进出口双方互不信任的矛盾，并给进出口双方以及银行都带来资金融通等多种好处。信用证的作用主要表现在以下方面。

1. 对出口商的作用

（1）保证出口商凭单取得货款。信用证用银行信用取代商业信用，银行支付与否只看单据，只要出口商交货后提交的单据与信用证规定相符，银行就保证支付货款。出口商交货后不必担心进口商到时不付款，因其由银行承担付款责任，银行倒闭、拒付的可能性远比商业企业低，所以这种银行信用要比商业信用可靠,即信用证支付为出口商收取货款提供了较为安全的保障。

（2）确保出口商顺利收取外汇。在进口管制和外汇管制严格的国家，进口商要向本国申请外汇得到批准后，方能向银行申请开证，出口商如能按时收到信用证，说明进口商已得到本国外汇管理当局使用外汇的批准，因而可以保证出口商履约交货后，按时收取外汇。

（3）可取得银行资金融通。除最为传统的将准备好的单据交给开证行，得到开证行提供的货款外，出口商利用信用证还可取得各种资金融通：例如，出口商在交货前，可凭进口商开来的信用证作抵押，向出口地银行办理打包放款业务（Packing Credit），提前获取部分货款；或出口商在收到信用证后，按规定办理货物出运，并提交汇票和信用证规定的各种单据，通过向议付行办理出口押汇的方法提前获得货款。这是出口地银行对出口商提供的资金融通，从而有利于资金周转，扩大出口。

2. 对进口商的作用

（1）确保取得进口商履行买卖合同的证据。进口商填写开证申请书，就是有效地将买卖合同条款转化为对出口商（受益人）提交单据的要求，因此，进口商申请开证时，可以通过控制信用证条款来约束出口商交货的时间、交货的品质和数量，如在信用证中规定最迟的装运期限，以及要求出口商提交由信誉良好的公证机构出具的品质、数量或重量证书等，以保证进口商按时、按质、按量收到货物。

其中，FOB、CFR 和 CIF 买卖合同下的已装船海运提单，是卖方完成交货义务的凭证和买方在目的地据以提货的凭证，因此，可以保证进口商收到的是代表货物的单据，特别是提货凭证。

（2）提供资金融通。进口商在申请开证时，通常要缴纳一定的押金，如开证行认为进口商资信较好，进口商就有可能在少交或免交部分押金的情况下履行开证义务。如采用远期信用证，进口商还可以凭信托收据（Trust Receipt）向银行借单，先行提货、转售，到期再付款，这就为进口商提供了资金融通的便利。

3. 对银行的作用

开证行接受进口商的开证申请，即承担开立信用证和付款的责任，这是银行以自己的信用作出的保证，以银行信用代替了进口商的商业信用。所以，进口商在申请开证时要向银行交付一定的押金或担保品，为银行利用资金提供便利。此外，在信用证业务中，银行每做一项服务均可取得各种收益，如开证费、通知费、议付费、保兑费、修改费等各种费用。因此，承办信用证业务是各银行的业务项目之一。在国际贸易结算中，信誉良好、作风正派的银行以及高质量的服务，又促进了信用证业务的发展。

七、合同中的信用证支付条款

在进出口合同中，如约定凭信用证付款，买卖双方应将开证日期、信用证的类别、付款时间、信用证金额、信用证的有效期和到期地点等事项作出明确具体的规定。现将我国出口合同中信用证支付条款进行举例说明。

1. 即期信用证支付条款

“买方应通过卖方所接受的银行于装运月份前××天开立并送达卖方不可撤销即期信用证，有效期至装运月份后第 15 天在中国议付。”

“买方应于××××年××月××日前（或收到卖方备货通知后××天内）通过银行开出以卖方为受益人的（由××银行保兑的）不可撤销的（可转让的）全部发票金额的即期信用证。信用证有效期延至装运日期后 15 天在中国到期。”

须提出的是，当前不少国际贸易买卖合同中涉及信用证支付时往往不仅仅约定信用证开出时间，还约定其应送达受益人的最晚期限，以保证出口人能够合理安排生产、备货与装运。

2. 远期信用证支付条款

“买方应于××××年××月××日前（或接到卖方通知后××天内或签约后××天内）通过×银行开

立以卖方为受益人的不可撤销的（可转让的）见票后××天（或装船日后××天）付款的银行承兑信用证。信用证议付有效期延至上述装运期后 15 天在中国到期。”

3. 循环信用证支付条款

“买方应通过为卖方所接受的银行于第一批装运月份前××天开立并送达卖方不可撤销的循环信用证，该证在××××年期间，每月自动可供××（金额），并保持有效至××××年××月××日在北京议付。”

八、软条款信用证

所谓软条款信用证，其本质并不是信用证的某一种类，而是一种违反信用证根本作用机制原理的，扭曲进出口双方和开证行基本关系的不合理信用证，指的是在信用证的生效条件中，或要求受益人提交的单据中，有必须经过开证申请人的作用才能获取的部分，从而使受益人陷于被动，开证申请人达到控制交易进程的目的。软条款信用证的开立通常有以下三种做法：

（1）对信用证的生效附加条件。买方开来的信用证上规定必须具备某种条件或证明，信用证才能生效。例如“领取进口许可证后通知生效”“货样经开证申请人认可后通知生效”等。如果买方借故晚发来通知书，卖方是无法及时备货、发货结汇的，因为此时信用证还未生效无法结汇。只有收到买方的通知书后卖方才可以开始备货、发货、装运，因此卖方常常由于超过履约时间使得保证金落入买方的手里。买方如果由于市场行情变化不想要这批货了，就干脆不发通知书，使得卖方根本无法结汇。

（2）信用证上有限制性单据条款。买方开来的信用证规定要提交的单据中包括需要买方确认或者买方指定的机构认定的单据。例如，质量或数量检验证书、货物收据由买方指定机构或代表签发等。卖方若等不到发货制单，则由于单证不符无法结汇，若苦等买方对相关单据进行确认，则主动权完全落在买方手里。买方可以根据自己的需要选择是及时确认，完成交易，还是借故延迟造成对方违约，骗取保证金和拒不收受货物。

这类手法还有一种方式，就是要求某些单据由买方指定代表签发，且要求其印鉴要与开证行的留样相符。买方往往给予卖方有自己签名的证书，但其与开证行的留样是否一致，就要看买方的信用了。买方愿意成交，就签发与留样一致的印鉴，若由于市场行情下跌不愿意接收这批货物，则签发不一样的印鉴。

（3）信用证要求直接寄单据给进口商。这种做法从根本上违背了信用证制衡双方权利义务的作用，使得银行无法控制代表货物物权的单据，买方可以不通过银行付款直接提取货物。

任务实施

1. I 银行开立了一张不可撤销信用证，经由通知行 A 通知给受益人。该信用证对单据方面的要求如下：①商业发票；②装箱单；③由 SSS 检验机构出具的检验证明书；④海运提单表明货物从 PPP 港运至 DDD 港，提单做成开证行抬头。

受益人在货物出运后将全套单据送至 A 行议付，A 行审单后指出下列不符点：

（1）检验证书的出单日期迟于货物装运日，并且未能指明具体货物的检验日期。

（2）装箱单上端未印有受益人公司、地址等文字，且装箱单未经受益人签署。

（3）提示了运输行收据而不是信用证上所要求的提单。

A 行将上述不符点通知受益人，受益人要求其电传 I 行求其授权付款。

I 行与申请人联系后，申请人不愿取消此不符点。因为他不能确定该批货物是否确已适当检验过？货物是否已出运？除非授权其在货到后检验货物，检验结果表明货物完好无损，否则他将拒绝付款。I 行告诉 A 行其决定拒绝付款的决定，并保留单据听候指示。

试分析：开证行 I 行拒付是否有道理？为什么？

2. 欧洲某银行开立了一张不可撤销议付信用证，该信用证要求受益人提供“Certificate of Origin：E. E. C. Countries”（标明产地为欧共体国家的原产地证明书）。该证经通知行通知后，在信用证规定的时间内受益人提供了全套单据。在受益人提供的单据中，商业发票上关于产地描述为“Country of Origin：E. E. C.”，产地证则表明“Country of Origin：E. E. C. Countries”。议付行审核受益人提交的全套单据后认为，单单、单证完全一致，于是该行对受益人付款，同时向开证行索汇。开证行在收到议付行交来的全套单据后，认为单单、单证不符：

（1）发票上产地一栏标明 E. E. C.，而信用证要求为 E. E. C. Countries。

（2）产地证上产地一栏标明 E. E. C. Countries，而发票产地标明 E. E. C.。

开证行明确表明拒付，并且保留单据听候处理。

收到开证行拒付通知后，议付行据理力争：信用证对于发票并未要求提供产地证明，况且发票上的产地系与产地证一致。故议付行认为不能接受拒付，要求开证行立即付款。

请分析：开证行拒付是否有道理？从这个案例中，我们可以总结什么教训？

3. I 银行开立一张以 M 为受益人的不可撤销信用证，并且要求通知行 A 加保。A 行对信用证加保后通知了 M，在信用证到期日两天之前，M 将全套单据交 A 行议付。A 行发现全套单据有两处不符：其一，提单抬头做成了托运人抬头并空白背书，而信用证的要求是提单做成买方抬头；其二，信用证超支 USD10 000，考虑到信用证即将到期，A 行立即将此情况通知 M，M 要求 A 行立即电传开证行 I 要求其授权付款。开证行在接到 A 行的电文后与其开证申请人协商，在后者的同意下，I 行授权 A 行议付提示的单据。

在 I 行电告 A 行对不符单据付款后，I 行国内的政局开始动荡，政变使政府行将倒台，结果使 I 行营业中断。有鉴于此，A 行通知 M：尽管它已收到 I 行同意对不符单据付款的指示，A 行不准备照办，因为 I 行的资金账户已被冻结。如果 A 行对 M 付款，它将无处取得偿付。

受益人于是求助于其律师，律师称既然 A 行已对该证进行了保兑，根据 UCP600 规定在未征得受益人同意的情况下，该行不得撤销保兑，故 A 行必须付款。而 A 行则认为：保兑只是在提交单单、单证严格一致的情况下有效。鉴于受益人提供的单据已有两处不符，故该保兑已自动终止。

受益人律师答复到：A 行既然已无条件同意与 I 行联系，要求后者授权对提示的不符单据付款，这一行为已构成 A 行同意付款的承诺。因此，受益人要求 A 行支付信用证的全部款项外加 I 行同意付款之日起至 A 行实际付款之日间的利,以及处理这一事件过程中的一些费用支出。

试分析：承兑行 A 行是否需要向受益人付款？为什么？

4. 2001 年 10 月 15 日由英国一家银行开给国内 ABC 公司 L/C。L/C 有关数量条款规定如下：总金额约 USD10 000，数量 1000 公吨，圆粒白大米，每公吨 USD500，CIF 利物浦。ABC 公司接到 L/C 后即备货，于 10 月 25 日全部货物装运完毕，持整套单据向银行交单议付。议付行经审单后不同意议付，其理由为议付金额 USD10 500，超出 L/C 规定的 USD10 000。请分析银行这样处理合适吗？为什么？

5. 某市中国银行分行收到新加坡某银行电开信用证一份，金额为 100 万美元，购花岗岩石块，目的港为巴基斯坦卡拉奇，证中有下述条款：（1）检验证书于货物装运前开立并由开证申请人授权的签字人签字，该签字必须由开证行检验；（2）货物只能待开证申请人指定船只并由开证行给通知行加押电通知后装运，而该加押电必须随同正本单据提交议付。问：该信用证可不可以接受？

知识拓展——信用证诈骗行为类型、案例及防范

学习任务四　支付方式的选择与综合应用

学习目标

知识目标

1. 理解选择支付方式时应考虑的因素。

能力目标

1. 能够比较汇付、托收与信用证三种支付方式以及买卖双方在不同支付方式中的风险。
2. 能够根据实际情况，将多种支付方式结合使用，满足业务需要。

素养目标

初步养成以金融机构往来的视角处理支付业务的职业素养。

建议学时

学习任务四建议 3 学时。

相关知识点

国际贸易中买方最基本的义务就是按约定的条件支付货款。一方面，出口商希望能在交付货物的同时安全稳妥地收回出口款项；另一方面，进口商也希望在支付款项的同时能按时按质按量地收到货物。因此，进出口双方选择合适的货款结算方式对于国际贸易合同的顺利履行是十分关键的。

一、影响选择结算方式的因素

在实际业务中，应针对不同国家（地区）、不同客户、不同交易的具体情况全面衡量，取长补短、趋利避害，力求做到既能达成交易又能维护企业的权益，最终达到确保外汇资金安全、加速资金周转、扩大贸易往来的目的。在影响不同结算方式利弊优劣的诸多因素中，安全是第一重要的问题，其次是占用资金时间的长短，还有办理手续的繁简，银行费用的多少也应给予适当的注意。我们在选择结算方式时，需考虑以下四个因素。

1. 客户信用

在国际货物买卖中，依法订立的合同能否顺利完美地得到履行，客户的信用度是决定性的因素。因此，要在出口业务中做到安全收汇，在进口业务中做到安全用汇。想要安全收到符合合同的货物，就必须事先做好对国外客户即交易对手的信用调查，以便根据客户的具体情况选用适当的结算方式，这是选用结算方式成败的关键和基础。对于信用不是很好或者尚未有充分了解的客户，进行交易时就应选择风险较小的方式。

例如，在出口业务中，一般可采用跟单信用证的方式，如有可能也可争取以预付货款的方式支付。若与信用很好的客户交易时，由于风险较小，可选择手续简单费用较少的方式，如在出口业务中可以采用付款交单（D/P）的托收方式等。至于承兑交单（D/A）的托收方式或赊账交易（如货到目的地后以电汇，即 T/T 方式付款），应仅限于本企业的联号或分支机构，或者确有把握的个别对象。对一般的客户应从严掌握，原则上不能采用。

2. 经营意图

选用支付方式，应结合企业的经营意图。在交易磋商的过程中，支付条件也是买卖双方需要反复磋商，而且经常要影响交易能否达成的重点问题。在货物畅销时，不仅可以提高售价，而且卖方还可选择对自己较有利的结算方式，包括在资金占用方面最有利的方式；而在货物滞销时或商品竞争激烈时，不仅售价可能要降低，而且在结算方式上往往也需要做必要的让步，否则就可能难以达成交易。

3. 贸易术语

国际货物买卖合同中采用不同的贸易术语，它所表明的交货方式与适用的运输方式是不同的。而在实际业务中，并不是每一种交货方式和运输方式都能适用于任何一种结算方式。

例如，在使用 CIF、CFR、CIP、CPT 等属于象征性交货的术语的交易中，采用的是凭单交货、凭单付款的方式，卖方交货与买方收货不同时发生，转移货物所有权是以单据为媒介，就可选择跟单信用证的方式。在买方信用较好时，也可选用跟单托收，如选用付款交单（D/P）的方式收取货款。

在使用 DDP 等属于实际交货方式术语的交易中，由于是卖方或通过承运人向买方直接交货，卖方无法通过单据控制物权，所以一般不能使用托收。因为如果通过银行向进口方收款，其实质是一笔货到付款，即属赊销交易性质，卖方承担的风险极大。即使是 FOB 和 FCA 术语达成的买卖合同，虽然在实际业务中也可凭运输单据（交货与付款），例如凭提单和多式联合运输单据，但这种合同的运输是由买方安排，由卖方将货物装上买方指定的工具或交给买方指定的承运人，卖方或接受委托的银行很难控制货物，所以也不宜采用托收方式。

4. 运输单据

如货物通过海上运输或多式联合运输，出口人装运货物后到的运输单据一般为可转让的海运提单或可转让的多式联运单据。因为这些单据都是货物所有权凭证，是在目的港向轮船公司或联运承运人提取货物的凭证，在交付给进口人之前，货款人尚能控制物权，故可适用于信用证和托收方式结算货款。

若货物通过航空、铁路或邮寄运输时，出口人装运货物后得到的运输单据为航空运单、铁路运单或邮包收据，这些都不算货物所有权凭证，收货人提取货物时也不需要这些单据。即使通过海上运输，如果运输单据为不可转让的海运单，由于它也不是物权凭证，提货时也无须提交这种单据。因此，在这些情况下，都不适宜使用托收。在采用信用证方式的情况下，全套运输单据均应直接向开证行或其指定银行递交，除非信用证有特别规定，出口人也不能将其中的一份直接寄进口人，其目的是便于银行控制货物。

二、多种支付方式结合使用的技巧

由于不同的结算方式各有利弊，买卖双方所承担的风险和资金占用的时间各不相同。因此，为了取长补短，做到既能加快资金周转又能确保收付外汇的安全，在同一笔交易中选择两种或两种以上的结算方式结合使用是比较有效的做法。

（一）信用证与汇付相结合

信用证与汇付结合是指部分货款采用信用证，余额货款采用汇付。

例如，买卖矿砂、煤炭、粮食等散装货物，买卖合同规定90%的货款以信用证的方式付款，其余10%待货物运抵目的港经检验核实货物数量后，按实到数量确定余数金额，再以汇付的方式支付。对于特定商品或特定交易需进口人预付定金的，也有规定预付定金部分以汇付的方式支付，其余货款以信用证的方式结算。

（二）信用证与托收相结合

将不可撤销信用证与跟单托收两种方式结合，其具体做法是一笔交易的货款部分以信用证付款，其余部分以托收方式结算。所以，又称“部分信用证、部分托收”。在实际运用时，托收必须采取付款交单（D/P）的方式。出口人要签发两张汇票，一张用于信用证项下部分的货款凭光票支付，另一张需随附全部规定的单据，按跟单托收处理。这种做法对进口人来说，可减少开证金额，少付开证押金，少垫资金；对出口人来说，虽然托收部分有一定风险，但有部分信用证的保证，等于预收押金，且货运单据跟随托收汇票项下，代收行须待进口人付清全部货款后才能放单，所以出口人的收汇安全就较有保障。但这种做法在买卖合同中除了应规定一定比率货款付款交单，其余的应采用信用证的方式付款。在买卖合同中还应列明信用证的到达期限，并在信用证中明确规定需要全数付清发票金额后方可交单的条款。例如“××%发票金额凭即期光票支付，其余的××%即期付款交单。100%发票金额的全套货运单据随附于托收项下，于进口人付清发票的全部金额后交单。若进口人不付清全部金额，货运单据由开证银行（或付款银行）掌握，凭出口人指示处理”。

（三）跟单托收与预付押金相结合

采用跟单托收并由进口人预付部分货款或一定比率的押金作为保证。出口人收到预付款或押金后发运货物，并从货款中扣除已收款项，将余额部分委托银行托收。托收采取付款交单的方式。如果托收金额被拒付，出口人可将货物运回，而从已收款项中扣除来往运费、保险费、利息及合理的损失费用。采用这种办法，通常在买卖合同中规定以下或类似内容：“装运货物以电汇向卖方提交预付款××为前提，其余部分采用托收凭即期付款交单”。

（四）分期付款与延期付款相结合

在国际贸易中，对于大型机械、成套设备、飞机与轮船等大型交通工具的交易，由于这种交易具有货物金额大、制造生产周期长、检验手段复杂、交货条件严格，以及产品质量保证期限长等特点，往往采用两种甚至两种以上不同的支付方式。例如，银行保证书或备用信用证与汇付，再结合分期付款或延期付款来支付货款。

1. 分期付款

分期付款（Progression Payment）是指买方预交部分定金，其余货款根据所订购商品的制造进度或交货进度分若干期支付，在货物交付完毕时付清或基本付清。分期付款实际上是一种即期现金交易。按照法律，在分期付款交易中买方付清货款时，货物的所有权即由卖方转移给买方。

按分期付款条件成交，买方在付出定金之前，卖方通常应提供出口许可证副本和银行开具的保证书或备用信用证。如果卖方不履约，由银行保证负责退还定金，已付款项加上自付款日起至退款日止的利息。

2. 延期付款

延期付款（Deferred Payment）是指买方先支付一部分定金后，大部分货款在卖方交货后一段相当长的时间内分期摊付。因此，延期付款实际上是卖方向买方提供了商业信贷，带有赊销赊购的性质。由此可知，延期付款涉及利息问题，须在买卖合同中规定延迟支付部分的利率条款。

延期付款是买方利用外资的一种形式，凡金额较大、付款期限较长的资本货物交易往往须与政府提供的出口信贷结合起来进行。

【例 10-5】宁波市某进出口公司对外推销某种货物，该商品在新加坡市场的销售情况日趋看好，逐渐成为抢手货。新加坡贸发公司来电订购大批商品，但坚持用汇付方式支付。此时，宁波该公司内部就货款支付方式问题产生不同的意见，一些业务员认为汇付的风险较大，不宜采用，主张使用信用证方式；但有些人认为汇付方式是可行的；还有一部分业务员认为托收可行。试问：如果你是出口公司的业务员，应如何选择恰当的支付方式？并说明理由。

提示：在国际贸易中，汇付方式通常用于货到付款、赊销、预付货款及随订单付现等业务。货到付款是指出口商在没有收到货款以前，先交出单据或货物，然后由进口商主动汇付货款的方法。因此，除非进口商的信誉可靠，出口商一般不宜轻易采用此种方式。而预付货款是指进口商先将货款汇付给出口商，出口商收到货款后再发货的方法。这对出口商较为有利，但只意味着进口方预先履行付款义务，并不等于货物的所有权是在付款时转移，在 CIF 等装运港交货的条件下，出口方在没有交出装运单据以前，货物的所有权仍归其所有。由此可见，预付货款对出口方来说有预先得到一笔资金的明显好处。在本案中，宁波该公司对外推销货物在新加坡市场的销售情况日趋看好，逐渐成为抢手货，可坚持使用汇付中的预付货款方式作为结算方式。

任务实施

1. 汇付、托收、信用证三种基本结算方式对进出口企业而言各有利弊，分析它们的特点和买卖双方可能遭受的风险。

2. 中山 RB 浴室家具出口企业正与一家总部在新加坡、市场位于整个欧洲的进口商洽谈出口浴室家具事宜。该进口商提出只能按以下两种支付方式的一种支付货款：①用信用证支付，所有关于信用证的费用由卖方负担；②买方在收到卖方所有的运输单据后，电汇货款给卖方。你作为中山 RB 公司的代表，应该如何谈判？若你作为进口商，怎样主张你的观点？请充分说明选择理由。

3. 重庆 ML 家居公司出口 1 万美元的货给叙利亚 Sam 公司，客户要求以 100%D/P 方式支付。由于是第一次合作，ML 家居公司坚持做 L/C。你作为 ML 家居公司代表，你如何说服客户接受你的观点？或者你作为叙利亚 Sam 公司的代表，你如何主张你的观点？请分别说明理由。请问用什么付款方式比较好？为什么？如果做 100%D/P 有什么风险，该如何操作才能将风险降到最低程度？

强化训练

请为深圳 HL 公司与 Fashion 公司的女士皮包交易合同选择并制定支付条款，并说明选择该支付方式的原因。

项目十课后自测

学习项目十一

处理业务纠纷与善后工作

学习目标

知识目标

1. 掌握检验检疫、索赔理赔的基本概念。
2. 掌握不可抗力、仲裁的基本概念。
3. 掌握《公约》对检验检疫条款、索赔条款、不可抗力条款和仲裁条款的规定。

能力目标

1. 能够在进出口合同中正确订立检验检疫条款、索赔条款、不可抗力条款和仲裁条款。
2. 能运用相关知识，分析实际案例。

素养目标

1. 具备敏锐的洞察能力，能够在合同索赔处理与仲裁事宜中，知己知彼，百战不殆。
2. 具备资源整合能力和管理能力，能够借助第三方商检机构、仲裁机构等专业外部力量，公平、公正解决业务纠纷，做好善后工作。
3. 具备创新意识，能够在国际贸易合同业务争议与纠纷中，有创新的观点，能更好地争取自身利益，且安抚对方。

建议学时

学习项目十一建议 12 学时。

工作情景描述

深圳 HL 公司向美国 Fashion 公司出口女士针织衬衣。合同中的检验条款规定：“以装运地检验报告为准。”但货到目的地后，Fashion 公司发现货物与合同规定不符，经当地商品检验机构出具检验证书后，遂向 HL 公司提出索赔。在合同执行过程中，HL 公司与 Fashion 公司或多或少会有分歧争议，应该怎么解决才比较合适呢？

学习任务与活动

学习任务一　合同商检条款及订立
学习任务二　合同索赔条款及订立
学习任务三　合同不可抗力条款及订立
学习任务四　合同仲裁条款及订立

项目十一思维导图

学习任务一　合同商检条款及订立

学习目标

知识目标

1. 掌握进出口商品检验检疫的基本概念、基本任务。
2. 了解我国及世界主要检验检疫机构。
3. 理解法定检验。
4. 掌握国际贸易合同中三种不同的检验地点和标准。
5. 了解检验内容及检验检疫证书。

能力目标

1. 掌握进出口商品的检验程序。
2. 能制作合同检验检疫条款，分析实际案例。

素养目标

具备资源整合能力，能够合理借助外部检验检疫机构，公正鉴定商品，推进合同顺利执行，实现商业变现。

建议学时

学习任务一建议 6 学时。

相关知识点

国际货物买卖业务中，买方通常会担心卖方所交货物是否符合有关国家强制性的法律规定，商品的数量、品质、重量、包装、卫生等是否严格与合同及信用证相符等。加上货物交付买方前，通常要经过多种方式的长途运输，难免发生残损、短少、灭失等现象。为便于明确卖方所交货物是否严格与合同及信用证相符，查明货损原因，明确责任归属，促进交易顺利进行，买方或卖方或买卖双方都接受认可的第三方即商品检验机构，对货物进行检验。

一、商品检验的含义及重要性

（一）商品检验的含义

商品检验（Commodity Inspection）简称商检，是指商品的买方、卖方或者第三方在一定条件下，借助某种手段和方法，按照合同、标准或国内外有关法律法规及惯例，对商品的质量、重量、数量、规格、包装、卫生、安全及装运条件等方面进行检查，并做出是否合格或是否通过验收的判定。由此可见，商品检验是为了维护买卖双方合法权益，避免各种风险损失和解决双方责任的争议，便于买卖商品的顺利交接和买卖双方财务结算而出具的各种有关证书的业务活动。

《联合国国际货物销售合同公约》第 38 条规定：“买方必须在按情况实际可行的最短时间内检验货物或由他人检验货物。如果合同涉及货物的运输，检验可推迟到货物到达目的地后进行。”

《中华人民共和国进出口商品检验法》(2013 年修正)(以下简称《进出口商品检验法》)第三条规定：“商检机构和经国家商检部门许可的检验机构，依法对进出口商品实施检验。”第四条规定：“进出口商品检验应当根据保护人类健康和安全、保护动物或者植物的生命和健康、保护环境、防止欺诈行为、维护国家安全的原则，由国家商检部门制定、调整必须实施检验的进出口商品目录并公布实施。”

(二)商品检验的重要性

在国际贸易中，对买卖双方交易的货物进行检验，其重要性主要体现在以下方面。

1. 商检是履行合同的重要环节

在买卖合同中，买方要得到自己需要的符合合同规定的货物，卖方也要通过提交符合合同规定的货物来获得货款，所以货物必须符合合同的规定。为公平起见，合同的标的物通常是由双方同意的第三方来检验的。对于需要法定检验的货物，必须通过检验才能进出口。此外，在信用证结算条件下，卖方只有通过检验获得检验证书，并将该证书作为议付单据之一，才能正常结算货款。

2. 商检是有效解决争议的重要依据

在国际货物买卖合同履行过程中，货物要经过长途运输和多次装卸，难免会出现货损、货差的情况，从而需要明确检验的时间、地点，确定责任归属，避免责任不明引起争议。商品检验机构和经国家商检部门许可的检验机构公证鉴定的目的，就在于确定进出口商品是否与买卖合同中的规定一致，并在发现不符或发生货损、货差时，分清责任，避免争议，以便受损方向有关责任方提出索赔要求。

3. 商检有利于保证进出口商品的品质

对进口商品进行检验，不仅直接关系到本国进口商的经济利益，而且关系到本国生产者的利益。特别是对于货物的安全、卫生的法定检验，还关系到本国消费者的身体健康和人身安全。因此，对进口商品进行检验是保证进口商品质量的重要环节。对出口商品进行检验，可以防止不合格的商品流向国外，避免国外进口商的索赔或者退货，避免商业上的损失，也有利于企业改善品质管理，提高产品质量，增强出口产品竞争能力，提高我国商品的国际信誉度。

二、国际贸易商品检验的内容

我国检验检疫机构实施的进出口商品检验检疫的内容，原则上包括商品的质量、规格、数量、重量、包装以及是否符合安全、卫生环保要求等。强制性检验主要是指涉及安全、健康、卫生环保等方面的检验检疫，因此对每种具体的进出口商品来说，要进行哪些项目的检验检疫、按什么标准检验检疫等，都要根据商品的特性视具体情况按自愿性和强制性的不同要求而定。

我国《进出口商品检验法》规定，进出口商品实施检验的内容，包括商品的质量、规格、数量、重量、包装以及是否符合安全、卫生环保要求。检验的依据主要以买卖合同（包括信用证）中所规定的有关条款为准。国际贸易商品检验的内容有以下方面。

1. 品质

品质（Quality）是货物买卖中最重要的因素之一，反映了商品的质量特征。不同的商品有不同的品质含义和要求。不明确规定商品的品质，交易就无法进行，而对品质要求的高低直接关系到买卖双方的根本利益。所以，贸易合同中的品质条款一定要订得明确和合理，这样也便于以后的定价和仲裁。

关于商品品质的意义有多种说法，仅从狭义的质量角度来看，商品品质就是商品的外观形态和内在质量的综合。如商品的化学成分、物理和机械性能、生物学特征，以及造型、结构、色泽等技术要求。在品质条款中既可直接订明对商品品质的要求，也可订明它必须符合的某个标准或技术规定。若该商品为凭样成交的，在合同中也要明确成交样品的特征或封识，并在合同中加以说明。

2. 规格

规格（Specification）是与品质密切联系的一个质量特征指标。商品规格的内容无统一规定，在国际贸易业务中，一般有下列两种含义：

（1）仅指商品的规格，表示同类商品在量方面的差别，如体积、面积、容积、粗细、长度、宽度、厚度等，而与商品品质优劣无关。

（2）包括规格和品质条件两方面的内容，将两者综合起来。有些商品虽然是同一品牌、同一品名，但是根据其各项品质特征指标甚至几何尺寸、重量大小，就可以分为若干个等级。如，一级品、二级品、三级品，大路货或一等品、二等品、三等品、等外品等，这样每一个规格都有各自的质量标准。例如，冻兔肉（带头）的特级品每只净重 1500 克以上，一级品每只净重 1000 克以上，中级品 600 克以上，小级品 400 克以上。

采用品质规格表示商品的质量特性，在国际贸易中得到了广泛的应用。在贸易合同的品质条款中，“品质规格”较单纯的“品质”或“规格”更为全面贴切。总之，一旦确定了商品的规格或品质规格，也就同时明确了商品的品质特征要求。因为等级不同，价格也不同，所以可以按级论价，进行公平交易。

3. 数量

数量（Quantity）是贸易合同中的重要条件之一，也是商检机构对商品进行检验的一个重要内容。许多商品在单价确定下来之后，全批的商品总值取决于该批商品数量的多少。在商品的数量中，首先要注意商品的计量单位。由于商品的品种、性质不同，它们所采用的计量单位也是不相同的，如布匹、丝绸是长度单位，皮革是面积单位，木材是体积单位，液体是容积单位，仪器、罐头是件数，服装、成套设备是套数，鞋、手套是双（对）数，胶合板是张数等。

在进出口商品检验的过程中，对于一些批量较小、件头较大的商品，可以进行全数点检数量。对于一些批量较大、件头很小的商品，数量检验比较麻烦，往往采用抽样检查的办法。在一些特殊的进出口商品中，往往会出现既有数量要求又有重量要求的情况，这是为了更准确、更科学地确定交易商品的量。对那些以重量、体积等计价的商品，数量也是重要的检验项目，必须引起高度的重视。

4. 重量

商品的重量（Weight）与数量一样是商品质量的一个重要特征。在国际贸易中，按照某一标准重量包装的商品，其重量就是一个十分重要的指标。重量不符合标准，会使出口商或进口商甚至消费者的利益受到损害，所以在贸易合同中都会订明重量。

5. 包装

在国际贸易交往中，世界各国都十分重视商品的包装（Packing），特别是对食品、危险品、贵重商品的包装要求很严格，除了考虑对商品的一般保护外，还考虑到对人体的影响、运输的安全和对环境生态平衡的保护。联合国海事组织从 1991 年 1 月 1 日起，在全球强制施行《国际海上危险货物运输规则》，若危险货物的包装及其上面的危险标志未经法定检验机构检验合格，运输部门不予承运，有关国家可以拒绝其货物的进口和装卸。

包装检验包括性能检验和使用鉴定。包装材料和包装容器本身作为工业产品，必须有相应的标准来评定其性能。如瓦楞纸箱的外观接头、箱角漏洞、纸板的含水率、黏合强度等。另外，包装在交付使用后，还必须满足使用和运输的要求，这就必须对包装与商品的相容性和使用的条件环境进行试验。

我国商检机构长期以来对商品的运输包装进行检验时，除了检查外包装上所印刷或铸压的唛头、批号、毛净重、规格、产地、装卸运输标志外，还对它进行外观检验和简单的模拟试验，以检查该商品的包装是否经得起正常地装卸和运输的堆积、挤压、碰撞、碰跌等。现在，中国商检机构已正式将包装作为一个相对独立的、完整的检验内容，对用于危险品包装的生产企业实行质量许可证制度，同时制订了相应的包装检验规程，使商品包装的商检和监督管理趋于完善，包装检验走上了规范化的轨道。

6. 安全

商品的安全（Safety）性能不仅涉及贸易双方的利益，更重要的还涉及国家、社会和广大消费者的利益。凡属有安全性能要求的商品，如不符合规定的安全标准，就有潜在的危险，会给人、畜、物、环境的安全和生态平衡造成伤害和破坏，因此商品的安全责任是贸易双方必须对国家、社会和消费者承担的法律责任。

在进出口商品的安全性能检验中，无论是管理要求还是检验标准，都比一般的品质检验严格得多，因为它是以保护人、畜、物、环境的安全和生态平衡为目的的。许多国家都通过行政立法手段对商品的安全性能加以保证。我国的《商检法》也规定安全性能检验是商检机构对进出口商品施行检验的 7 项主要内容之一，是一种强制性检验。一旦发现进出口商品不符合国家安全标准和规范的，国家授权的检验机构和主管部门有权根据国家法律、行政法规和标准规范，采取必要的行动，包括不准进出口、停止生产，扣留货物、勒令退货，罚款，监督销毁等。对发生安全事故，给国家、社会、消费者造成损害，构成犯罪的，还将依法追究当事人的刑事责任。

7. 卫生

食品、动物产品等的卫生（Sanitation）状况，会直接影响到人体的健康和安全。所以卫生条件的检验与安全性能的检验一样是一种强制性检验。许多国家都通过制订法律或各种法规，以确保进入本国的商品符合卫生条件，保证人、畜、环境和商品本身的安全。第二次世界大战后，特别是近二三十年以来，随着科学技术的发展和人民生活水平的提高，各国除了对食品包括动物产品的卫生条件要求越来越高外,还对其他直接接触人体的商品提出了严格的卫生要求，这样做既可以保护本国的人畜安全，又可以限制该类商品的进口，这也是一种贸易保护措施。

对于进出口商品的检验内容除上述内容外，还包括海损鉴定、集装箱检验、进出口商品的残损检验、出口商品的装运技术条件检验、货载衡量、产地证明、价值证明以及其他业务的检验。我国加入 WTO 后，可直接参与对 WTO 成员方在制订新的技术法规、标准和合格定程序征求意见的全过程。我国的商品检验工作既面临着新的机遇，也带来了更大的挑战。

三、检验证书类型及作用

（一）国际贸易商检证书的概念

商检证书（Testing Certificate）是商检机构对外签发的具有法律效力的证书，是证明交货的品质、数量、包装及卫生条件等是否符合合同规定的依据，当卖方交货品质、数量、包装及卫生条件与合同规定不符时，可作为拒收、索赔和理赔的依据。凡列入《种类表》的商品，国家规定必须进行检验的商品，如食品、动物、危险品及其容器、船舱、集装箱等须进行法定检验；不属法定检验但合同规定要进行检验的商品可进行鉴定业务。

（二）商检证书的种类

1. 品质检验证书

品质检验证书（Inspection Certificate of Quality）是证明进出口货物品质规格的证书，是出口商品交货结汇和进口商品结算索赔的有效凭证，是进出口商品报关、输出输入的合法凭证。商检机构签发的放行单或在报关单上加盖的放行章有与商检证书同等通关效力；签发的检验情况通知单同具商检证书性质。

2. 重量检验证书

重量检验证书（Inspection Certificate of Weight）是证明进出口货物的重量的证书，是出口商品交货结汇、签发提单和进口商品结算索赔的有效凭证，也是国外报关征税和计算运费、装卸费用的证件。

3. 数量检验证书

数量检验证书（Inspection Certificate of Quantity）是证明进出口货物品的数量的证书，是出口商品交货结汇、签发提单和进口商品结算索赔的有效凭证。

4. 兽医检验证书

兽医检验证书（Veterinary Inspection Certificate）是证明出口动物产品在出口前经过检疫检验而出具的证书。适用于冻畜肉、冻禽、禽畜罐头、冻兔、皮张、毛类、绒类、猪鬃、肠衣等出口商品。它是对外交货、银行结汇和进口国通关输入的重要证件。

5. 卫生（健康）检验证书

卫生（健康）检验证书（Sanitary Inspection Certificate）是证明可供人类食用的出口动物产品、食品等经过卫生检验或检疫合格的证件。适用于肠衣、罐头、冻鱼、冻虾、食品、蛋品、乳制品、蜂蜜等。它是对外交货、银行结汇和通关验放的有效证件。

6. 消毒检验证书

消毒检验证书（Disinfections Inspection Certificate）是证明出口动物产品经过消毒处理、保证安全卫生的证件。适用于猪鬃、马尾、皮张、山羊毛、羽毛、人发等商品。它是对外交货、银行结汇和国外通关验放的有效凭证。

7. 产地检验证书

产地检验证书（Inspection Certificate of Origin）即合同规定须出具产地证明，按照给惠国要求，出具原产地证明时，由检验结构签发原产地证书。

8. 价值检验证书

价值检验证书（Inspection Certificate of Value）即有些货物需要证明其价值时，证明出口货物价值或发货人提供的发票上价值完全正确，须由检验结构出具的证书。在发票上签盖商检机构的价值证明章与价值证明书具有同等效力。

9. 残损检验证书

残损检验证书（Inspection Certificate of Damaged Cargo）即商品证明进口货物残损情况，估定残损贬值程度，判断致损原因，供索赔时使用，须由检验检结构出具此证书。

10. 熏蒸证书

熏蒸证书（Inspection Certificate of Fumigation）用于证明出口粮谷、油籽、豆类、皮张等商品及包装用木材和植物性填充物等已经过熏蒸灭虫，以及证明使用的药物、熏蒸的时间等情况。如果国外不需要单独出证，可在品质检验证书中附带证明。

11. 船舱检验证书

船舱检验证书（Inspection Certificate of Tank/Hold）用于证明承运出口商品的船舱清洁、牢固、冷藏效能及其他装运条件是否符合保护承载商品的质量和数量完整与安全要求的证书。可作为承运人履行船契约适合载运义务、对外贸易关系方进行货物交接和处理货损事故的依据。

12. 货载衡量检验证书

货载衡量检验证书（Inspection Certificate on Cargo Weight & Measurement）是证明进出口商品的重量、体积吨位的证书，是计算运费和制定配载计划的依据。

此外，还有以下几种：生丝品级及公量检验证书，是出口生丝的专用证书，其作用相当于品质检验证书和重量数量检验证书；舱口检视证书、监视装/卸载证书、舱口封识证书、油温空距证书、集装箱监装拆证书，作为证明承运人履行契约义务，明确责任界限，便于处理货损货差责任事故的证明证书；集装箱租箱交货检验证书、租船交船剩水/油重量鉴定证书，可作为契约双方明确履约责任和处理费用清算的凭证，等等。

商品不同，检验要求及应提供的检验证书也有所不同。如一般轻纺产品，只需提供品质、数量或重量证明书；而有些农副土特产品，则除需要出具品质重量证明书外，还需出具卫生证明书、兽医证明书或植物检疫证明书。因此，在签订合同时，应根据商品的特性，对所需的检验证书做出明确规定。目前，由于世界各国公害严重，不少国家的政府都制订了许多有关环境保护、卫生检疫、消费者保护等方面的法令和条例，凡不符合规定要求的商品，一律不得进口。我们在签订出口合同时，虽然可以不接受要求我出口商品的“卫生质量必须符合某国某项法令的规定”的条款。但是，为了做好出口工作，我们对有关进口国家的这类法令、条例也应有所了解，并且要认真研究对策。如果我们不给予应有的注意，难免我国的出口商品会与进口国家的卫生、检疫规定相抵触，那么，即使在出口合同中没有规定必须遵守进口国的卫生、检疫条件，但到交货时对方政府不准进口，合同还是无法履行，这是当前在扩大出口中值得注意的一个问题。

（三）商检证书的作用

检验检疫证书，是各种进出口商品检验证书、鉴定证书和其他证明书的统称，是对外贸易有关各方履行契约义务、处理索赔争议和仲裁、诉讼举证，具有法律依据的有效证件，也是海关验放、征收关税和优惠减免关税的必要证明。其作用有以下几点：

（1）检验证书是证明卖方所交货物的品质、数量、包装以及卫生条件等方面是否符合合同规定的依据；

（2）检验证书是海关验关放行的依据；

（3）检验证书是卖方办理货运结算的依据；

（4）检验证书是办理索赔和理赔的依据；

（5）检验证书是证明货物装卸、在途中的实际情况，明确责任归属的依据。

【例 11-1】进口方委托银行开出的信用证上规定卖方须提交“商品净重检验证书”。进口商在收到货物后，发现质量不符，而且卖方仅提供了重量单。买方立即委托开证行向议付行提出拒付，但货款议付行已经押出。事后，议付行向开证行催付货款，并解释卖方所附的重量单即净重检验证书。请问：①重量单与净重检验证书一样吗？②开证行能否拒付货款给议付行？

提示：①商品净重检验证书是由商检机构签发的关于货物重量的公证文件，而重量单为发货人所出具的货物重量说明文件，二者是不同的。

②信用证中要求卖方提供商品净重检验证书，而议付行误以为重量单即商品净重检验证书，则议付行必须为此过失承担责任。按《跟单信用证统一惯例》的规定，开证行有权对议付行拒付，而议付行可向出口商追索押汇款项。

四、商品检验机构

商品检验机构是指根据客户的委托或有关法律法规的规定对出入境商品进行检验、鉴定和管理的机构，简称商检机构。

（一）国外的商品检验机构

世界上大多数国家都设有自己的商检机构，特别是发达国家，由于商品进出口量大、对品质要求高，所以所设立的检验机构种类繁多。国际上的商品检验机构名称各异，有的称作公证行（Authentic Surveyor）、宣誓衡量人（Sworn Measurer），也有的称为实验室（Laboratory）。这些机构有的属于综合性的，有的属于专业性的。

国外的商检机构大体可归纳为官方检验机构、半官方检验机构和非官方检验机构三种。

1. 官方检验机构

官方检验机构是指由国家或地方政府投资，按照国家有关法律法令对出入境商品实施强制性检验、检疫和监督管理的机构。国际上比较著名的官方检验机构有：美国的动植物检验署（APHIS）、食品与药品管理局（FDA），法国的国家实验检测中心，日本的日本通商省检验所等。

2. 半官方检验机构

半官方检验机构是指具有一定权威的、由国家政府授权、代表政府行使某项商品检验或某一方面检验管理工作的民间机构。例如，美国保险人实验室（UL），这一机构由美国几家保险公司于1894年创办，属于民间组织，后来从保险公司中独立出来，接受政府委托，负责进出口商品的安全检查。根据美国政府的规定，凡是进口与安全有关的商品（如电器、药品等），必须经UL检验认证合格，并贴上该实验室的英文缩写标志“UL”，方可进入美国市场。

3. 非官方检验机构

非官方检验机构是指由私人创办的、具有专业检验、鉴定技术能力的公证行或检验公司。比较著名的民间性质的私人协会及公司有：国际羊毛局（IWS）、英国劳埃氏公证行（Lloyd's Surveyor）、英国英之杰检验集团（IITS）、瑞士日内瓦通用公证行（SGS）、日本海事检定协会（NKKK），新日本检定协会（SK），日本海外货物检查株式会社（OMIC）、美国材料与试验学会（ASTM）、加拿大标准协会（CSA）和中国商品检验公司（CCIC）等。

（二）我国的商品检验机构

1. 国家质检总局

中华人民共和国国家质量监督检验检疫总局（Administration of Quality Supervision Inspection and Quarantine of people's Republic of China，AOSIO），简称国家质检总局（现为“国家市场监督管理总局”），是2001年4月10日由国家质量技术监督局和国家出入境检验检疫局合并组建的主管全国质量、计量、出入境卫生检验、动植物检疫，商品检验、鉴定、认证和监督管理的行政执法机构。其在各省、自治区、直辖市设立分支机构，负责监督管理本地区的进出口商品检验。

2. 其他检验机构

为了适应我国对外贸易发展的需要，20世纪80年代初，经国务院批准成立了中国出口商品检验总公司（简称商检公司）。商检公司作为一家独立的检验机构，以非官方身份和公证科学的态度，接受进出口业务中的当事人和外国检验机构的委托，办理进出口商品的检验、鉴定业务，签发检验、鉴定证书并提供咨询服务。商检公司的成立既为进出口商品的顺利交接、结汇以及合理解决索赔争议提供了诸多便利条件，同时也促进了我国同世界各国进出口商品检验机构的联系与合作。

3. 香港特别行政区的商品检验机构

香港特别行政区政府指定的检验机构是标准及检定中心。该中心按政府颁布的商品目录，对进口商品实施强制性检验。目录所列商品，未经检验及检定中心检验合格的，一律不得销售和使用。

香港是自由港，对出口商品不实施强制性检验。对商品检验管理的方式，主要有强制性检验、自愿申请标志检验、国际认证检验、委托检验和消费选择指导性检验等，除指定的检验机构外，香港还有私人公证行（如天祥公证行）和外国检验机构（如 SGS）。

除此之外，我国还有其他的专业检验机构。例如，进出口药品由卫计委指定的药品检验部门检验；进出口飞机由民航部门的专门机构办理；进出口计量器具由国家计量部门检验鉴定；进出口船舶、主要船用设备和材料、集装箱由船舶检验机构检验。上述物品的进出口检验需向各专业部门的检验机构申请办理，取得合格证书后方可进出口。

（三）我国商检机构的职责

根据《中华人民共和国进出口商品检验法》（简称《商检法》）和《中华人民共和国进出口商品检验法实施条例》（简称《商检法实施条例》）的规定，国家商检部门及其设在各地的商检机构的职责有下述 4 项。

1. 对进出口商品实施检验

检验包括法定检验和对法定检验以外的进出口商品的检验。

（法定检验见后文详述。）

对于法定检验以外的进出口商品，商检机构可以抽查检验。此外，商检机构还对对外贸易合同约定或者进出口商品的收货人、发货人申请商检机构签发检验证书的进出口商品实施检验。

2. 对进出口商品办理鉴定业务

鉴定是指根据国际贸易关系人的申请，商检机构以第三方公证人的身份，对被申请要求检验的进出口商品以及其他事项进行检验鉴定，并出具证明。

进出口商品鉴定业务不同于法定检验，主要表现在：鉴定业务是凭申请办理的，是非强制性的，而法定检验则是根据国家法律法规，对进出口商品实施的强制性检验；办理鉴定业务时商检机构与申请人是平等的民事主体，而进行法定检验时商检机构与申请人之间是管理与被管理的关系。

进出口商品鉴定业务的范围主要包括：①对进出口商品的质量、数量、包装检验鉴定、货载衡量；②对进出口商品的监装和监卸；③对进出口商品的积载鉴定、残损鉴定和海损鉴定；④对装载进出口商品的船舶、车辆、飞机、集装箱等运载工具的适载鉴定；⑤对与进出口商品有关的外商投资的价值、品种、质量、数量和损失鉴定；⑥抽取并签封各类样品；⑦签发价值证书及其鉴定证书；⑧其他进出口商品检验鉴定业务。

3. 对进出口商品的质量和检验工作实施监督管理

监督管理是指检验检疫机构依托对进出口商品通过行政和技术手段进行控制、管理和监督。

根据我国《商检法》规定，国家质检总局以及地方出入境检验检疫机构对进出口商品检验检疫工作实施监督管理的主要内容有：①对法定检验范围以外的进出口商品根据国家规定实施抽查检验；②对重点的进出口商品生产企业派驻质量监督员；③对进出口商品的质量认证工作，准许认证合格的商品使用质量认证标志；④指定、认可符合条件的国外检验机构承担特定的检验鉴定工作，并对其检验鉴定工作进行监督抽查；⑤对重点的进出口商品及其生产企业实施质量许可制度；⑥对经检验合格的进出口商品加施商标和封识管理。

监督管理与法定检验都是检验机构强制实施的行政管理行为，两者的区别在于管理的对象不同。法定检验的对象是进出口商品，而监督管理的对象是进出口商品检验工作。

4. 对进出口商品进行认证

按认证性质的不同，认证分为强制性认证和自愿性认证。与人身安全、健康、检疫、环保、劳保等有关的产品，依据法律规定必须实施强制性认证，该类产品未获得认证，不得销售，否则依法惩处。对一般产品均实行自愿性认证，没有经过认证的产品，也可以在市场上销售，但在国际市场上往往会由于没有认证而使产品滞销或降价。

按认证的内容不同，认证可分为质量认证、安全认证和质量认证+安全认证。使用质量认证标志的产品，说明该产品符合某一技术标准。使用安全认证标志的产品，说明该产品符合某一安全标准，大多数安全认证都是强制性认证。

五、检验时间和地点

根据国际上的习惯做法和我国的业务实践，关于买卖合同中检验时间和地点的规定方法主要有以下几种。

（一）在出口国检验

在出口国检验的具体做法分为两种。

1. 在产地检验

在产地检验即货物离开生产地点（如工厂、农场或矿山）之前，由卖方或其委托的检验机构人员或买方的验收人员对货物进行检验或验收。在货物离开产地之前的责任，由卖方承担。

2. 在装运港/地检验

在装运港/地检验即以离岸质量、重量（或数量）为准。货物在装运港/地装运前，由承担双方约定的检验机构对货物进行检验，该机构出具的检验证书作为决定交货质量、重量或数量的最后依据。按此做法，货物运抵目的港/地后，买方如对货物进行检验，即使发现质量、重量或数量有问题，也无权向卖方提出异议和索赔。

（二）在进口国检验

在进口国检验的做法具体分为两种。

1. 在目的港/地检验

在目的港/地检验即以到岸的质量和重量（或数量）为准。在货物运抵目的港/地卸货后的一定时间内，由双方约定的目的港/地的检验机构进行检验，该机构出具的检验证书作为决定交货质量、重量或数量的最后依据。如果检验证书证明货物与合同规定不符并确属卖方责任时，卖方应予负责。

2. 在买方营业处所或最终用户所在地检验

对一些需要安装调试进行检验的成套设备、机电仪产品以及在卸货口岸开包检验后难以恢复原包装的商品，双方可约定将检验时间和地点延伸、推迟至货物运抵买方营业所或最终用户的所在地后的一定时间内进行，并以该地约定的检验机构所出具的检验证书作为决定交货质量、重量或数量的依据。

（三）在出口国检验，进口国复验

这种做法是在装运港/地的检验机构进行检验后，出具的检验证书作为卖方收取货款的依据，货物运抵目的港/地后由双方约定的检验机构复验，并出具证明。如果发现货物不符合合同规定，并证明这种不符情况系属卖方责任，买方有权在规定的时间内凭复验证书向卖方提出异议和索赔。这一做法对买卖双方来说比较公平合理，它既承认卖方所提供的检验证书是有效的文件，作为双方交接货物和结算货款的依据之一，并给予买方复验权。因此，我国进出口贸易中一般都采用这一做法。

上述各种做法各有特点，应视具体的商品交易性质而定。对大多数一般商品交易来说，“出口国检验，进口国复验”的做法最为方便而且合理，因为这种做法既肯定了卖方的检验证书是有效的交接货物和结算凭证，同时又确认买方在收到货物后有复验权（Right of Reinsertion），能照顾到买卖双方的利益，符合各国法律和国际公约的规定，在国际贸易中使用比较普遍。目前，我国在进出口业务中，为了贯彻“平等互利”原则，一般多采用这种办法，即在出口时允许对方有复验权，在进口时也要规定我方有复验权。具体规定办法是：如果是出口合同，应当订明“以装船口岸中国进出口商品检验局签发的品质/重量证明书作为向银行议付的单据的一部分。如有品质异议及/或数量异议，买方得于货到目的口岸之日起××天内向卖方提出索赔，但须提供卖方同意的公认的公证机构出具的检验报告”。如果是进口合同，则应订明“货卸目的港后，买方有权申请中国进出口商品检验局进行检验，如发现货物品质及或数量重量与合同不符，买方有权在货卸目的口岸后××天内根据中国进出口商品检验局出具的证明书向卖方提出索赔”。

在采用这种规定方法时，由于货物在运输过程中品质和重量往往会有些变化，装船时检验的结果与到货后检验的结果经常有些出入，遇到这种情况，究竟应当由卖方负责还是由买方负责，这是对外贸易工作中时常碰到的一个难题。比如，当买方在目的口岸复验发现货物的品质、重量与合同不符，根据复验结果向卖方提出索赔时，卖方往往拿出装船口岸的合格检验证书为根据，认为自己已经履行了合同规定的交货义务，予以拒赔。双方各执一词，相持不下，争论不休。这是对外贸易工作中经常发生的问题。这个问题既涉及买卖双方的权利和义务，也涉及承运人对货物在装卸、保管、照料和运输过程中的责任，情况比较复杂，各国法院的判例也不一致。有的国家的法院认为，卖方有责任在货物装运时采取必要的措施，保证货物在正常情况下运到目的港时仍处于适合销售状态，如发生变质情况，应由卖方负责。有的国家的法院则认为，在 FOB 合同和 CIF 合同的条件下，卖方只负责在合同规定的时间内，把约定的货物装上船只，装船以后，货物的风险即转移给买方，合同中不存在卖方应负责保证货物运到目的地时仍须符合销售状态。如货物在运输过程中变质、短缺，卖方不承担责任。因此，为了分清责任，避免引起纠纷，我国有的进出口公司在规定买方有复验权的同时，还规定如装船口岸检验的结果与目的岸复验的结果不一致时应当如何处理的办法。例如，有的进出口公司在进口合同中规定，货到中国目的岸后，如果买方委托中国进出口商品检验局复验的结果与卖方的装船检验结果出现差异，若双方检验的差距在××%（如 0.5%的幅度之内，应以中国进出口商品检验局的检验结果为准：若差异超过××%（如 0.5%）的幅度，则由双方协商解决，如协商不成，应提交第三国检验机构进行仲裁性检验。或者规定，如买卖双方的检验结果发生差异，若差异在××%（如 0.3%）的幅度之内，应由买卖双方平均分担，若差异超过××%（如 0.3%），则由买卖双方协商解决，如经过协商不能达成协议，可提交第三国检验机构进行仲裁性检验。

（四）卖方场所检验重量，买方场所检验品质

在铁矿石、煤炭等大宗商品交易的检验中，为调和买卖双方在商品检验问题上存在的矛盾，常将商品的重量检验和品质检验分别进行，即以卖方场所验货后检验机构出具的重量检验证书作为卖方所交货物重量的依据，以买方场所检验机构出具的品质检验证书作为商品品质的依据。货物到达买方场所后，如果货物在品质方面与合同规定不符，而且该不符点是卖方责任所致，则买方可凭品质检验证书，对货物的品质向卖方提出索赔，但买方无权对货物的重量提出异议。习惯上将这种方式称为“离岸重量、到岸品质”（Shipping Weight and Landed Quality）。

此外，为了划清买卖双方与运输、保险方面的责任界限，一般最好在合同中规定，若买卖双方的检验结果发生差异，除属于保险公司或轮船公司的责任以外，买方才能向卖方提出索赔。换言之，如系属于船方或保险公司的责任，买方应直接向有关责任方要求赔偿，不能向卖方索赔。

近年来，在检验的时间、地点及具体做法上，国际上出现一些新做法和新变化，如在出口国装运前预检验，在进口国最终检验，即在买卖合同中规定货物在出口国装运前由买方派员自行或委托检验机构人员对货物进行预检验，货物运抵目的港/地后，买方有最终检验权和索赔权。采用这一做法，有的还伴以允许买方或其指定的检验机构人员在产地或装运港或装运地实施监造或监装。对进口商品实施装运前预检验，这是当前国际贸易中较普遍采用的一种行之有效的质量保证措施。在我国进口交易中，对关系到国计民生、价值较高、技术复杂的重要进口商品和大型成套设备，必要时也应采用这一做法以保障我方的利益。

（五）卖方在保质期内一直负有对产品品质的责任

《联合国国际货物销售合同公约》第 36 条规定，卖方应按照合同和本公约的规定，对风险移转到买方时所存在的任何不符合同情形，负有责任，即使这种不符合同情形在该时间后方始明显；卖方对在上一款所述时间后发生的任何不符合同情形，也应负有责任，如果这种不符合同情形是由于卖方违反他的某项义务所致，包括违反关于在一段时间内货物将继续适用于其通常使用的目的或某种特定目的，或将保持某种特定质量或性质的任何保证。据此，在通常的保质期内或贸易双方约定的产品保质期内，任何一方对产品质量的检查结果都只是为了某个阶段性的目的，这不会减少也不能减少更不会免除卖方在保质期内对产品质量的责任。贸易术语所界定的风险转移只是货物在运输途中，遭受运输风险（自然灾害、意外事故及外来风险等）时货物灭失或遭受损失的风险转移。

《联合国国际货物销售合同公约》第 39 条还规定，买方对货物不符合同，必须在发现或理应发现不符情形后一段合理时间内通知卖方，说明不符合同情形的性质，否则就丧失声称货物不符合同的权利；无论如何，如果买方不在实际收到货物之日起两年内将货物不符合同情形通知卖方，他就丧失声称货物不符合同的权利，除非这一时限与合同规定的保证期限不符。据此，对于产品品质的任何问题，买方必须在其发现问题的合理时间内通知卖方，否则将丧失对品质异议的权利；一旦超过合同约定的质量保证期限或未约定质量保证期限时超过两年，买方将无权向卖方追索产品品质的任何问题。

【例 11-2】澳大利亚某商是与我方来往多年的棉布商，某日寄来上衣一件，声称该上衣系我方某出口合同项下所交染色棉布经其转销给某制衣厂制作成衣的样品，该上衣两袖的色泽有明显的不同，证明我方所供货品质有严重色差，不能使用。为此，要求将全部已缝制的成衣退

回，并重新按合同规定的品质和数量交货。问：我方应如何答复？并简述理由。

提示：此案与我方无关，应该拒绝赔偿。理由：①该商已将我方交付的棉布转销制衣商，构成了对我方货物的接受。凡已接受货物，买方就丧失了退货和要求交付替代货物的权力；②按《联合国国际货物销售合同公约》第 82 条规定，买方如果不可能按实际收到货物的原状归还货物，他就丧失了宣告合同无效或要求卖方交付替代货物的权力。

六、商品检验程序

出入境检验检疫的程序包括以下三个环节：报检、检验检疫、通关放行。出境货物的检验检疫程序是报检后，先检验检疫，后通关放行：入境货物的检验检疫程序是报检后，先放行通关，后进行检验检疫。为适应外贸发展、提高检验检疫工作效率，国家质检总局还推行了“三电工程”，即电子报检、电子监管和电子放行。

（一）报检

报检（Application for Inspection）是指对外贸易关系人向商检机构申请对进出口品行检验或检疫。

1. 报检范围

在我国需要报检的进出口商品包括：

① 列入《出入境检验检疫商品目录》的商品；

② 进口国家或地区规定，必须凭检验机构出具的证书才可入境的商品；

③ 有关国际条约规定须经检验检疫的商品；

④ 申请签发普惠制原产地证明或一般原产地证明的商品；

⑤ 贸易商申请鉴定和委托检验的商品；

⑥ 进出口合同或信用证规定由检验检疫机构或官方机构出具证明的商品；

⑦ 未列入《出入境检验检疫商品目录》的入境货物，经收、用货单位验收，发现品质不合格或残损、短缺，需要检疫机构出证索赔的商品；

⑧ 涉及出入境检验检疫内容的司法和行政机关委托的鉴定业务等。

属于下列情况之一的，商检机构不受理检验：

① 已超过合同规定的索赔期和质量保证期，丧失索赔权的；

② 按规定在免赔范围之内的少量损失；

③ 缺少必要的单据及有关资料，无检验依据的；

④ 按进口货物检验分工，不属于商检机构检验范围之内的。

2. 报检时限

出境货物报检最迟应于报关或装运前 7 天办理，对于一些检验周期较长的货物，应留有足够的检验时间。

进口不同的货物，其检验检疫报检的时间不同：

① 微生物、人体组织、生物制品、血液及其制品，或者种畜、禽及其精液、胚胎、受精卵，应当在入境前 30 天报检，其他动物的，应当在入境前 15 天报检。

② 植物、种子、种苗及其他繁殖材料，应在入境前 7 天报检。

③ 入境货物需对外索赔出证的，应在索赔有效期前不少于 20 天内报检。

3. 报检手续

报检单位首次报检时要先持相关证明文件及材料办理登记备案手续，取得报检单位代码，之后由其报检人员报检。

货物出境报检可在产地或报关地进行，应填写《出境货物报检单》，并随附合同、发票、装箱单等单证，凭样品买卖成交的货物应提供双方确认的样品。检验检疫机构审核有关单据，符合要求的受理报检并计收费用，然后转施检部门实施检验检疫。

在法定检验检疫货物入境前或入境时，报检人应首先向卸货口岸或到达站的检验检疫机构报检。报检时应填写《入境货物报检单》，并提供外贸合同、发票、提单、装箱单等单证。检验检疫机构按规定审核报检人员提供的资料，符合要求的受理报检并计收费用。货物通关后，报检人员应及时与检验检疫机构联系检验检疫事宜。

（二）检验检疫

检验检疫程序包括以下内容。

1. 抽样和制样

检疫人员到现场抽取样品时，应注意抽取的样品必须具有代表性、准确性和科学性，并填写现场记录。抽取后的样品应及时封识送检，以免发生意外。制样即样品制备，是指对抽取的样品要先经过加工才能进行检验。一般在检验检疫机构的实验室制样。

2. 检验检疫

检验检疫是对出入境商品通过感官的、物理的、化学的、微生物的方法进行检验检疫，以判定所检对象的各项指标是否符合合同及买方所在国官方机构的有关规定。商检机构接受报验之后，应认真研究申报的检验项目，确定检验内容，仔细审核合同（信用证）对品质、包装等的规定，弄清检验的依据，确定检验标准、方法，然后对抽样进行检验。

3. 卫生除害处理

检验检疫机构所涉及的卫生除害处理的对象包括：出入境的货物、动植物、运输工具、公共场所、病源地和疫源地。

检验检疫工作时限是指检验检疫机关受理报检后，从与报检人员约定开始实施检验检疫之日起至完成检验检疫并签发检验检疫证明之日为止的最多实际工作时间。出境货物一般为 7 天，首次出境的货物或者初次检验检疫有问题而需要进一步检验检疫的货物，工作时限适当延长，但不能超过出口装运期。

（三）通关放行

《出境货物通关单》是国家对实施出境检验检疫的货物许可出境的证明。对产地和报关地一致的货物，经检验检疫合格，检验检疫机构出具《出境货物通关单》；对产地和报关地不一致的货物，报关人应向产地检验检疫机构报检，产地检验检疫机构对货物检验检疫合格后，出具《出境货物换证凭单》，或将电子信息发送给口岸检验机构并出具“出境货物换证凭条”，报检人据此向报关地的检验检疫机构申请换发《出境货物通关单》。出口企业应在检验检疫机构规定的期限内装运货物，如超过有效期装运出口的，出口企业应重新报检，经复检合格后才能出口。凡是法定检验的货物经检验检疫不合格的，检验检疫机构签发《出境货物不合格通知单》，一律不得出口。

对来自疫区的、可能传播检疫传染病、动植物疫情及可能夹带有害物质的入境交通工具或包装实施必要的检疫、消毒、卫生除害后，签发《入境货物通关单》。对入境废物、活动物等特殊货物，检验检疫机构要先进行部分或全部项目的检验检疫，合格以后才签发《入境货物通关单》，以供报检人办理通关手续。入境货物通关后，货主需要在检验检疫机构规定的时间和地点申请检验检疫。经检验检疫合格的，签发《入境货物检验检疫证明》，准予销售和使用；不合格的签发《检验检疫处理通知书》，货主或其代理人应在检验检疫机构的监督下进行处理。无法处理或者处理后仍不合格的，做退运或销毁处理。需要对外索赔的，检验检疫机构签发检验检疫证书。

（四）电子报检、电子监管和电子放行

为了适应外贸发展，提高检验检疫工作效率，国家质检总局推行了“三电工程”，在“三电工程”实施的初始阶段，“三电”（俗称“旧三电”）指电子报检、电子转单和原产地证电子签证。随着对电子政务推广和检验检疫信息化的发展，“三电”发展成为现阶段的电子申报、电子监管和电子放行。

1. 电子申报包括原来的电子报检和原产地证电子签证

电子报检是指报检人使用电子报检软件通过检验检疫电子业务服务平台，将报检数据以电子方式传输给检验检疫机构，经检验检疫业务管理系统和检务人员处理后，将受理报检信息反馈报检人，实现远程办理出入境检验检疫报检的行为。电子报检有安装企业端软件通过专门平台电子报检和通过浏览器网上报检两种方式。

原产地证电子签证是企业与检验检疫机构电子业务平台联网后，通过电子签证企业端软件，以电子方式进行一般原产地证及普惠制产地证的申请，从而完成原产地证远程申请工作。

2. 电子监管包括电子数据监管和视频监控

实行电子监管的企业须安装专用的企业端软件，与检验检疫机构进行网上数据交换。在检验检疫机构的电子监管平台上，检验检疫人员能实时了解进口货物或出口货物的情况。

3. 电子放行包括电子转单和电子通关（或通关单联网核查）

电子转单是指通过系统网络，将产地检验检疫机构和口岸检验检疫机构的相关信息相互连通，产地检验检疫机构将检验检疫合格的出境货物的相关电子信息传输到出境口岸检验检疫机构，入境口岸检验检疫机构将入境货物的相关电子信息传输到目的地检验检疫机构实施检疫的监管模式。电子转单改变了由客户凭《出境货物换证凭单》到报关地检验检疫机构换发《出境货物通关单》的传统的模式。

电子通关是指采用网络信息技术，将检验检疫机构签发的出入境通关单的电子数据传输到海关计算机业务系统，海关将报检报关数据对比确认相符合予以放行，不仅加快了通关速度，还有效避免了报检数据和报关数据不相符及不法分子伪造、变造通关单证的不法行为。

七、商品检验条款

（一）出口合同中的商检条款

在我国出口贸易中一般采用出口国检验、进口国复验的方法，即货物在装船前，由我国口

岸质检局进行检验并签发检验证书，作为我国出口商向银行议付货款的凭证；货到目的港后进口商有复验权，以目的港检验机构出具的检验证明作为其索赔的依据。这种检验条款的具体规定如下：“买卖双方同意以装运港国家出入境检验检疫机构签发的品质和数量（重量）检验证书作为信用证项下议付所提交单据的一部分。买方有权对货物的品质、数量（重量）进行复验，复验费用由买方负担。如发现品质和数量（重量）与合同规定不符，买方有权向卖方索赔，并提交经卖方同意的公证机构出具的检疫报告，索赔期限为货到达目的港××天内。”

此外，若采用装运港检验的方法，则商检条款可规定：“双方同意以装运港中国出入境检验检疫所签发的品质检验证书为最后依据，对双方具有约束力。”

（二）进口合同中的商检条款

双方同意以××厂出具的品质及数量检验证书作为在信用证项下付款的单据之一，但货物品质及数量的检验应按下列规定办理：“货物到达目的港××天内经中国出入境检验检疫机构复验，如发现品质及数量与本合同不符，除属于保险公司或船公司责任外，买方可凭中国出入境检验检疫局出具的检验证书，向卖方提出索赔或退货。所有因索赔或退货引起的一切费用（包括检验费）及损失，均由卖方承担。”在此情况下，凡货物适于抽样的，买方可应卖方要求，将货物的样品寄交卖方。

（三）订立合同的检验条款应注意的问题

进出口合同的检验条款是不可缺少的重要条款。订立好检验条款有利于出口交货和进口到货的检验及验收工作的顺利进行。订立检验条款的注意事项包括以下四个方面。

1. 检验条款应与合同的其他条款相互衔接、协调一致

进出口合同中所规定的货物品质、数量（重量）、包装项等条款的具体内容是实施货物检验的重要依据，在订立这些条款的时候，要保持条款间相互一致，尤其应把检验时间地点的确定和贸易术语结合起来考虑。例如，出口合同按 CIF 贸易术语成交，这意味着卖方在装运港交货后，即可凭合同中规定的单据到银行议付货款，若在检验条款中规定“以到岸品质和重量由买方验货后付款”，二者便产生矛盾。

2. 检验条款中应规定明确、具体的检验标准和抽样、检验方法

商品检验标准是衡量进出口货物是否合格的依据。只有明确规定检验标准，才能具体实施检验，并据以出具公正的检验结果。国际贸易中的商品种类繁多，商品标准也五花八门，不同的标准有不同的内容和要求。我国商品标准有国家标准、行业标准（专业标准）和企业标准三级。国际上有国际标准。在这种情况下，必须在进出口合同中明确规定所采用的具体标准（如同为国家标准，应有不同年份之分），以便实施检验，分清责任。

出口商品的抽样、检验方法，一般均按我国的有关标准规定和商检部门统一规定的方法办理。有些商品如粮食，在国际上有一些惯用的标准化取样和定级方法，在订立合同时应明确规定采用哪一种方法。如果买方要求使用其他的抽样、检验方法时，应在合同中具体订明，必要时应先征得商检部门的同意再对外签约。

3. 检验条款中要明确规定复验的期限、地点和机构

在买方享有复验权的情况下，卖方在装船前所进行检验取得的检验证书具有法律效力，但

不具有最后效力，货到目的港/地后，买方复验的结果，据以签发的检验证书才具有最后效力。因此，在买方有复验权时，必须在合同中明确规定复验期限、复验地点和机构，这有利于保障卖方的权益。

复验期限，实际上就是索赔限期，错过复验期，买方就失去了索赔权。对于复验期长短的规定，应结合商品的特点和港口等因素综合确定。如农副产品，复验期限可短一些，机电仪表和成套设备的复验期限要长一些。复验地点的选择与复验期限有着密切的联系，地点选择不当，实际检验的时间就得不到保障。

复验地点除非买卖双方另有规定，一般为货物到达的目的地。如果目的地不是港口，而是内地，则检验地点应延展到货物的最后目的地。

对于复验机构，贸易双方一般指定对自己友好、业务能力强的检验或公证机构。

4. 对于规格复杂的商品要加列必要的特殊性规定

对于规格复杂的商品，如机械设备，应根据商品的不同特点在合同条款中加列一些特殊性规定，如详细的检验标准、考核及检测方法、产品所使用的材料及其质量标准、样品及技术说明书等，以便检验时对照检验与验残。

任务实施

1. 我方某公司与新加坡一家公司以 CIF Singapore 的条件出口一批土产品，订约时，我国公司已知道该批货物要转销美国。该货物到新加坡后，立即转运美国。其后新加坡的买主凭美国商检机构签发的在美国检验的证明书，向我方提出索赔。请问：我国公司应如何对待美国的检验证书？为什么？

2. 我方向某国出口一批冷冻食品，到货后买方在合同规定的索赔有效期内向我提出品质索赔，索赔额达数 10 万人民币。买方附来的证件有：（1）法定商品检验证，注明该商品有变质现象，但未注明货物的详细批号，也未注明变质货物的数量或比例。（2）官方化验机构根据当地某食品零售商店送验食品而作出的变质证明书。我方未经详细研究就函复对方，既未否认品质变质问题，只是含糊其词地要求对方减少索赔金额，对方不应允，双方函件往来一年没有结果，对方遂派代表来京当面交涉，并称如得不到解决，将提交仲裁。对此索赔案我应不应受理？试问双方各有什么漏洞？我方应如何本着实事求是精神和公平合理原则来处理此案？

3. 某国公司以 CIF Rotterdam 出口食品 1000 箱，即期信用证付款，货物装运后，凭已装船清洁提单和已投保一切险及战争险的保险单，向银行收托货款，货到目的港后经进口人复验发现下列情况：（1）该批货物共有 10 个批号，抽查 20 箱，发现其中 2 个批号涉及 200 箱内含沙门氏细菌超过进口国的标准；（2）收货人是实收 998 箱，短少 2 箱。（3）有 15 箱货物外表情况良好，但箱内货物共短少 60 公斤。试分析以上情况，进口人应分别向谁索赔，并说明理由。

4. 某年 11 月，内地某公司与香港某公司签订了一个进口香烟生产线合同。设备是二手货，共 18 条生产线，由 A 国某公司出售，价值 100 多万美元。合同规定，出售商保证设备在拆卸之前均在正常运转，否则更换或退货。设备运抵目的地后发现，这些设备在拆运前早已停止使用，在目的地装配后也因设备损坏、缺件根本无法马上投产使用。但是，由于合同规定如要索赔需商检部门在“货到现场后 14 天内”出证，而实际上货物运抵工厂并进行装配就已经超过 14 天，无法在这个期限内向外索赔。这样，工厂只能依靠自己的力量进行加工维修。经过半年多时间，花了大量人力物力，也只开出了 4 套生产线。

请对该案例进行分析。

强化训练

深圳 HL 向美国 Fashion 公司出口女士针织衬衣。合同中的检验条款规定：“以装运地检验报告为准。”但货到目的地后，Fashion 公司发现货物与合同规定不符，经当地商品检验机构出具检验证书后，遂向 HL 公司索赔。请分析 HL 公司是否需要进行赔偿？

知识拓展——大宗干散货商检案例

学习任务二　合同索赔条款及订立

学习目标

知识目标

1. 了解违约责任以及违约在各国法律系统的规定。
2. 掌握合同索赔条款的内容。
3. 掌握索赔期限、索赔依据、索赔金额与索赔办法的规定方法。

能力目标

1. 掌握定金罚则，区分违约金、定金与订金，能制作合同索赔条款。
2. 能够运用相关知识，分析实际相关案例。

素养目标

养成以仔细、谨慎的专业态度和能力处理国际贸易合同索赔与理赔业务的职业素养。

建议学时

学习任务二建议 3 学时。

相关知识点

国际货物贸易由于涉及不同国家与地区，运输距离远，履约时间长，而且易受到汇率、国家政策等多方面因素的影响，风险远比国内贸易大得多，所以在发生一方不履行合同义务或不完全履行合同义务的违约情况下，买卖双方在合同履行过程中发生争议是在所难免的。正确处理争议事件，不仅关系到企业的切身利益，还关系到企业所属国家的权益和声誉。

一、国际贸易争议

（一）争议的含义

国际贸易中的争议是指交易一方认为另一方未能部分或全部履行合同所规定的责任与义务而引起的纠纷，简单地说，就是国际贸易主体之间在国际贸易活动中产生的纠纷。

（二）争议的产生原因

国际贸易中双方发生争议是屡见不鲜的，争议的内容也多种多样，究其原因主要有以下四个方面。

1. 合同内容及条款不严密

这主要表现为：合同内容与协商内容不一致；双方责任义务不明确；条款相互矛盾或条款内容含糊其词等。如合同规定贸易条件为 FOB，但保险条款没有明确，就会在保险责任的确定上出现争议。

2. 贸易中出现违约行为

这主要是买方或卖方不履行或不完全履行合同规定的义务导致的争议。如不按时交货、所交货物质量不符合合同规定、无理拒收货物等行为。

3. 对国际贸易惯例理解不一致

如 CIF 术语在《华沙-牛津规则》与《2010 通则》中的解释就存在一定的差异，贸易双方国家适用不同的规则可能会产生不同的理解，进而出现争议。

4. 对不可抗力的理解不同

在合同履约过程中出现了双方不能控制的因素致使合同不能履行或不能按期履行，双方可能对该事件是否可以免责以及对解除合同或是延期履行合同的看法不一致，从而导致争议的产生。

二、违约责任

（一）违约的含义

违约是指贸易合同一方的当事人没有履行或没有完全履行合同规定的义务的行为。违约一方当事人应当承担继续履行、采取补救措施或者赔偿损失等违约责任，直至解除合同。只有在履约中发生不可抗力事件致使一方不能履约或按期履约，才可根据合同规定或法律规定免责。

（二）违约的类型

1. 按照违约方不同分类

（1）卖方违约。

卖方违约的情况主要包括不按合同规定的交货期交货，所交货物的品质、包装、数量、规格不符合合同规定，提供的货运单据种类份数不足等。

（2）买方违约。

买方违约的情况主要包括在信用证支付条件下不按期开证或不开证，不按合同规定付款赎单，无理由拒收货物，在 FOB 术语下不按合同规定如期派船接货等。

（3）双方违约。

买卖双方均负有违约责任主要是由于合同条款规定不明确导致对合同条款理解不同而引起的违约行为。例如，在订立合同中的装运条款时，使用了“立即装运”词语，买卖双方可以从自己的实际利益出发，对“立即装运”做出不同的解释。

2. 按照违约方的主观意愿分类

（1）一方当事人的故意行为导致的违约。这是指由于一方当事人有意不承担合同义务而产生违约。例如，出口商取消合同，进口商拒绝开立信用证等。

（2）一方当事人的疏忽、过失或业务不熟悉而导致的违约。这是指一方当事人主观上计划积极履行合同，但是非主观因素导致不能履行合同或不能完全履行合同造成的违约。例如，出口方出口重货时在包装方面有所疏忽，导致包装破裂，货物受损，不能履行交货义务；进口方在开立信用证时，信用证条款错误，导致出口方无法执行合同。

（三）违约责任在不同法律中的规定

根据各国法律和国际条约的规定，不同性质的违约行为所承担的责任是不同的，各国法律对于违约行为性质的划分及法律后果的规定都不一致。

1. 大陆法的规定

大陆法将违约行为概括为不履行债务和延迟履行债务两种情况。不履行债务也称为大陆法的规定给付不能，指债务人由于种种原因，不可能履行合同义务。延迟履行债务也称为给付延迟，指债务人履行期已满，而且是能够履行的，但债务人没有按期履行其合同义务。违约方是否要承担违约责任，要看是否有归责于他的过失，如果有过失，违约方才承担违约责任。

2. 英国法的规定

《英国货物买卖法》将违约的形式分为违反要件和违反担保两种。违反要件（Breach of Condition）是指违反合同中重要的根本性的条款。按照英国法，买卖合同中关于履约时间、货物的品质、数量等规定的条款都属于合同的要件。违反担保（Breach of Warranty）是指违反合同中次要的，从属于合同的条款。与商品无直接联系的条款一般认为是担保条款。在违反要件的情况下，受损的一方有要求损害赔偿和解除合同的权利。而在违反担保的情况下，受损方不能要求解除合同，仍须继续履行他所承担的合同义务。值得注意的是，英国法律允许受害方将卖方的违反要件当作违反担保处理,也允许当事人不把另一方的违反要件作为解除合同的理由。

3. 美国法的规定

美国法从违约的性质及带来的结果出发,将违约分为轻微的违约（Minor Breach of Contract）和重大的违约（Material Breach of Contract）。前者是指债务人在履约中尽管存在一些缺陷，但债权人已经从合同履行中得到交易的主要利益。例如，合同履行时间稍有延迟，交付的货物数量和品质与合同略有出入等。后者是指由于债务人的违约使得债权人不能得到交易的主要利益，例如，交货时间远远晚于规定致使不能顺利结汇，单据不齐全致使无法提取货物等。在轻微违约情况下，受损方可以要求赔偿损失，但不能拒绝履行合同义务或解除合同；在重大违约情况下，受损方可以要求解除合同，赔偿损失。

4. 国际公约的规定

《联合国国际货物销售合同公约》将违约分为根本性违约（Fundamental Breach of Contract）和非根本性违约（Non-fundamental Breach of Contract）。前者指一方当事人违反合同的结果，如使另一方当事人蒙受损害，以至于实际上剥夺了他根据合同规定有权提到的东西。后者指不构成根据性违约的情况。若构成根本性违约，受损方可以宣告合同无效及要求损害赔偿，否则只能要求损害赔偿而不能宣告合同无效。

5. 我国法律的规定

我国《合同法》第一百零七条规定：“当事人一方不能履行合同义务或者履行合同义务不符

合约定，应承担继续履行、采取补救措施、损害赔偿等违约责任。”《合同法》还规定，当事人一方延迟履行合同义务或有其他违约行为致使不能履行合同，对方当事人可以解除合同；当事人一方延迟履行主要债务，经催告后在合同期间仍未履行的，对方当事人可以解除合同。合同解除后，当事人可以要求补救措施，我国规定的违约补救措施有继续履行合同、采取补救措施、赔偿损失、违约金和订金五种。

三、合同中的索赔条款

（一）索赔与理赔的概念

索赔（Claim）是指买卖合同一方当事人因另一方当事人违约致使其遭受损失而向另一方当事人提出要求损害赔偿的行为。理赔则是一方对于对方提出的索赔进行处理。所以，索赔和理赔是一个问题的两个方面。在国际贸易中，发生争议的情况很复杂，很多因素都可能导致违约的发生，而损害赔偿是最重要的，也是最常用的违约补救措施。处理好索赔和理赔工作，不仅关系到企业的切身利益，也关系到国家的声誉和权益的问题，还是一项比较复杂的业务技术问题，所以在对外索赔和理赔工作中，要明确索赔依据、索赔期限以及索赔金额等事项，认真对待索赔和理赔工作。

在国际贸易中经常可能发生的索赔环节有以下三个：

（1）买卖双方的贸易索赔。这是指买卖双方就商品品名、品质、数量等方面发生争议。在实际贸易中，往往是进口方提出索赔，而出口方理赔。

（2）托运人与承运人之间的运输索赔。这是指托运人与承运人就运输时间、运输的安全性发生争议，大部分情况下是托运人提出索赔，而承运人理赔。

（3）投保人与承保人之间的保险索赔。这是指投保人与承保人就货物损害发生争议，往往是投保人提出索赔，而承保人理赔。

（二）异议与索赔条款

异议与索赔条款（Discrepancy and Claim Clause）一般是针对卖方交货的品质、数量或包装不符合合同规定而订立的，主要包括索赔依据、索赔期限、索赔金额以及赔偿办法等。

1. 索赔依据

索赔依据指提出索赔必须提供的证据以及出证机构。索赔依据包括法律依据和事实依据两个方面。前者指贸易合同和有关国家法律规定，后者指违约的事实真相和书面证明。凡是证据不足或出证机构不符合规定要求的索赔都将遭到拒绝。因此，在提供索赔依据时，要注意与检验条款规定的内容相一致。

2. 索赔期限

索赔期限指索赔的一方向违约方提出索赔要求的有效期。如果逾期提出索赔，除非是经对方同意的，否则对方可以不予理赔。索赔期不宜过长或过短，以免使双方承担过重的责任或义务。不同的商品有不同的索赔有效期，例如，对食品、农产品及易腐产品，索赔期应规定得短一些；对于有质量保证期限的商品，合同中加订保质期条款，通常为 1 年或 1 年以上。对于索赔期限，常见的规定方法有以下几种：①货到目的港后若干天内索赔；②货到目的港卸离货轮后若干天内索赔；③货物到达买方营业处所或用户所在地后若干天内索赔；④货物经检验后若干天内索赔。

3. 索赔金额

对于索赔金额，由于事先难以预计，通常在合同中只作一般笼统的规定，规定按实际损失确定赔偿金额。根据有关的法律和国际贸易实践，确定损害赔偿金额的原则为：赔偿金额应与因违约而遭受的包括利润在内的损失额相等；赔偿金额应以违约方在订立合同时预料到的合理损失为限；由于受害方未采取合理措施使有可能减轻的损失未减轻，应在赔付金额中扣除。

4. 赔偿办法

对于索赔办法，有的合同对索赔及理赔的依据事项、期限等都做出了具体的规定，此当按约定办法处理。例如合同约定："货到目的港后，若买方发现货物品质及/或数量与合同规定不符，除属于保险公司及/或船公司的责任外，买方可以凭双方同意的检验机构出具的检验证书在货物检验后30日内提出异议。"也有的合同只作一般笼统的规定，如退货、换货、降价等，此时应当本着实事求是和公平合理的原则，弄清事实，分清责任，区别不同情况，有理有据地对违约事件进行处理。

国际贸易合同索赔条款示例

（三）罚金或违约金条款

罚金或违约金条款（Clause or Liquidated Damage Clause）一般适用于卖方延期交货或买方延期接运货物，拖延开立信用证，拖欠货款等场合。在买卖合同中规定罚金或违约金条款，是促使合同当事人履行合同义务的重要措施，能起到避免和减少违约行为发生的预防作用，在发生违约行为的情况下，能对违约方起到一定的处罚作用，对守约方的损失能起到补偿性作用，可见，约定此项条款，采取违约责任原则，对合同当事人和社会都有益。值得注意的是，罚金或违约金与赔偿损失虽有相似之处，但仍存在差异，其差别在于：前者不以造成损失为前提重要条件，即使违约的结果并未导致任何实际损害，也不影响对违约方追究违约金责任。违约金数额与实际损失是否存在及损失的大小没有关系，法庭或仲裁也不要求请求人就损失举证，故其在追索程序上比后者简便得多。

违约金的数额一般由合同当事人商定，我国现行合同法也没有对违约金数额做出规定，而以约定为主。按违约金是否具有惩罚性，可分为惩罚性违约金和补偿性违约金，世界大多数国家都以违约金的补偿性为原则，以惩罚性作为例外。根据我国《合同法》的规定，在确定违约金数额时，双方当事人应预先估计因违约可能发生的损害赔偿确定一个合适的违约金比率。在此需要着重指出的是，在违约金的情况下，即使一方违约未给对方造成损失，违约方也应支付约定的违约金。为了体现公平合理原则，如一方违约给对方造成的损失大于约定的违约金，守约方可以请求法院或仲裁庭予以增加；反之，如约定的违约金过分高于实际造成的损失，当事人也可请求法院或仲裁庭予以适当减少。但如约定的违约金不是过分高于实际的损失，则不能请求减少。这样做既体现了违约金的补偿性，也在一定程度上体现了它的惩罚性，当违约方支付约定的违约金后，并不能免除其履行债务的义务。

国际贸易合同罚金条款示例

（四）定金罚则

在买卖合同中只要约定了定金条款，无论合同当事人哪一方违约，都要承担与完全数额相等的损失。换句话说，如果是支付定金的一方违约，即丧失定金的所有权，定金归收取定金的一方所有，如果是收受定金的一方违约，则除返还支付方支付的定金外，还应支付给支付方与定金相等数额的钱款，这种以定金方式确保合同履行的方法称为定金罚则。

1. 定金

定金是指当事人约定由一方向对方给付的，作为债权担保的一定数额的货币，它属于一种法律上的担保方式，目的在于促使债务人履行债务，保障债权人的债权得以实现。根据我国民法通则和《担保法》八十九条规定，定金应当以书面形式约定，当事人在定金合同中应约定交付定金的期限。例如，定金合同一般在房地产商正式取得销售许可证后并从实际交付定金之日起生效，定金的数额由当事人约定，但不得超出合同标的额的20%。如果购房者交了定金之后改变主意决定不买，开发商有权以购房者违约为由不退定金：如果开发商将房屋卖给他人，应当向购房者双倍返还定金。

2. 订金

订金有时称诚意金，是当事人为承诺自己的履约诚意而向对方支付的一定数量的金额，它通常是在购房者与发展商就房屋买卖的意向初步达成协议后，准备进一步协商签订临时认购协议，约定一个期限，买方需在此期限内与卖方签署正式合同。买方支付订金即取得了在此期限内的优先购买权，在约定的时间内，卖方不得再将该房屋出售给其他人，若合同双方无法最终签署协议，则对方无权扣留当事人所支付的为表达履约诚意而支付的金额。订金在房地产销售中一般是在未正式开盘前，对有意向购买的客户收取的一定数量的金额，若客户在房地产商未取得销售许可证前，提出退订，则房产商无权扣留其订金。

3. 预付款

预付款是一种支付手段，其目的是解决合同一方周转资金短缺。预付款不具有担保债的履行的作用，也不能证明合同的成立。收受预付款一方违约，只需返还所收款项，而无须双倍返还。此外，法律对预付款的使用有严格规定，当事人不得任意在合同往来中预付款项，而对定金则无此限制。

4. 违约金

违约金是指违约方按照法律规定和合同的约定，应该付给对方的一定数量的货币。违约金是对违约方的一种经济制裁，具有惩罚性和补偿性，但主要体现惩罚性。只要当事人有违约行为且在主观上有过错，无论是否给对方造成损失，都要支付违约金。

5. 定金条款注意事项

在国际贸易中定金罚则被广泛应用，其主要目的是促使合同双方自觉履行合同，减少合同纠纷的发生。在签订国际贸易合同时，约定定金条款应当充分考虑以下事项：①注意定金和预付款要分别签订，不能在同一条款中约定，以防产生歧义；②对定金数额的确定要明确具体，尤其要约定定金的处置办法；③如果在合同中同时签订了定金和违约金，在一方违约的情况下，履行合同的一方只能选择其中之一，不能合用。

【例 11-3】我国苏州市 A 公司与韩国 B 公司签订了购销合同，B 公司向 A 公司供应一批化工产品货款价值 10 万美元，A 公司向 B 公司缴纳了 1 万美元的定金，并与其约定，任何一方违约将支付违约金 1.5 万美元，后来，B 公司违约，不能向 A 公司发货。A 公司想通过法律手段维护自己的权益。试问：A 公司是否可以向 B 公司既要求双倍返还定金，又要求承担违约金，如何选择？

提示：依据我国合同法的有关规定，违约金责任不能与定金责任并用。不能并用是指不能要求违约方既承担违约金责任，又承担定金罚则。不过，受损害方有权选择适用二者之一，要求对方承担。至于选择哪一种责任，要求违约方承担，一般依据是有利于非违约方在原则。在本案中，A 公司可以向 B 公司要求双倍返还定金，但不能同时要求 B 公司再承担违约金。

四、处理索赔与理赔应注意的问题

索赔和理赔是一项涉外政策性、技术性很强的工作，同时又是一项维护国家权益和信誉的重要工作。做好这项工作，必须贯彻我国对外贸易的方针政策，利用国际惯例和国际法律，注意调查研究，弄清事实，合理解决，做到有理、有利、有节。

1. 处理态度要端正

国际贸易中的索赔与理赔不仅仅关乎企业的切身利益，更是维护国家权益和信誉的一项重要工作，它们的处理过程及结果会直接影响到一个国家在国际贸易中的声誉，所以在处理索赔与理赔的过程中应端正态度，本着实事求是的原则，既不能对需要索赔或理赔的部分视而不见，又不能夸大损失捏造事实，而应该加强调查，掌握证据，友好协商。

2. 索赔依据应充分合理

索赔的依据包括法律依据和事实依据，索赔时必须要查明造成损失的事实、必要的索赔证据和单据。索赔证件一般包括：发票、保险单、提单、商检机构出具的货损检验证明或由承运人签字的短缺残损证明等。证明文件应由双方约定的公正权威的检验机构出具，以保证对双方都有约束力。

3. 索赔应及时提出

提出索赔时要注意索赔期限。按照国际惯例，受损方只有在有效的索赔期内提出索赔才是有效的，否则索赔不予受理。

4. 处理理赔应谨慎细致

在处理理赔时要认真细致地查明事实真相，对于确属我方的责任应实事求是地给予补偿，而对于国外商人提出的不合理要求或欺骗式的索赔，应予以拒绝并予以揭露。在具体操作上，首先要对索赔期限进行核对，然后要认真审查国外客户提供的单证内容、检验方法和检验标准是否正确，出证机构是否合法，以防外商弄虚作假导致我方承担不必要的损失责任。

任务实施

1. A 国甲公司与 B 国乙公司签订了购销麻纺织品的合同，约定由甲公司于 2009 年 12 月底之前交付 200 吨麻纺织品给乙公司，而当乙公司收到 100 吨货物后，于 2009 年 5 月明确通知甲公司由于麻纺织品销路不畅，不会接收甲公司的继续供货。这时甲公司仓库下存麻纺织品 10

吨。甲公司为了赢利，在收到乙公司通知后，继续按双方合同约定为乙公司收购了其余的 90 吨麻纺织品。后因乙公司拒绝接收后 100 吨麻纺织品，酿成纠纷。

问：本案谁违约？属于哪种违约行为？本案应如何处理？

2. 中国某进出口公司与某国某公司签订了 1 亿条沙包袋出口合同，交货期限为合同成立后的 3 个月内，价格条款为 1 美元 CIF Hongkong，违约金条款为：如合同一方在合同履行期内未能履行合同规定的义务，则必须向另一方支付合同总价 3.5%的违约金。中方公司急于扩大出口，赚取外汇，便与外商订立了合同。请分析该案例中，可能存在什么问题？

3. 上海某造纸厂以 CIF 术语向非洲出口一批纸张，因上海与非洲的湿度不同，货到目的地后因水分过分蒸发而使纸张无法使用。请问：买方能否向卖方索赔？为什么？

4. 我方某公司与欧洲某公司于 2001 年 1 月通过函电签订了 1 份分批装运销售合同，由我方向对方出售化工原料 3110 公吨。订明价格条款为 CFR 欧洲某港口，总金额为 385 万德国马克，包装条款为适合于海运的包装。索赔条款：货物到达目的港后，数量和规格问题应于 15 天之内，质量问题应于 90 天之内，买方须凭经卖方同意的检验人的证明向卖方提出索赔要求。在货物发运前，对方公司负责人到我方仓库查看了货物包装情况，表示满意。从 2001 年 3 月起我方开始发货，到 2002 年 5 月止货物出运完毕。每批装载，船方都出具了清洁提单。货到目的港后，对方发现 10 批货物都有部分托盘和袋子损坏。于是，对方单方面聘请××公证行检验货物，出具的证明表明破损原因是：“由于托盘木条强度不够，不适宜海上运输，以及包装带捆扎不紧所致。”据此对方两次写信给我方提出索赔，要求我方负责赔偿重新包装的人工费、材料费及检验费用，索赔金额 215 961 荷兰盾。请问：我方是否需要赔偿？为什么？

5. 我国某公司以 CIF 术语对英国出口一批钢筋。合同规定：“货到目的港后 30 日内检验，买方可凭检验结果于 30 日内提出索赔”。我方公司按合同规定装船发货，英国客户也按期凭单付款提走了货物，但半年之后，我公司收到英国客户寄来的附有英国一检验机构出具的检验证书的索赔文件，称我方出口的钢筋有 50%发现锈损，请问：对英国客户的索赔要求我方应如何应对？

6. 我国一出口企业 A 与美国 B 公司订立合同，由 A 向 B 出售一批火鸡以供应圣诞节市场。合同规定货物应于 9 月 30 日之前装船完毕，但由于我方失误，直到 10 月 20 日才将货物全部装船，结果致使货物于圣诞节之后抵达美方，错过销售时节，B 公司为此拒收货物并主张撤销合同。请问：在这种情况下，B 公司是否有拒收货物并撤销合同的权利？

学习任务三　合同不可抗力条款及订立

学习目标

知识目标

1. 掌握不可抗力的概念，范围与认定。
2. 掌握不可抗力条款的内容。
3. 掌握不可抗力条款通知与证明处理。

能力目标

1. 能正确处理国际贸易业务中出现的不可抗力事件。
2. 能制作合法合理的合同不可抗力条款。

素养目标

具备较强的理解能力和实践能力，能够结合案例分析国际贸易合同执行过程中不可抗力事件免责的条件及处理方法等。

建议学时

学习任务三建议 1 学时。

相关知识点

进出口合同签订之后，买卖双方在履行合同期间，难免会遇到一些非当事人所能控制的重大事件，使继续履行合同成为不可能。对此，《公约》和各国法律规定可以免除未履行或未完全履行合同一方的责任，也就是所谓的免责。为了防止产生不必要的纠纷，维护当事人的权益，通常应在合同中订立不可抗力条款。

一、不可抗力的概念

不可抗力（Force Majeure）是一项免责条款，指买卖合同签订后，不是由于合同当事人的过失或疏忽，而是由于发生了合同当事人无法预见、无法避免、无法控制、无法克服的意外事件，以致不能履行或不能如期履行合同，发生意外事件的一方可以免除履行合同的责任或者推迟履行合同。在我国《民法通则》上，不可抗力是指“不能预见、不能避免和不能克服的客观情况”。不同的法律体系下不可抗力的称呼不同，在英美法中称作“合同落空”，在大陆法中称作“情势变迁”或“契约失效”。尽管上述称呼不尽相同，但其所指的意义及处理原则基本一致。

二、不可抗力的范围与认定

（一）不可抗力的范围

不可抗力的事件归其原因，有两大类。

1. 自然原因引起

如洪水、暴风、地震、干旱、飓风、暴风雪等人类无法控制的大自然力量所引起的灾害事故。

2. 社会原因引起

如战争、罢工、政府禁止令、贸易政策调整等引起的。

在实践中，对不可抗力的认定是很严格的，要与市场风险、商品价格波动、汇率变化等正常的贸易风险区别开来。

（二）不可抗力的认定

在实际业务中，导致合同不能履行或不能按期履行的意外事件必须同时符合以下三个条件，才能被认定为不可抗力：

（1）意外事件发生在合同签订之后、终止之前，即合同的履行期间内；

（2）意外事件是当事人在订立合同时不可预见的，且发生之时当事人无法通过努力避免和克服的；

（3）不是由合同任何一方的当事人的过失或疏忽造成的。

【例 11-4】国内某研究所与日本客户签订一份进口合同，欲引进一精密仪器，合同规定 9 月份交货。9 月 15 日，日本政府宣布该仪器为高科技产品，禁止出口。该禁令自公布之日起 15 日后生效。日商来电以不可抗力为由要求解除合同。问：日商的要求是否合理？我方应如何妥善处理？

提示：不合理。该禁令自公布之日起 15 日后生效，即要到 9 月 30 日后才生效，而合同规定在 9 月份交货，所以日商不能以不可抗力为由要求解除合同。

三、不可抗力的处理

（一）不可抗力的通知与证明

不可抗力事件发生之后，无法履行合同的一方当事人应该按合同约定的通知期限和方式，将事件与证明文件及时通知对方，以取得免责权利，同时使对方及时采取一些相应措施，如查明不可抗力的事实真相、对履行合同的影响程度等。合同的另一方则在接到不可抗力通知与证明文件之后，无论同意与否，必须立即做出答复，否则被视为默认。一般来讲，不可抗力证明文件在国外由当地的商会或法定公证机构出具，在我国由中国国际贸易促进委员会（China Council for the Promotion of International Trade，CCPT）出具。

（1）必须及时通知另一方，并在合理时间内提供必要的证明文件，以减轻可能给另一方造成的损失。《公约》规定：如果当事人一方未及时通知而给对方造成损害的，仍应负赔偿。

（2）最好在不可抗力条款中明确规定具体的通知和提交证明文件的期限与方式。

（3）收到不可抗力的通知及证明文件后，无论同意与否，都应及时回复。

（二）不可抗力的具体处理

不可抗力引起的后果主要有两种：解除合同和延期履行。至于在什么情况下解除合同，在什么情况下只能延期履行，要根据不可抗力对履行合同造成的影响程度而定，也可以由双方当事人在合同中作具体规定。

合同设规定时，一般的解释是：为防止不可抗力的含义及其后果解释不一，当事人就在合同中拟定不可抗力条款，以避免不可抗力及其后果的不确定性。

发生不可抗力事故后，是解除合同还是延期履行，或是采取其他的补救措施，可由双方当事人在合同中加以规定，明确规定在什么条件下可解除合同，在什么条件下只能延期履行，因为解除合同和延期履行对当事人的影响是不一样的。如果解除合同或延期履行的条件规定不明确，在市场行情发生变化时，就会出现一方当事人主张只能延期履行或解除合同的情况。

一般惯例是：如果不可抗力使合同的履行成为不可能，则采取解除合同；如果不可抗力只是暂时或部分阻碍了合同的履行，则可采取变更合同，尽量减少对方的损失。

四、合同中的不可抗力条款

（一）不可抗力条款的内容

进出口合同中的不可抗力条款主要包括以下内容：不可抗力的范围、对不可抗力的处理原则和方法、不可抗力发生后通知对方的期限和方法，以及出具证明文件的机构等。

买卖双方在洽谈交易时，应该对可能发生的具体不可抗力事件及对履行合同所产生的实际影响程度，是解除合同还是变更合同事先达成一致，并在合同中规定处理方法和原则。

（二）不可抗力条款的规定方法

进出口合同中不可抗力的条款主要有三种规定方法。

1. 概括式

采用概括式订立进出口合同中不可抗力条款时，不具体列明不可抗力事件的种类，只是笼统地规定："由于公认的不可抗力原因，导致一方不能履行或不能完全履行合同时，该方可以要求提出免除责任，但必须在规定时间通知对方并提供相关证明文件。"这种方法由于使用了"公认"这个词语，很容易引起争议，所以在实际业务中较少使用。

2. 列举式

采用列举式订立进出口合同中不可抗力条款时，将买卖双方所能预见到的具体不可抗力事件一一罗列。这种方法虽然具体，但是文字烦琐，而且容易出现遗漏，所以在订立合同时同样也较少使用。

3. 综合式

针对上述两种方法的缺陷，在实际业务中往往采取综合式来订立进出口合同中的不可抗力条款。在列明经常可能发生的不可抗力事件（如地震、洪水、战争、暴风雨等）的同时，再加上"其他不可抗力事件"的文字。这种规定方法既明确

不可抗力条款—综合式示例

具体，又有一定的灵活性，在我国绝大部分的进出口合同中被广泛使用。

（三）援引不可抗力条款的注意事项

（1）任何一方发生不可抗力事故后，应按规定立即通知对方。

（2）一方接到另一方不可抗力事故通知和证明文件后，应按规定及时研究作出意见答复对方。

（3）不可抗力事故成立后，处理问题应按合同规定办理。

（4）要注意不可抗力条款的措施及其不同解释。

例如，当不可抗力阻止了合同的履行或妨碍了合同履行时，遭受不可抗力一方可免责。由于阻止和妨碍的含义是不一样的，妨碍一词比阻止一词解释起来要宽松得多。使用什么措施，订约双方当事人应结合自己的意图加以斟酌。

（5）应避免把罢工算作不可抗力。

一般来说，罢工多是由工人工资、福利等问题引起的。在资本主义国家，罢工是经常发生的，并不一定不可避免、不可克服，如不分情况，笼统将罢工算作不可抗力事件，就将给资本主义国家的当事人以可乘之机，以罢工为由，援引不可抗力条款，来推卸对合同应履行的责任。

（6）正确援引不可抗力条款交易一方援引不可抗力条款免责时，另一方当事人应按合同规定严格进行审查，以确定其援引的内容是否属于不可抗力条款规定的范围。

（7）不可抗力与意外事件：我国民法和合同法均未将意外事件作为免责条件，因此，多数学者主张意外事件不应该作为免责事由。

【例 11-5】国内某公司于 1990 年 11 月 2 日与伊朗签订了一份进口合同，交易条件为 FOB。后因海湾战争爆发，我方接货货轮无法驶抵伊朗，到海湾战争结束后，我方方能派船接货，而外商以我方未能按时派船接货为由，要求我方赔偿其仓储费。外商这一要求是否合理？

提示：不合理。我方未能按时派船接货是由于不可抗力事件的发生。但是，我方应按约定的通知期限和通知方式通知对方的义务，并与对方商定是解除合同还是延期履行。如果没有按时通知，我方对卖方应未收到通知而造成的损害应负赔偿责任。

任务实施

1. 分析以下事件，哪些可以援引不可抗力条款，哪些不能，并阐述理由。

① 我方某家具厂与美国进口商签订合同出口家具一批，合同规定我方于 2015 年 9 月底交货装运。不料 2015 年 9 月 18 日一场大火将该家具厂焚毁，我方家具厂以不可抗力为由提出撤销合同。

② 我方某出口企业与巴拿马进口商签订出口塑料马甲袋 20×20 FCL，签订合同 10 天后世界原油价格大幅度上升，导致生产材料上涨 30%，该企业继续执行合同将会亏本，我方以不可抗力为由提出撤销合同。

2. 我国从阿根廷进口普通豆饼 20 000 吨，交货期为 8 月份，然而 4 月份阿根廷原定收购地点发生洪灾，收购计划落空，阿商要求按不可抗力事件处理，免除交货责任，中方应如何对待？

3. 某年夏天，我国南方发生特大洪水灾害，在此之前外贸企业与外商订有三份大米合同，合同的商品名称分别为“太湖大米”“在某仓库存放的江苏大米”“中国大米”，七八月份交货。请就以上情况分别说明我方如何向外商提出免责要求。

4. 有一份合同，印度A公司向美国B公司出口一批黄麻。在合同履行的过程中，印度政府宣布对黄麻实行出口许可证和配额制度，A公司因无法取得出口许可证而无法向美国B公司出口黄麻，遂以不可抗力为由主张解除合同。问：印度公司能否主张这种权利？为什么？

知识拓展——国际贸易合同不可抗力条款案例

学习任务四　合同仲裁条款及订立

学习目标

知识目标

1. 了解国际贸易解决争议的四种方法。
2. 掌握仲裁的含义、特点、形式与作用。
3. 了解国际国内仲裁机构。

能力目标

1. 掌握合同仲裁条款的基本内容，能制作仲裁条款。
2. 能运用相关知识分析实际案例。

素养目标

养成遵守国家各项法律法规，尊重中国缔约的各项国际协议、条约、公约的专业素养。

建议学时

学习任务四建议 2 学时。

相关知识点

国际货物贸易涉及面广、涉及因素多、情况复杂，有时会因为条款签署不完整，或者签署好的条款，一方由于自身情况的变化不能执行或不想继续执行，造成违约进而引发争议。解决合同争议有四种方式，其中仲裁是解决合同争议的重要方式。

一、仲裁是解决合同争议的重要方式

《合同法》第一百二十八条规定，当事人可以通过和解或者调解解决合同争议。当事人不愿和解、调解或者和解、调解不成的，可以根据仲裁协议向仲裁机构申请仲裁。涉外合同的当事人可以根据仲裁协议向中国仲裁机构或者其他仲裁机构申请仲裁。当事人没有订立仲裁协议或者仲裁协议无效的，可以向人民法院起诉。当事人应当履行发生法律效力的判决、仲裁裁决、调解书；拒不履行的，对方可以请求人民法院执行。《合同法》第一百二十九条规定，因国际货物买卖合同和技术进出口合同争议提起诉讼或者申请仲裁的期限为四年，自当事人知道或者应当知道其权利受到侵害之日起计算。

合同争议的解决方式，主要有以下四种：

1. 和解

争议双方本着公平合理、互利互惠、长期合作的原则，通过友好协商，达成和解（Reconciliate），这是解决双方争议最简单、最直接的方式。这需要双方表现最大的诚意，富有远见。但争议双方遇到较大的利益关系时，往往各持主张，难以达成共识。

2. 调解

调解（Mediate）是指双方当事人以外的第三者，以合同条款、国家法律、国际惯例为依据，根据客观和公平合理的原则，对纠纷双方进行疏导、劝说，促使他们相互谅解，进行协商，自愿达成协议，解决纠纷的活动。调解有专业机构调解、仲裁庭调解以及法院调解等形式。实践表明，调解也是解决争议的一种好办法。我国仲裁机构首创的"调解与仲裁相结合"的做法体现出基于我国文化传统基础的、以高度合一为导向的中国仲裁制度的特点，在国际同行业界受到好评。

3. 仲裁

国际货物贸易中的争议，如果通过和解或调解都不能解决，在贸易双方自愿的基础上，可采用仲裁办法。仲裁（Arbitration）是指争议当事人在自愿原则上达成一致，将争议提交至非司法机构的第三方审理，并由其做出的对争议各方具有约束力裁决的一种解决争议的制度和方式。仲裁在性质上兼具契约性、自治性、民间性和准司法性。

仲裁具有自愿性、灵活性、专业性、经济性、快捷性、独立性、保密性、国际性等特点，其结果具有终局性并易于得到执行，因此，仲裁已成为国际上解决合同争议普遍使用的方式。

4. 诉讼

国际货物贸易中的争议，如果通过和解或调解都不能解决，双方当事人又不愿意通过仲裁方式解决，则可通过诉讼方式解决争议。诉讼（Lawsuit）是纠纷当事人通过向具有管辖权的法院起诉另一方当事人解决纠纷的形式，是一种法律行动。

与仲裁相比，诉讼具有如下特征：

（1）诉讼具有强制性，一方当事人向有管辖权的法院起诉，另一方就必须应诉，双方都无权选择法官；

（2）诉讼程序复杂，进程慢于仲裁；

（3）经历诉讼过程，由法院处理贸易双方的纠纷，做出判决，会加剧贸易双方的紧张关系，不利于双方贸易关系的继续发展；

（4）与仲裁相比，诉讼费用高于仲裁费用。

因此，在贸易双方不能通过和解和调解方式解决双方争议时，大多数国际贸易争议都是通过仲裁来解决的，仲裁是解决国际货物贸易合同争议普遍采用的一种切合实际的方法。

我国涉外仲裁机构处理案件的原则是贯彻执行独立自主的方针、平等互利的政策，并参照国际习惯的做法开展工作。处理案件，既要遵守我国的法律，又要尊重双方签订的合同条款，同时还要参考国际上长期以来在业务实践中所形成的一些合理的做法。总的精神是要求做到公平合理、实事求是。重视通过调解来解决对外贸易和海事争议，是我国仲裁工作的特点。仲裁委员会处理涉外经济贸易和海事争议，不仅是为了使争议得到合理解决，而且要通过争议的解决使争议双方贸易关系得到进一步的发展。我国涉外仲裁机构的公正性得到国际仲裁界的广泛认可，已成为世界上主要的商事仲裁中心之一。我国的国际货物贸易合同一般都订有仲裁条款。

二、仲裁的定义及特点

（一）仲裁的定义

仲裁（Arbitration）是买卖双方达成协议，发生争议时若通过协商不能解决，自愿将有关争议提交给双方同意的第三者进行裁决，裁决的结果是终局的，对双方均有约束力。

（二）仲裁的特点

仲裁是国际贸易中解决争议的协商、调解、诉讼等方式中的一种。它具有以下特点：

（1）仲裁机构是民间组织，无法定管辖权，如双方当事人无仲裁协议，一方不能迫使另外一方进行仲裁。

（2）处理仲裁案件的仲裁员由双方当事人指定。

（3）仲裁员熟悉国际贸易业务，处理问题时能够更多地考虑国际商业惯例，比较切合实际和迅速，收费较低。

（4）仲裁一般不公开进行，裁决也不像法院那样公布出来，因此对双方当事人之间的贸易关系损害较小。

（5）一裁终局。《中华人民共和国仲裁法》第九条规定："仲裁实行一裁终局的制度，裁决做出后，当裁终局事人就同一纠纷再申请仲裁或者向人民法院起诉的，仲裁委员会不予受理。"

一裁终局的意义在于，已经做出的裁决，即产生了法律效力，即使合同一方当事人不服已经做出的裁决，也不能就此案向法院提起诉讼。

三、仲裁机构

仲裁解决方式包括临时仲裁和常设机构仲裁。相应地，仲裁机构也分为临时仲裁庭（特设仲裁庭）和常设仲裁机构，临时仲裁庭是根据当事人同意并按照一定程序组成的，案件审理完毕即自动解散；常设仲裁机构依照国际条约或国内法律而设立。

常设仲裁机构可分为世界性常设仲裁机构（如国际商会仲裁院）、区域性常设仲裁机构（如美洲国家商事仲裁委员会）和各国常设仲裁机构（如瑞典斯德哥尔摩商会仲裁院、美国仲裁协会，伦敦仲裁院，中国国际经济贸易仲裁委员会等）。国际贸易买卖合同双方一般可以选择任意一家仲裁机构，一般来说，常设仲裁机构由于具有条件、经验等方面的优势，故采用常设机构仲裁方式更有利于争端的解决。

中国的对外经济贸易仲裁是从 20 世纪 50 年代后才开始建立和发展起来的。中国国际贸易促进委员会设有对外经济贸易仲裁委员会和海事仲裁委员会。

对外经济贸易仲裁委员会受理对外贸易契约和交易中所发生的争议，包括一切由于在国外购买、销售商品的契约或者委托买卖契约所发生的争议，由于有关商品的运输、保险、保管、发送所发生的争议，以及其他对外贸易业务上所发生的争议。同时也受理有关中外合资企业，外国来华投资建厂、中外银行相互信贷、合作经营、合作开发，技术引进、租赁业务等所发生的争议。

四、仲裁协议的形式与作用

仲裁协议（Arbitration agreement）是指有关当事人根据意思自治和协商一致的原则，自愿将他们之间已经发生或将来可能发生的争议提交仲裁解决的一种表示。我国法律规定，当事人采用仲裁方式解决争议，应当双方自愿，达成仲裁协议。没有仲裁协议，一方申请仲裁时，仲裁机构不予受理。据此，发生争议的一方如申请仲裁时，必须提交双方当事人订立的仲裁协议。

（一）仲裁协议的形式

仲裁协议有以下两种形式：

一种是合同中的仲裁条款（Arbitration Clause），指由双方当事人在争议发生之前订立的，表示愿意把将来可能发生的争议提交仲裁解决的协议。这种协议一般都包含在主合同内，作为合同的一项条款，即仲裁条款。

另一种是由双方当事人在争议发生之后订立的，表示同意把已经发生的争议提交仲裁解决的协议，这是独立于主合同之外的一个单独的协议，通常称为提交仲裁的协议。它包括双方来往信件、数据电文等或其他书面形式。

根据我国国际经济贸易仲裁委员会仲裁规则的规定，仲裁协议包括当事人在合同中订立的仲裁条款，或者以其他方式达成的提交仲裁的书面协议，两者具有同等法律效力。只要双方当事人在合同中订有仲裁条款，日后如果双方发生了争议，任何一方都可以根据合同中的仲裁条款提出仲裁，无须另外再签订任何同意提交仲裁的协议，只有在合同中没有订立仲裁条款的情况下，才要求双方当事人在提交仲裁之前达成一项提交仲裁的协议，世界上大多数国家的做法与我国的做法基本相同。注意，对于仲裁条款（Arbitration Clause）或事前协议和提交仲裁的协议（Submission）或事后协议，若事前协议与事后协议不一致，以事后协议为准，两种仲裁协议的形式具有同等法律效力。

根据我国现行的仲裁规则，合同中的仲裁条款应视为与合同其他条款分离的、独立存在的条款，附属于合同的仲裁协议也应视为与合同其他条款分离的、独立存在的部分，合同的变更、解除、终止、失效或无效以及存在与否，均不影响仲裁条款或仲裁协议的效力。

（二）仲裁协议的作用

仲裁协议的作用有：

（1）是仲裁机构行使仲裁管辖权的依据；

（2）排除法院的司法管辖权；

（3）具有独立性；

（4）是仲裁机构确定仲裁事项范围的依据。

因此，在制订仲裁协议时应该按照规范要求进行。

五、仲裁条款

仲裁条款的规定应当明确合理，不能过于简单，其具体内容一般应包括仲裁地点、仲裁机构、仲裁程序、仲裁裁决的效力、仲裁费的负担等。

（一）仲裁地点

在仲裁条款中，确定在哪国仲裁，一般就适用哪国的仲裁法律。我国进出口贸易合同中的仲裁地点，根据贸易对象和情况的不同，一般采用如下三种规定方法之一：①力争规定在我国仲裁；②有时规定在被告所在国仲裁；③规定在双方同意的第三国仲裁。

（二）仲裁机构

仲裁机构有两种形式：一种是由双方当事人在仲裁协议中规定一个常设的仲裁机构。我国主要的常设仲裁机构是设在北京的中国国际经济贸易仲裁委员会及其分别设在深圳和上海的分会。另一种是由双方当事人指定仲裁员所组成的临时仲裁庭。当争议处理完毕，它即自动解散。

（三）仲裁程序

仲裁程序主要是规定进行仲裁的手续、步骤和做法。仲裁的基本程序依次为：①仲裁申请；②仲裁庭的组成；③仲裁审理；④仲裁裁决。

（四）仲裁裁决的效力

假如败诉方不执行裁决，仲裁机构不能强制执行，但胜诉方有权向有关法院起诉，请求法院强制执行。

仲裁裁决是终局的，对双方都有约束力。在我国，进出口合同的仲裁条款，一般都规定仲裁裁决是终局的，对双方当事人均有约束力。任何一方当事人不得向法院起诉要求变更。

【例 11-6】我国 A 商向英国 B 商出口一批丝绸制品，交易过程中双方发生争议，并向仲裁庭提交了仲裁协议，仲裁庭判 A 商胜诉，要求 B 商赔偿损失，B 商不服，遂上诉法院。问：A 商应如何处理？为什么？

提示：A 商应该：①向法院出示仲裁协议，请求法院不予受理；②坚持要求 B 商赔偿。仲裁裁决是终局的，对双方当事人均有约束力，任何一方都不能向法院起诉要求变更。当事人一方不自动履行其义务时，对方当事人可直接将其作为执行依据向法院申请强制执行。也就是说，B 商必须赔偿 A 商损失。

（五）仲裁费用的负担

仲裁机构多规定相关费用由败诉方承担。

六、仲裁裁决的承认与执行

贸易双方自愿提请仲裁机构或仲裁庭做出的裁决是终局性的，具有法律效力，任何一方都需要切实执行。如果裁决是对同一国家的两个当事人做出的，那么在一方不执行裁决的决定时，另一方可以请求本国法院强制执行。但国际货物贸易争端的仲裁是对不同国家或地区的当事人做出的，如果一方不履行仲裁的决定，则另一方只有到对方国家法院申请执行，或通过外交途径要求对方国家有关部门或社会团体协助执行。但对方国家有关机构是否承认他国仲裁机构所做出的仲裁决定，只有在承认的基础上，才有可能去协助执行，所以，国际仲裁机构或仲裁庭做出仲裁裁决后，首先要解决当事人国家承认的问题，其次是执行问题。

为了解决外国仲裁裁决在别国承认和执行的问题，1958 年 6 月 10 日在纽约召开的联合国国际商业仲裁会议上签署了《承认及执行外国仲裁裁决公约》(*the New York Convention on the Recognition and Enforcement of Foreign Arbitral Awards*，简称《纽约公约》)。《纽约公约》强调两点：一是缔约国之间承认双方当事人所签订的仲裁协议有效；二是一国仲裁机构依据仲裁协议做出的仲裁裁决，缔约国应承认其效力并有义务执行。

我国于 1986 年 12 月 2 日由全国人大常委会决定加入《承认及执行外国仲裁裁决公约》，同时做出两点声明：一是互惠保留声明，我国对在另一缔约国领土做出的仲裁裁决的承认和执行适用该公约；二是商事保留声明，我国仅对按照我国法律属于契约性和非契约性商事法律关系所引起的争议适用该公约。所谓“契约性和非契约性商事法律关系”，具体是指因为合同、侵权或者依据有关法律而产生的经济上的权利义务关系，但不包括外国投资者与东道国政府之间的争端。这为承认和执行外国仲裁裁决提供了保证和便利，为进一步开展国际商事仲裁活动起到了推动作用。

七、合同中的仲裁条款示例

(1)规定在我国仲裁的仲裁条款。

(2)规定在被申请一方所在国仲裁的仲裁条款。

(3)在第三国仲裁的仲裁条款。

国际贸易合同仲裁条款示例

任务实施

1. 甲、乙双方在一项进出口贸易合同中约定：如果发生纠纷，应提交北京仲裁委员会仲裁。后来，乙公司作为买方提货时发现甲公司提供的货有严重的质量问题，于是向甲公司提出赔偿损失的要求，甲公司不允，双方协商未果。乙公司遂向仲裁委员会申请仲裁，提出申请的时间为 4 月 15 日，仲裁委员会于 4 月 25 日受理此案，并决定由 3 名仲裁员组成仲裁庭，甲、乙公司分别选定了一名仲裁员。乙公司作为申请方委托仲裁委员会主任指定了首席仲裁员。乙公司所选的仲裁员恰好是乙公司上级单位的常年法律顾问。此三名仲裁员公开对此案进行了审理。当事人当庭达成了和解协议，仲裁庭依和解协议制作了仲裁调解书，此案圆满结束。请问：仲裁委员会在仲裁程序上有无不当之处，并说明理由？

2. 甲、乙双方在一项进出口贸易合同中约定：如果发生纠纷，应提交北京仲裁委员会的损失。合同规定买方应于 10 月份提取货物，卖方于 10 月 1 日已将提货单交付给买方，买方也付清了货款。但是，买方直到 10 月 31 日尚未提走货物，于是卖方将货物搬移至另一不适当的地方存放。由于茶叶与牛皮存放在同一地方，当买方于 11 月 15 日提货时，发现有 10%的茶叶已与牛皮串味而失去商销价值。双方因此发生争议。若你是仲裁员，请你做出裁决：各方应负何种责任？为什么？

3. 1991 年 12 月 28 日，中国某进出口公司向美国某开发公司订购 9000 吨钢材，后因美国某开发公司无力履行合同，美方提出由瑞士某公司(下称瑞士公司)供货。这期间瑞士公司曾经几次来电谎称“货已在装船港待运”“装船日期为 1992 年 3 月 31 日”“所供钢材可能由我们意大利生产厂或西班牙生产厂交货”，诱使中方与其签订合同，双方约定的购销钢材数量为 9180 吨，价 229.5 万美元。

中方即时向瑞士公司汇付了全部货款，但是中方迟迟未收到订购的钢材。为此中方曾多次向瑞士公司方交涉，但瑞士公司方面或者拒不答复，或者以种种借口搪塞。经中方一再催促之后瑞士公司才于 1992 年 9 月 5 日回电称“中国港口拥挤，船舶将改变航线”“最迟抵达日期预计为 1992 年 10 月 20 日”。但届时中方仍未收到钢材，再次去电交涉，瑞方竟然全盘推卸自己的责任。

事后查明，瑞士公司在意大利和西班牙既无钢厂，也无钢材；瑞方所提供的意大利卡里奥托钢厂的钢材质量检验证书重量证书及装箱单均系伪造。瑞方提交的提单上的装运船“阿基罗拉”号 1992 年根本未在提单载明的装运港意大利接斯佩齐亚港停泊过，从而证明瑞士公司既未将钢材托运装船，所提交的提单也是伪造的意图欺诈中方货款。其所称“中国港口拥挤，船舶将改变航线”也是虚构的。

1993 年 3 月 24 日，中方向中国某市中级人民法院提起诉讼，指出瑞士公司侵权，要求其赔偿中方经济损失共计 550 万美元。起诉的同时申请财产保全。法院接到原告起诉及财产保全申请后，首先审查后准许中方的保全申请，裁定冻结了瑞士公司在某银行的托收货款 440 余万美元。被告在答辩的同时提出反诉，要求中方赔偿其货款被冻结而造成的利息损失及律师费用。

某市中级人民法院在一审后作出判决：瑞士公司应偿还中国公司的钢材货款 2290250 美元，并赔偿中方各项损失 2 846 418.60 美元；同时驳回被告的反诉。被告不服，向某市高级人民法院提出上诉，认为双方当事人之间签订的钢材买卖合同中订有仲裁条款，根据中国已加入的《承认及执行外国仲裁裁决公约》，中国法院对此案无管辖权；同时认为中方在不同法院对瑞方提出重复诉讼不当，一审法院裁定冻结与本案无关的货款不当即认定其有欺诈行为无事实根据。根据《中华人民共和国涉外经济合同法》的规定，禁止把间接损失作为赔偿，一审判决损害赔偿数额过高，且无事实根据，请求撤销原判决。

高级人民法院经二审审理后确认：瑞士公司使用欺诈手段诱使中方与其签订合同，之后又在货物未装船的情况下，伪造单据，骗取中方巨额货款，不仅构成了破坏合同，而且还构成了侵权。中方有权向法院提起侵权之诉，而不受双方所订立的合同仲裁条款的约束。根据《中华人民共和国民事诉讼法》第二十条规定“因侵权行为提起的诉讼，由侵权行为地或者被告住所地人民法院管辖”，一审法院作为侵权行为地法院，具有管辖权。中方并未在其他法院提出过侵权损害赔偿诉讼，不存在重复诉讼问题。原审法院采取的保全措施，符合法律规定。由于本案是侵权损害赔偿纠纷，受害人因被欺诈而蒙受的其他重大损失，亦应当赔偿，一审法院确定的赔偿数并无不当。据此，二审法院维持原判，驳回了瑞士公司的上诉。

请问：1. 本案中国法院有无管辖权？2. 侵权行为地如何确定？

知识拓展—深圳国际仲裁院

项目十一课后自测

学习项目十二
履行国际货物买卖合同

学习目标

知识目标

1. 掌握出口信用证业务环节中的催证、审证和改证。
2. 掌握出口制单内容与方法，以及处理单证不符的办法。
3. 掌握进口索赔流程与办法。

能力目标

1. 能够履行信用证付款方式签订的 CIF 出口合同。
2. 能够履行信用证支付方式签订的 FOB 进口合同。

素养目标

在充分掌握国际贸易进出口业务流程与贸易合同条款的基础上，能够顺利完成货物与货款的顺利交接。

思政目标

具备全球观，作为国际贸易的一方，积极配合，与合作方互相支持，共同履行好双方签署的合同条款，负责任地完成每一项合同要求，实现双方预期的利益需要，实现合同的价值。

建议学时

学习项目十二建议 3 学时。

工作情景描述

深圳 HL 与美国 Fashion 公司开展女士手提包的进出口业务，信用证支付，FOB/CIF

术语，合同已顺利磋商、签订，双方开始履行女士手提包与货款的互换。

学习任务与活动

学习任务一　出口合同履行
学习任务二　进口合同履行

项目十二思维导图

学习任务一　出口合同履行

学习目标

知识目标

1. 掌握信用证审核、修改的流程与办法。
2. 掌握货、证、船、款等环节中卖方应做的工作。
3. 掌握制单结汇的基本原则与办理方法。

能力目标

能履行国际贸易出口合同。

素养目标

具备专业性，以专业的视角、态度和能力，处理出口合同履行过程中的货、单、证、船、款以及商业信息。

建议学时

学习任务一建议 2 学时。

相关知识点

在国际贸易中，买卖合同一经依法有效成立，有关当事人就必须履行合同所规定的义务并享有合同所赋予的权利。按时、按质、按量履行合同，关系到买卖双方的实际经济利益，同时也关系到企业、国家的信誉。因此，买卖双方必须本着“重合同、守信用”的原则，严格履行合同。

合同的履行是指出口合同签订后，买卖双方根据合同中所规定的权利和义务，履行合同的各项义务，享受合同的各项权利。这不仅关系各自利益与信誉，而且关系到企业、国家的利益与信誉。所以，买卖双方必须严格履行合同。

我国绝大多数出口合同都采用 CIF 或 CFR 价格条件，并且一般都采用信用证付款方式，所以在履行这类合同时，必须切实做好催证、审证、改证、备货、租船订舱、报验、报关投保、装船和制单结汇等环节的工作。在这些环节中，以货（备货、报验）、证（催证、审证、改证）、船（租船订舱、办理货运手续）、款（制单结汇）四个环节的工作最为重要。只有做好这些工作，才能防止出现“有货无证”“有证无货”“有货无船”“单证不符”或违反装运期等情况。下面介绍出口合同的履行过程中各环节的主要工作。

一、催证、审证和改证

进出口方商定好使用信用证作为支付工具的，就需要落实信用证的工作，在出口合同的履行过程中会涉及催证、审证和改证三项具体的工作。

（一）催证

催证是指合同履行环节中出口商在进口商未按规定及时开立信用证的情况下，催促其尽快开立信用证的行为。以信用证作为结算方式时，进口商按约定时间开立信用证是出口商履行合同的前提条件。特别是大型机械设备、成套设备或按进口商要求而特制的商品交易，如果进口商不能够及时开证，会给出口商造成极大的损失。同时，由于国际市场瞬息万变，进口商不按时开立信用证的情况时有发生，因此，出口商应结合货源情况认真做好催证工作，及时提请进口商按约定时间开证，必要时可请驻外机构或有关银行协助代为催证，以利于合同的履行。如果进口商拖延开证已成事实，出口商应尽快查明原因，本国银行的驻外机构或国外分行可以办理此项查询业务，以免造成更大的损失。

（二）审证

审证是审核所收到的信用证是否与合同规定一致。在实践中，由于种种原因，如工作的疏忽、电文传递的错误、贸易习惯的不同、市场行情的变化或进口商有意利用开证的主动权加列对其有利的条款等，往往会出现开立的信用证条款与合同规定不一致；或者在信用证中加列一些出口商看似无所谓但实际是无法满足的信用证付款条件（在业务中也被称作为“软条款”）等，使得出口商根本就无法按信用证收取货款。为确保收汇安全和合同顺利执行，防止造成不应有的损失，应该在国家对外政策的指导下，对不同国家、不同地区以及不同银行的来证，依据合同进行认真的核对与审查。

审证工作是由银行和进出口公司共同承担的。银行一般侧重于审查信用证的真伪性及开证行的资信能力、政治背景、付款责任和索汇路线等方面的内容，并对审核无误的真实信用证打上类似“印鉴相符”的字样。对于“印鉴不符”的信用证，银行有责任及时通知出口商，提示出口商注意，通常情况下，银行不提倡出口商接受此类信用证。出口公司收到银行转来的信用证后，则应着重审核信用证内容与买卖合同是否一致。但为了安全起见，出口商也应尽量根据自身能力对信用证的内容进行全面审核或复核性审查。此项审核应注意下列事项：

（1）关注信用证通知行“印鉴相符”的说明。对于没有及时拿到“印鉴相符”通知的信用证，要及时联系通知行，不可在“印鉴不符”的情况下急于出货。

（2）政治性、政策性审查。在我国对外政策的引导下，对不同国家和不同地区的来证从政治上、政策上进行审查，如来证内容是否符合政府间的支付协定、支付货币是否符合规定。

（3）开证行的付款责任。注意审核信用证中开证行的付款责任是否加列“限制性条款”或其他“保留”条款。

（4）开证行、保兑行的资信情况。为了安全收汇，应对开证行和保兑行所在国的政治经济状况、开证行和保兑行的资信及经营作风等细致审查。如开证行支付能力差或信誉不好，其开立的信用证必须由一家与我国有贸易往来关系、资信良好的银行加以保兑方可接受。

（5）装运期、有效期、到达地点。信用证的有效期一般晚于装运期，在双到期的情况下，即装运期和有效期为同一天，要审慎考虑船、货以及结汇问题。到达地点一般应在受益人所在国家。

（6）信用证的金额、币别。信用证的金额与币别应与合同金额一致。

（7）开证申请人和受益人。开证申请人大多数情况下是进口商，有时可能是其他人。受益人是出口商。要注意开证申请人和受益人是否与合同一致，如发生企业改名的情况，应及时在信用证中更新。

（8）货物描述。审核信用证有关品名、数量或重量、规格、包装和单价等项内容是否与合同一致，有无附加条款。

（9）装运单据。要仔细审核信用证单据条款，对于不能提供的单据或难以做到的条款必须提出更改。

（10）信用证应表明受国际商会最新出版的《跟单信用证统一惯例》的约束。

（11）其他特殊条款。审核信用证有无与合同规定不符的其他特殊条款，并根据情况考虑是否需要修改信用证。

（三）改证

改证是指合同履行环节中进口商开立的信用证与合同条款不符，因而出口商向进口商提出修改信用证的行为。出口商谨慎审核信用证后如发现问题，应区别问题的性质，分别同银行、运输、保险、商检等有关部门研究，作出妥当处理。凡是属于不符合我国对外贸易方针政策，影响合同执行和安全收汇的情况，我们必须要求对方通过开证行对信用证进行修改，并坚持在收到银行修改信用证通知书后才能对外发货，以免发生货物装运后而修改通知书未到的情况，造成我方工作上的被动和经济上的损失。

根据 UCP600 的规定："对同意修改通知中的修改内容不允许部分接受，因而对修改内容的部分接受当属无效。"国外开证行发来的修改通知书如果包括两项或两项以上的内容，我们对此通知要么全部接受，要么全部拒绝，不能只接受其中一部分而拒绝另一部分。

改证时应注意下列问题：

（1）修改的各项内容应尽量一次提出，避免多次修改，以免增加双方的手续和费用，浪费双方的时间。

（2）凡能办到又不增加费用的，应尽量不修改。

（3）修改应及时提出，以避免因拖延时间过长，造成银行认为我方已接受的假象。

（4）对信用证的修改书应认真审核，防止国外客户趁机修改、添加、删除一些重要的内容。

（5）在改证的电函中，必须注明原信用证的证号、合同号、货物名称，以免混淆。

（6）如果不接受修改应尽早退回，说明情况，否则等于默认。

二、备货和报验

为了保证按时、按质、按量交付约定的货物，在订立合同之后，出口商必须及时落实货源，备妥应交的货物，并做好出口货物的报验工作。

（一）备货

货物是履行合同的基础，没有货物就无法履行合同。备货是出口企业根据合同或信用证规定，向有关企业或部门采购和安排生产的过程。出口企业性质不同，备货的形式有所不同。对于外贸进出口公司，如果该公司没有固定的生产加工部门，那么就要向国内有关生产企业联系货源，订立采购合同。对于自营出口的生产型企业的备货是向生产加工或仓储部门下达联系单，要求该部门按联系单的要求对应交的货物进行清点、加工整理、包装，刷制运输标志以及办理中报检验和领证的工作。联系单是进出口企业内部各个部门进行备货、出运、制单结汇的共同依据。

无论哪种类型的企业在备货的工作中，都应该注意以下几个问题：

（1）货物的品质、规格，应按合同的要求核实，必要时应进行加工整理，以保证货物的品质、规格与合同或信用证的规定一致。

（2）货物的数量，应保证满足合同或信用证对数量的要求，备货的数量应适当留有余地，万一装运时发生意外或损失，以备调换和适应舱容之用。

（3）备货时间，应根据信用证规定，结合船期安排，以利于船货衔接。

（4）货物包装应与合同和法律的要求一致。在备货过程中，要求货物的内、外包装和装潢（包括商标、贴头、标签）均应认真核对和检查，如发现包装不良或有破损的情况，应及时进行修正或换装，以免在装运时无法取到清洁提单，造成收汇损失。

（二）报验

出口报验是指发货人或其代理人在规定的地点和期限内，向商检部门申请办理出口商品检验。凡属国家规定必须商检或合同中明确规定商检的出口商品都必须在规定的地点和期限内，持出口合同、信用证副本、发票、装箱单等有关单证向检验部门申请报检，经检验合格后取得检验部门出具的检验证书。对于国家规定的法检商品，海关凭检验检疫部门出具的放行单予以放行；对于合同规定检验的商品，进口商凭指定检验部门出具的检验证书予以付款。

申请报验的手续是，凡需要法定检验出口的货物，应填制“出口检验申请单”向出入境检验检疫机构办理报验手续。

凡检验检疫合格的出口货物，发货人应当在有效期限内报运出口。一般货物的检验证书从发证日期起 2 个月内有效，鲜果、鲜蛋类的检验证书 2 个星期内有效，动植物检验证书 20 天内有效，鲜活商品证书 14 天内有效。

三、办理货运、报关和投保

出口企业在办理备货的同时，还必须及时办理货运、报关和投保等手续。

（一）办理货运的步骤

1. 租船订舱

在 CIF 和 CIP 术语下，租船订舱是出口方的责任之一。

如果出口货物数量较大，需要整船运输，则需要办理租船手续；如果出口货物数量不大，不需要整船运输，则可由外运公司代为洽订班轮舱位。

2. 订舱的基本程序

（1）查看船期表，出口公司填写托运单（Booking Note，B/N），作为订舱依据。

（2）船公司或代理人在接受托运人的托运单后，发给托运人装货单（Shipping Order，SO）。

（3）货物装船以后，由船长或大副签发收货单。

（4）托运人到船公司换取正式提单（B/L）。

（二）报关

报关是指进出口货物装船出运前向海关申报的手续。按照我国海关法规定，凡是进出的货物，必须经由设有海关的港口、车站、国际航空站进出，并由货物的发货人或其代理人向海关如实申报，交验规定的单据文件，请求办理查验放行手续，经海关放行后，货物才可提取或装运出口。目前我国的出口企业在办理报关时，可以自行办理报关手续，也可以通过专业的报关经纪行或国际货运代理公司办理。

无论是自行报关还是由报关行办理，都必须填写出口货物报关单，必要时还需提供出口合同副本、发票、装箱单或重量单、商品检验证书以及其他有关证件，向海关申报出口。

（三）投保

如果需要卖方投保，例如按 CIF 或 CIP 术语成交的合同，装船前出口商应按合同或信用证的规定向保险公司办理投保手续，填制投保单。出口商的投保手续，一般都是逐笔办理的，投保人在投保时，应将货物的名称、投保金额、运输路线、运输工具、开航日期、投保险别等一一列明。保险公司接受投保后签发保险单或保险凭证。

四、制单结汇

在信用出口货物装船以后，出口商应根据信用证或进口商的要求正确缮制有关单据。在信用证规定的交单有效期内，递交银行办理议付结汇手续。

（一）信用证下制单的原则

现代国际贸易绝大部分采用凭单交货、凭单付款方式。因此，出口业务中做好单据工作，对及时安全结汇有非常重要的意义。在信用证业务中，由于银行只凭信用证，不管买卖合同，只凭单据，不管货物，对单据的要求就更为严格。对于出口单据，必须符合“正确、及时、简明、整洁”的要求。

（二）结汇的主要单据

1. 汇票

汇票的主要内容和作用前面章节已做了介绍，这里仅介绍缮制汇票时应注意的方面：

① 受票人。受票人也称付款人，采用信用证支付方式时，汇票的受票人应按信用证的规定填写，一般应为开证行或指定银行。

② 收款人。信用证项下如来证无特殊要求，收款人一般为议付行或寄单行。

③ 开具汇票的依据。开具汇票的依据就是汇票上的出票条款。信用证项下，应注意开证行名称、信用证号码及开证日期；托收项下，可注明发运货物的名称、数量，以及有关合同号码等。

汇票一般一式两份，两份具有等同的效力，其中一份付讫，另一份自动失效。

2. 发票

发票种类很多，通常指的是商业发票，此外，还有其他各种发票，如海关发票、领事发票和厂商发票等。商业发票是卖方开立的载有货物名称、数量、价格等内容的清单，作为买卖双方交接货物和结算货款的主要单证，也是进出口报关完税必不可少的单证之一。我国进出口公司的商业发票没有统一的格式，但主要项目基本相同，主要包括发票编号、开票日期、数量、包装、单价、总值和支付方式等项内容。

3. 提单

由于提单是代表货物所有权的凭证，因而也是卖方提供各项单据中最重要的单据。因此，提单的各项内容（如提单的种类、收货人、货物的名称和件数、目的港、有关收取运费的记载、提单的份数等）一定要与信用证相符。根据 UCP600 的规定，银行接受全套正本仅有一份的正本提单，或一份以上的正本提单。如正本提单有几份，每份正本提单的效力是相同的，但是，只要凭一份提单提货，其他各份立即失效。

提单的运费方面，在 CIF、CIP、CFR、CPT 术语下，应注明“运费已付”；如为 FOB、FCA 术语下，则注明“运费到付”。除信用证另有规定外，不必列出运费的具体金额。

4. 保险单

信用证项下，保险单的被保险人一般是受益人，并加空白背书，便于办理保险单转让。如来证有特殊要求，也可视具体情况照办。保险险别和保险金额应与信用证规定一致。保险金额一般为 CIF 价的 110%。投保币别应和信用证、商业发票一致。保险单的签发日期也应当合理，在保险单上，除非表明保险责任最迟于货物装船或发运或接受监督之日起生效外，银行将拒收出单日期迟于装船或发运或接受监督日期的保险单。

5. 普惠制单据

普惠制，即普遍优惠制。对于向给予我国普惠制待遇的国家出口货物，需提供普惠制单据（Generalized System of Preferences，GSP），作为进口国海关减免关税的依据。目前使用的普惠制单据有：表格 A 产地证，适用于一般商品，由出口公司填制，并经国家质检局签发；纺织品产地证，适用于纺织品类，由国家质检总局签发。对上述单据内容的填制，力求做到准确，并符合各个项目的要求。

6. 装箱单和重量单

装箱单和重量单这两种单据用来补充商业发票内容的不足，便于国外进口商在货物到达目的港时供海关检查和核对货物。

【例 12-1】我方某出口公司向南亚某国以 CFR 价出口商品一批，国外开来信用证，虽列明 CFR，但要求我方提供保险单且投保水渍险（WPA）。我方为避免改证，同意代办保险，但按照习惯投保了一切险加战争险。在国内某银行议付时，议付行发现险别不符，但我方认为一切险的承保责任范围大于水渍险，对买方有利，可不必改证。但国外开证行收到单据后，表示拒付。试问：国外开证行拒付正确吗？为什么？

提示：正确，开证行只看单据，不管合同和货物。

（三）结汇的方式

在信用证付款的条件下，目前我国出口商在银行办理出口结汇的方式主要有三种：收妥结汇、押汇和定期结汇。现将这三种结汇方式简要介绍如下。

1. 收妥结汇

收妥结汇又称收妥付款，是指信用证议付行收到出口企业的出口单据后，经审查无误将单据寄交国外付款行索取货款的结汇方法。这种方式下，议付行都是待收到付款行的货款后，即从国外付款行收到该行账户的贷记通知书时，才按当日外汇牌价，按照出口企业的指示，将货款折成人民币拨入出口企业的账户。

2. 押汇

押汇又称买单结汇，是指议付行在审单无误的情况下，按信用证条款贴现受益人的汇票或者以一定的折扣买入信用证项下的货运单据，从票面金额中扣除从议付日到估计收到票款之日的利息，将余款按议付日外汇牌价折成人民币，拨给出口企业。议付行向受益人垫付资金、买入跟单汇票后，即成为汇票持有人，可凭票向付款行索取票款。银行之所以做出口押汇，是为了给出口企业提供资金融通的便利，这有利于加速出口企业的资金周转。

3. 定期结汇

定期结汇是指议付行根据向国外付款行索偿所需的时间，预先确定一个固定的结汇期限，并与出口企业约定该期限到期后，无论是否已经收到国外付款行的货款，都主动将票款金额折成人民币拨交给出口企业。

（四）处理单证不符的办法

在信用证项下制单结汇时，议付银行要求“单、证表面严格相符”。但是，在实际业务中，由于种种原因，单证不符的情况时有发生。如果信用证的交单期允许，应及时修改单据。如果不能及时修改，进出口企业应视具体情况，选择以下处理办法。

1. 表提

表提又称“凭保议付”或“表盖提出”。如果单证不符属于一般性质，或虽属实质性问题，但事先已有开证人确认接受，受益人可向议付行出具担保书，要求凭担保议付货款，议付行则凭担保书议付。如日后遭到开证行拒付时，由受益人承担一切后果。议付行在向开证行寄单结汇时，将单证不符在表盖上提出，并注明“凭保议付”字样。

2. 电提

电提又称“电报提出”，即在单、证不符的情况下，议付行先向国外开证行发电报或电传，列明单、证不符点，待开证行复电同意再将单据寄出。电提的情况一般是单、证不符，属实质性问题，金额又比较大。

3. 跟证托收

如出现单、证不符，议付行不愿用表提或电提的方式征询开证行的意见。在此情况下，信用证就会失效。出口企业只能采用托收的方式，委托银行寄单代收货款。

需要注意的是，无论是采用“表提”“电提”还是“跟证托收”，信用证受益人都失去了开证行在信用证中所做的付款保证，从而使出口收汇从银行信用变成商业信用。

五、出口退税

出口企业专职办理退税人员，在规定的时间内，持规定单据，即出口货物报关单（退税专用联）、出口销售发票和购进出口货物获取增值税专用发票（抵扣联），到所在地主管出口退税业务的税务部门申请退税。

出口企业所在地主管出口退税的税务部门收到上级税务部门批准的出口退税通知后，签发“税收收入退回书”给出口企业，出口企业用来做账务处理。

六、出口业务的善后处理

出口业务的善后处理程序应视具体的情况而定：如果顺利结汇后，出口商需要办理外汇核销、出口退税并向国外客户寄送善后函；如果遭到拒付首先应与进口商联系，弄清每笔拒付的背景情况，对症下药。善后函的语气应当诚恳、委婉，并且具有说服力，以赢得买方的谅解，比如回顾双方以往的愉快合作等，重要的是应当强调单、证不符点是细微的，并不影响货物的品质，不会给进口方的利益造成损害。当然，有时作出一些具体的让步，如适当降价，也是必要和明智的。如因买方违约，致使卖方遭受损失，卖方可根据不同对象、不同原因以及损失程度，实事求是地向买方提出索赔。

任务实施

1. 我国某服装出口公司向国外客户出口一批服装，信用证中规定的装运期为 5 月份，交单期为 6 月 15 日之前，信用证的有效期为 6 月 30 日，该出口公司收到对方发来的信用证后，及时向工厂下单，准备出口货物。但由于某些原因，该公司的服装于 5 月 28 日才全部赶制出来，经与轮船公司联系装运后，该公司取得了 5 月 30 日签发的提单，并制作好单据于 6 月 12 日交单，恰好 6 月 13 日、14 日为银行的非营业日，该公司只能于 6 月 15 日交单。请问：该公司可否按 UCP600 的规定，凭 5 月 30 日签发的提单连同其他单据从银行取得货款？为什么？

2. 卖方 A 与买方 B 签订一份木板买卖合同，合同规定 10 月份交货，但 9 月 20 日卖方 A 工厂失火，导致全部木板损失。到 10 月底，买方 B 向 A 催货，才得知火灾的发生，A 公司以不可抗力为理由，要求撤销合同，由于 B 急需木板进行生产，于是立即从市场补进替代物，但市场价格比合同约定高了 50%，请问：B 能否要求 A 补偿市场价格上涨带来损失？

3. 某外贸公司以 FOB 中国口岸价与香港某公司成交钢材一批，港商立即转手以 CFR Busan 价卖给韩国商人。港商开来的信用证是 FOB Shanghai，现要求直运釜山并在提单上表明“Freight Prepaid”。请问：港商为什么要这么做？中方应如何处理？

4. 2001 年 4 月广交会上某公司 A 与科威特一老客户 B 签订合同，客人欲购买 A 公司的玻璃餐具（GLASS WARES），A 公司报价 FOB Wenzhou，温州出运到科威特，海运费到付。合同金额达 25064.24 美元，共 1×40 英尺高柜，支付条件为全额信用证。客人回国后开信用证到 A 公司，要求 6 月份出运货物。A 公司按照合同与信用证的规定在 6 月份按期出货，并向银行交单议付，但在审核过程发现了不符点：①发票上的 GLASS WARES 错写成 GLASSWARES，即没有空格；②“提单提货人”一栏 TO THE ORDER OF BURGAN BANK，KUWAIT 错写成了 TO THE ORDER OF BURGAN BANK，即漏写 KUWAIT。A 公司认为这两个是极小的不符点，根本不影响提货。本着这一点，又认为客户是老客户，就不符点仍担保出单了。但 A 公司很快就接到由议付行转来的拒付通知，银行就以上述两个不符点作为拒付理由拒绝付款。A 公司立即与客户取得联系，原因是客户认为到付的运费（2275 美元）太贵（原来 A 公司报给客户的是 5 月份的海运费，到付价大约是 1950，后 6 月份海运费价格上涨，但客户并不知晓）拒绝到付运费，因此货物滞留在码头，A 公司也无法收到货款。后来 A 公司人员进行各方面的协调后，与船公司联系要求降低海运费，船公司将运费降到 2100 美元，客户才勉强接受，到银行付款赎单，A 公司被扣了不符点费用。整个解决纠纷的过程使得 A 公司推迟收汇大约 20 天。

请分析：A 公司在此合同执行过程中的不合理点是什么，并且给出正确建议。

强化训练

请你就 HL 公司履行与美国 Fashion 公司的女士手提包的出口业务，指出各环节以及注意事项。

学习任务二　进口合同履行

学习目标

知识目标

1. 掌握货、证、船、款等环节中买方应做的工作。
2. 掌握进口索赔的程序与办法。

能力目标

能履行国际贸易进口合同。

素养目标

具备专业性，以专业的视角、态度和能力，处理进口合同履行过程中的货、单、证、船、款以及商业信息。

建议学时

学习任务二建议 1 学时。

相关知识点

在我国的进口业务中，一般按 FOB 价格成交的情况较多，如果是采用即期信用证支付方式成交，履行此类进口合同的一般程序是：开立信用证、租船订舱、装运、办理保险、审单付款、接货报关、检验、索赔。这些环节的工作，是由进出口公司、运输部门、商检部门、银行、保险公司以及用货部门等各有关方分工负责、紧密配合、共同完成的。

一、开立信用证

（一）信用证的开立

进口合同签订以后，进口商应按照合同规定填写开立信用证申请书向银行办理开证手续。开证申请书是开证银行开立信用证的依据。进口商申请开立信用证，应向开证行交付一定比率的押金（Margin）或抵押品，开证申请人还应按规定向开证银行支付开证手续费。

信用证的内容应与合同条款一致，如品质、规格、数量、价格、交货日期、装货日期、装运条件及装运单据等，应以合同为依据，并在信用证中一一作出规定。信用证还需包括信用证本身的信息，比如信用证的有效期、信用证的性质等。

信用证的开证时间，应按合同规定办理。如果合同规定了开证日期，进口商应在规定的期限内开立信用证；如果合同规定在卖方确定交货期后开证，进口商应在接到卖方上述通知后开证；如果合同规定在卖方领到出口许可证或支付履约保证金后开证，应在收到对方已领到出口许可证的通知，或银行转告保证金已照收后开证；如果合同中只规定了装运期而未规定开证日期，进口商应在合理的时间内开证，一般在合同规定的装运期前30～45天申请开证，以便出口方收到信用证后在装运期内安排装运货物。

（二）信用证的修改

出口商收到信用证后，如提出修改信用证的请求，经进口商同意后，进口商即可向银行办理改证手续。最常见的修改内容有延长装运期和信用证有效期、变更装运港口等。按照国际惯例，修改信用证应遵循以下原则：

（1）信用证的修改必须经过开证行、保兑行、受益人的同意。

（2）信用证的修改信息应该由同一银行通知受益人。

（3）开证行自发出修改书之时，即对修改书负有不可撤销的义务。

（4）原信用证的条款在受益人告知修改的银行修改之前，仍对受益人具有约束力。这点强调了修改必须是明示的。

二、办理运输和保险

（一）办理运输

由于FOB术语下的进口合同，应由买方负责派船到卖方指定口岸接运货物。根据合同规定，卖方在交货前一定的时间内，应将预计装运日期通知买方。买方在接到上述通知后，应及时向运输公司办理租船订舱手续，在办妥租船订舱手续后，应在规定的期限内将船名和船期及时通知卖方，以便对方备货装船。同时，为了防止船货脱节和“船等货”的情况，买方应注意催促卖方按时装运。对数量大或重要物资的进口，如果有必要，买方也可以请驻外机构就地了解、催促卖方履约，或派人员前往出口地检验监督。

按照《2010年国际贸易术语解释通则》规定，FOB术语下的贸易合同，应该由买方办理保险，所以在卖方装船后，应向买方发出货物已交至船上的充分通知，以利买方接货。该装货通知一般应列明合同号、货名、数量、金额、船名及起航日期，买方据此办理保险。

（二）办理进口保险

FOB或CFR术语下的进口合同，需要由买方办理运输保险。在我国，买方办理进口运输保险有两种方式：一种是逐笔投保的方式，另一种是预约保险的方式。

逐笔投保的方式是收货人在接到国外出口商发来的装船通知后，直接向保险公司填写投保单，办理投保手续。保险公司出具保险单，投保人交付保险费后，保险单随即生效。

预约保险的方式是进口商或收货人同保险公司签订预约保险合同，其中对各种货物应投保的险别做了具体规定，故投保手续比较简单。按照预约保险合同的规定，所有预约保险合同项下按FOB或CFR术语进口货物的保险，都由该保险公司承保。因此，每批进口货物，在收到卖方的装船通知后，应直接将装船通知寄到保险公司或填制国际货物运输预约保险启运通知书，将船名、提单号、开船日期、商品名称、数量、装运港、目的港等项内容通知保险公司，即被视为已办妥保险手续，保险公司要对该批货物负保险责任，一旦发生承保范围内的损失，由保险公司负责赔偿。

三、审单付款

银行收到国外寄来的汇票及单据后，对照信用证的规定进行审核，即使开证行审核无误后，在付款前也需要交由付款人复核。按照我国的习惯，如果进口方在 3 个工作日内没有提出异议，开证行即按信用证的规定履行付款义务。开证行的付款没有追索权，因此，进口方对单据的审核也必须认真对待。同时进口方用人民币按照国家规定的有关外汇牌价向银行买汇赎单。进口方凭银行开具的“付款通知书”向用货部门进行结算。如果审核单据发现单、证不符时，可根据具体情况作出适当处理。例如，拒付；货到检验合格后再付款；凭卖方或议付行出具担保付款；要求国外改正单据；在付款的同时，提出保留索赔权等。

四、报检、报关和提货

（一）报检

进口商或进口代理人向检验检疫机构申请检验时，要正确填写“进口货物报检单”，并提供合同和有关单证等资料。凡属法定检验的货物到港后，用户或接运货物单位向卸货港口所在地的检验检疫机构办理登记。检验检疫机构在报关单上加盖“已接受登记”的印章，海关凭此印章验放。法定检验的进口货物经登记后，收货人应在规定的时间和地点，持买卖合同、发票、装箱单和货运单等有关单证向检验检疫机构报检，检验检疫机构对已报检的货物，应在索赔期限内检验完成，并出具相应的检验检疫证书。

凡属下列情况的货物，均应在卸货口岸就地报检：①合同明确规定在卸货口岸检验的货物；②合同规定货到检验合格后付款的货物；③合同规定的索赔期限很短的货物；④卸货时发现残损、缺少或有异状的货物。

凡需要安装调试的产品或成套设备，可酌情在收货人所在地进行检验。

（二）报关

1. 进口货物的申报

进口货物的申报是指进口货物入境时，由进口公司或其代理人向海关申报，交验规定的单据文件，请求办理进口手续的过程。我国《海关法》对进口货物的申报时限做了如下规定：进口货物的收货人应当自运输工具申报进境之日起 14 天内向海关申报。进口货物的收货人超过 14 天期限没有向海关申报的，由海关征收滞报金。对于超过 3 个月还没有向海关申报进口的，其进口货物由海关依法处理。

进口货物运到以后，由进出口公司或委托货运代理公司或报关行根据进口单据填具“进口货物报关单”，并随附发票、提单、装箱单、保险单、许可证及审批文件、进口合同、产地证和所需的其他证件向海关申报。如属法定检验的进口商品，还须随附商品检验证书。货、证经海关查验无误，才能放行。

2. 进口货物的查验

海关以进口货物报关单、进口许可证等为依据，对进口货物进行实际的核对和检查。一方面是为了确保货物的合法进口，另一方面是通过确定货物的性质、规格、用途等，以进行海关统计，准确计征进口关税。海关查验货物时，进口货物的收货人或其代理人应当在场，并负责搬移货物、开拆和重封货物的包装。海关认为必要时，可以径行开验、复验或者提取货物。

3. 进口货物的征税

海关按照《中华人民共和国海关进出口税则》的规定，对进口货物征收进口关税。货物在进口环节由海关征收（包括代征）的税种有：关税、产品税、增值税、工商统一税及地方附加税、盐税、进口调节税等。下面对主要税种，如关税、产品税、增值税、工商统一税和进口调节税的计算方法作简要介绍。

（1）关税。

进口关税是货物在进口环节由海关征收的一个基本税种。进口关税的计算以 CIF 价为基数。如果是 FOB 价格进口，还要加上国外运费和保险费。其公式如下：

进口关税=CIF 价格×关税税率

（2）产品税、增值税和工商统一税（地方附加税）。

产品税、增值税和工商统一税（地方附加税）都是货物进口环节由海关代征的税种。这三种税是按货物的不同单位或种类征收其中一种税，而不是同时征两种或三种税。

如果是三资企业的进口货物，征收工商统一税，并按工商统一税税额征收 1%的地方附加税。如果是初级产品的货物，则征收产品税。进口经加工或多次加工的产品，征收增值税，其中多数的机电仪表产品征收增值税。这三种税的征收基数是完税价格，其公式如下：

应纳税额=完税价格×税率

由此推算，完税价格公式为

完税价格=（CIF 价格+关税）/（1–税率）

（3）进口调节税。其公式如下：

进口调节税=CIF 价格×进口调节税税率

（三）提货

进口货物运达港口卸货时，港务局要进行卸货核对。如发现短缺，应及时填制“短缺报告”并由船方签认，并根据短缺情况向船方提出保留索赔权的书面声明。卸货时如发现残损，货物应放于海关指定仓库，待保险公司会同商检机构检验后作出处理。对于法定检验的进口货物，必须向卸货地或到达地的商检机构报验，未经检验的货物不准投产、销售和使用。如进口货物经商检机构检验，发现有残缺，应凭商检机构出具的证书对外索赔。对于合同规定的卸货港检验的货物，或已发现残损短缺有异状的货物，或合同规定的索赔期即将届满的货物等，都需要在港口进行检验。

在办完上述手续之后，如订货或用货单位在卸货港所在地，就近转交货物；如订货或用货单位不在卸货地区，则委托货运代理将货物转运内地并转交给订货或用货单位。

五、进口索赔

进口商品常因品质、数量、包装等不符合合同的规定，而需向有关方面提出索赔。

（一）进口索赔的对象

根据造成损失原因的不同，进口索赔的对象主要有三个。

1. 向卖方索赔

进口商收取货物后，如发现诸如原装数量不足，货物的品质、规格与合同不符，包装不良使货物受损，未按期交货或拒不交货等情况，进口商可向卖方提出索赔。

2. 向轮船公司索赔

进口商收取货物后，发现诸如包装数量少于提单所载数量；提单是清洁提单而货物有残缺的情况，且属于船方过失所致，货物所受的损失由船方负责，等等。在这些情况下，进口商均可向船方提出索赔。

3. 向保险公司索赔

自然灾害、意外事故或运输中其他事故的发生致使货物受损，且属于承保险别范围以内的；凡轮船公司不予赔偿或金额不足抵补损失的部分，且属于承保范围内的，等等。对于这些情况，进口商均可向保险公司提出索赔。

（二）办理对外索赔的注意事项

1. 关于索赔证据

对外索赔需要提供证据。首先，应制备索赔清单，随附商检局签发的检验证书、发票、装箱单副本。其次，对不同的索赔对象还要另附有关证件。向卖方索赔，应在索赔证件中提出确切的根据和理由，如是 FOB 或 CFR 合同，还须随附保险单一份；向轮船公司索赔时，须另附有船长及港务局理货员签证的理货报告和船长签证的短卸或残损证明；向保险公司索赔时，须另附有保险公司与买方的联合检验报告等。

2. 关于索赔金额

索赔金额，除受损商品的价值外，有关的费用也可提出。如商品检验费、装卸费、银行手续费、仓租、利息等，都可包括在索赔金额内。至于包括哪几项，应根据具体的情况确定。

3. 关于索赔期限

对外索赔必须在合同规定的索赔有效期限内提出，过期无效。如果商检工作需要更长的时间，可向对方要求延长索赔期限。

4. 关于卖方的理赔责任

进口货物发生了损失，属于轮船公司及保险公司责任的，由外运机构代办；属于卖方责任的，由进出口公司直接办理。为了做好索赔工作，要求进出口公司、外运机构、订货部门、商检局等有关单位密切协作，要做到检验结果正确，证据属实，理由充实，赔偿责任明确，并要及时向有关方面提出，力争使货物所受到的损失如实取得赔偿。

【例 12-2】南京甲公司向美国乙公司进口 600 箱汽车零件，即期信用证付款，投保一切险。南京甲公司付款赎单，凭清洁海运提单提货复验后发现下列情况：①收货人实收 580 箱少 20 箱；②有 5 箱货物外包装有被水浸湿的迹象，且箱内货物都有生锈的现象。请分析上述情况，南京甲公司应分别向谁提出索赔？为什么？

提示：①向承运人提出索赔，因为承运人开出清洁提单。②向保险公司提出索赔，因为投保一切险。

任务实施

1. 中方向日商进口化妆品。信用证到期时，中商应日商的要求修改信用证，日商限定 7 天内修订，而中方要求 10 天内修订，最后日商同意修改期限为 10 天，但提出必须先出运 80%数量，其余 20%需加价。请问：进口商中方应如何处理？并回答以下 3 个问题：①合同成立，价格可随市场行情升降吗？②如果 80%仍有可图，20%的余量可以取消吗？③为防止出口商变相涨价，在信用证上或契约中应作何限制？

2. 某公司向国外进口电子产品，价值 50 万美元。贸易合同中订明采用 CIF 价格，当货物运抵目的港时发现有部分震损。请问：该公司应向哪一方请求索赔？

3. 我国某外贸公司受国内用户委托，以外贸公司自己的名义作为买方与外国一家公司（卖方）签订了一项进口某种商品的合同，支付条件为“即期付款交单”。在履行合同时，卖方未经买方同意就直接将货物连同全套单据都交给国内的用户，但该国内用户在收到货物后遇到了财务困难，无力支付货款。在这种情况下，卖方认为，我国外贸公司的身份是买方而不是国内用户的代理人，因此，根据买卖合同的支付条款，要求我国外贸公司支付货款。请问：我国外贸公司是否有义务支付货款？理由是什么？

4. 我方进口一批机器，因海关手续问题，一箱机器卸货后第 59 天才提货。开箱后发现机器生锈无法使用。请问：保险公司是否予以赔偿？为什么？

强化训练

请你就美国 Fashion 公司履行与深圳 HL 公司的女士手提包的进口业务，指出各环节以及注意事项。

项目十二课后自测

参 考 文 献

[1] 曹旭平. 新编国际贸易实务[M]. 北京：电子工业出版社，2018.
[2] 倪军. 新编国际贸易实务[M]. 3 版. 北京：电子工业出版社，2016.
[3] 李军. 国际贸易实务[M]. 北京：电子工业出版社，2017.
[4] 张文敬. 国际贸易实务[M]. 北京：北京理工大学出版社，2018.
[5] 鲁晓东. 国际贸易实务实验教程[M]. 北京：清华大学出版社，2016.
[6] 王艳. 新手学外贸跟单一本通[M]. 北京：中国铁道出版社，2016.
[7] 武亮，赵永秀. 外贸基础知识读本[M]. 北京：人民邮电出版社，2016.
[8] 蒋南平，龙运书，冉恩贵. 国际贸易理论与实务[M]. 杭州：浙江大学出版社，2016.
[9]（英）鲁维德. 进出口贸易实务[M]. 王琼，等，译. 北京：中国人民大学出版社，2015.
[10] 易露露，陈新华，尤彧聪. 国际贸易实务双语教程[M]. 4 版. 北京：清华大学出版社，2016.
[11] 刘慧，吕春燕. 国际贸易实务[M]. 北京：北京大学出版社，2015.
[12] 张燕芳. 国际贸易理论与实务[M]. 北京：人民邮电出版社，2018.
[13] 辛宪章，刘霖. 国际贸易案例精选精析[M]. 北京：中国社会科学出版社，2008.
[14]（美）布朗奇（Alan E. Branch）等. 国际贸易实务[M]. 5 版. 北京：清华大学出版社，2007.
[15] J. 迈克尔，格林格，等. 国际商务（英文版）[M]. 北京：中国人民大学出版社，2014.
[16] 吴百福. 进出口贸易实务教程[M]. 上海：上海人民出版社，2015.
[17] 冯德连，道中. 国际贸易理论与实务[M]. 安徽：中国科学技术大学出版社，2015.
[18] 李秀芳. 国际贸易实务案例及习题解答[M]. 北京：中国人民大学出版社，2014.
[19] 傅龙海. 国际贸易理论与实务双语教程[M]. 北京：对外经济贸易大学出版社，2014.
[20] 林涛. 国际货物贸易实务[M]. 北京：清华大学出版社，2014.
[21] 陈岩. 国际贸易理论与实务[M]. 北京：清华大学出版社，2014.
[22] 马静. 国际贸易实务[M]. 北京：清华大学出版社，2014.
[23] 朱玉赢. 进出口业务综合实训[M]. 北京：机械工业出版社，2015.
[24] 钟昌标，叶劲松. 国际贸易实务[M]. 北京：人民邮电出版社，2016.
[25] 中国国家委员会国际贸易术语解释通则 2010[M]. 2 版. 北京：中国民主法制出版社，2011.